面向"十二五"高等教育规划教材(经济管理类专业)

企业税务会计与纳税申报实务

主　编　孙　莉

副主编　程　莹　吴　建

辽宁大学出版社

图书在版编目(CIP)数据

企业税务会计与纳税申报实务 / 孙莉主编. — 沈阳:
辽宁大学出版社,2012.2
面向"十二五"高等教育规划教材. 经济管理类专业
ISBN 978-7-5610-6660-7

Ⅰ. ①企… Ⅱ. ①孙… Ⅲ. ①企业—税收会计—高等
职业教育—教材②企业管理:税收管理—高等职业教育—
教材 Ⅳ. ①F275.2②F810.42

中国版本图书馆 CIP 数据核字(2012)第 023823 号

出 版 者:辽宁大学出版社有限责任公司
　　　　　(地址:沈阳市皇姑区崇山中路 66 号　邮政编码:110036)
印 刷 者:北京广达印刷有限公司
发 行 者:辽宁大学出版社有限责任公司
幅面尺寸:170mm×228mm
印　　张:21
字　　数:377 千字
印　　数:1—5000 册
出版时间:2012 年 2 月第 1 版
印刷时间:2012 年 3 月第 1 次印刷
丛书策划:水木时代(北京)图书中心
责任编辑:马　静　薛振威
策划编辑:周　涵
封面设计:刘熙川
责任校对:齐　悦

书　　号:ISBN 978-7-5610-6660-7
定　　价:42.00 元

联系电话:024—86864613
邮购热线:024—86830665
网　　址:http://www.lnupshop.com
电子邮件:lnupress@vip.163.com

出版说明

　　企业税务会计是以税法和会计准则、会计制度为基础,对企业税务资金的运动进行核算和监督,融税法和会计核算于一体的专业会计,具有法定性、相对独立性、协调性、筹划性等特点。

　　本书在编写过程中注重繁简结合、教学相生,具有以下特点:

　　1. 反映前沿动态。本书以《企业会计准则》(2006 年)和《企业会计准则讲解 2008》及其应用指南、企业会计制度、行业会计制度和 2008 年企业所得税、2009 年增值税、消费税、营业税和 2011 年个人所得税、增值税和营业税等税收法规为依据,反映最新会计与税收法规的变化,信息丰富,反映本专业前沿动态。

　　2. 注重实用性和可操作性。全书在内容上侧重于基本技能的训练;在题型上除选择了大量的专业技能训练题和综合技能训练题外,还编写了大量的案例分析,突出了税务会计核算与管理在实践中的应用。这些练习题与案例分析贴近税务实务,将知识应用与培养学生操作能力有机结合起来。

　　3. 体系完整、清晰。各章节多按照账户设置、会计核算、纳税申报的顺序编写,同时将部分难点进行单独介绍,由易到难,结构清楚,层次分明,重点突出,并兼顾会计与税法的难点。

　　4. 融通税法与会计。全书以税收制度和会计制度的繁简程度为基础,在章节安排上以流转税、所得税、其他税种为序。在各章节内容的安排上,则以会计核算顺序为序,将相关税法规定融合于会计核算的介绍中。

　　经审定,本书可作为经济类院校财政、税务、会计、审计专业教材,也可作为企业财务人员进行纳税申报和相关涉税业务处理的操作指南。本书共分七章,具体编写分工为:孙莉(第一、二、五章),吴建(第三、四章),程莹(第六、七章),最后由孙莉统稿。

　　本书在编写过程中,力求做到结构严谨、引用法规准确、业务处理规范,但限于编者水平和对各项法规的掌握及理解程度,书中难免存在疏漏之处,敬请广大专家、读者不吝赐教。

目 录

第一章 税务会计概述

学习导航

1.重点掌握税务会计的概念与特征、税务会计的职能与原则及税务会计与财务会计的关系。

2.一般掌握税务会计对象与目标、税务会计产生条件。

3.理解税收概念与特征、税法与会计原则、税务会计发展。

第一节 税收与税务会计

一、税收的概念与特征

税务会计是与税收密切相关的一个概念,它随着税收的产生而产生,随着税收的发展而发展。因此,必须首先明确税收的概念与特征。

(一)税收的产生条件

税收既是一个经济范畴,又是一个历史范畴,它是人类社会发展到原始社会末期,出现私有制以后,随着国家的产生而产生的。税收的产生一般要具备以下几个条件。

1.广泛的剩余产品的出现

剩余产品的出现是税收产生的一个基本条件。剩余产品是指全社会一定时期的总产品扣除补偿经济活动中的物化劳动耗费和活劳动耗费以后的剩余部分。税收分配的物质来源只能是剩余产品,因为社会产品必须首先满足维持简单再生产和人们生存的需要。当然,税收并不是在剩余产品一出现就产生的,期间还经历了一个漫长的过程。也就是说,剩余产品只是税收产生的条件之一。

2.财产私有化

人类社会发展到原始社会中期以后,发生了二次社会大分工,出现了以个体家庭为单位的个体生产。而分工和交换的发展,又加速了财产的私有化,即经济利益主体独立化。其结果使各经济组织和社会成员,为维持生产和生活的客观需要而分离成两部分:一部分是生产过程中直接耗用的生产要素(生产工具、劳动力、劳动对象),这部分的再生产可以在各经济组织内部完成——在内部分配;另一部分是各经济组织和社会成员共同享用的公共设施和公共服务(如战争、祭祀等),它的再生产过程要由社会公共职能机构来完成——在外部分配,因为它是全体社会成员共同享用的。这种外部分配一开始是以"贡"的形式出现,当它凭借强制性的公共权力并按事先规定的标准来进行时,就成为税收。因此,经济利益主体的独立化,也是税收产生和存在的条件之一。如果经济利益主体不独立,生产资料仍是共同占有、共同消费,则维持生产和生活的社会总需要就不会有内外之分,当然也不会有内部分配和外部分配,更不会有税收的产生了。

3.经常化的公共需要

税收的本质是为了满足公共需要,如果没有公共需要,也就没有必要存在税收。在人类社会早期,随着氏族组织的发展和剩余产品的出现,逐渐出现了生产活动以外的共同利益和公共事务,如祭祀、对外宣战、媾和等,这些事务有的必须从劳动成果中分出一部分来专门满足其需要。当这种需要逐渐经常化以后,它就要求其分配从满足生产和生活的分配中独立出来,成为一种固定的分配,这就为税收的产生准备了社会条件。同样,这也只是税收产生的条件之一,因为满足社会公共需要的方式不止税收一种。

4.强制性的公共权力

由于税收是社会产品占有权和支配权的单方面转移,所以,必须有一种超越财产所有权和劳动力所有权的力量介入,这就是政权。众所周知,国家是阶级矛盾不可调和的产物,是统治者镇压被统治者的工具。国家机器的运转专有权需要大量的人力、物力和财力,也派生出庞大的"公共需要",这样税收才应运而生。所以说,国家强制性的公共权力是税收产生的决定性条件。

(二)税收的含义

税收在历史上也称税、租税、赋税或捐税,其英文为"Tax"或"Taxation"。"Tax"的含义是指"Money paid by citizen to the government for public purposes"(为了公共目的,由居民向政府支付的货币);"Taxation"是指"The act of taxation or system of raising money by taxes"(征税活动或以税收筹集资

金的制度）。由此可以看出，税收包含"Tax"和"Taxation"两者的含义，既是政府收入形式，又是征税活动和征税制度的统称。

　　从经济学角度看，税收是指国家或政府为了满足公共需要，凭借公共权力，运用法律手段，按预定标准，强制、无偿地向全体社会成员集中部分社会产品所形成的特定的产品分配关系。

　　（1）征税主体是国家或政府。税收是由政府征收的，具体地说，税收征收办法是由政府制定的，征税活动是由政府组织进行的，取得的税收收入是由政府统一支配管理的。（这里的"政府"包括中央政府和地方政府。）

　　（2）纳税主体是全体社会成员，包括个人和各类经济组织。由于全体社会成员都享受了国家提供的公共物品与劳务，按照"谁受益谁负担"的原则，全体社会成员当然应该补偿国家为提供公共物品与劳务所耗费的成本，其补偿方式就是履行纳税义务。当然，全体社会成员都有纳税义务，但并不一定都是纳税人，这要看具体税种的具体规定。

　　（3）征税的目的是为了满足公共需要。公共需要或公共物品与劳务，是不能由市场机制来形成的，必须由政府介入提供。政府提供公共物品与劳务也要花费人力、物力和财力等，而政府本身不从事生产、不创造财富，所以它必须以某种形式取得收入，这样税收就产生了。所以说，政府征税是为了提供公共物品与劳务；另一方面，也可以说，政府征税要受到公共物品与劳务的制约，税收必须用于提供公共物品与劳务。

　　（4）征税依据是国家公共权力。在经济领域，社会财富的分配，一般依据两个权力：财产所有权和劳动力所有权。显然，国家是不可能有劳动力所有权的。它有财产所有权，可以直接参与生产经营成果的分配，但这就意味着国家只能参与有国有资产投入的企业的收益分配，这样做，一方面对企业不利，另一方面铺的面太窄，无法满足国家提供公共物品与劳务的需要。所以，必须有一个凌驾于这两种权力之上的权力为依据，使得国家能够在最广大的范围内取得收入，这种权力就只能是国家公共权力了。

　　（5）征税手段是运用法律手段，强制无偿征收。政府为了向社会提供公共物品与劳务，必须取得公共物品与劳务的价值补偿。然而，由于公共物品与劳务的利益外在性，它无法通过市场以价格的形式得到补偿，所以必须通过政府无偿取得的税收收入来补偿。税收是无偿取得的，因此必须强制征收，并且要预告规定一个标准，以税法的形式规定征纳双方的权利和义务。

　　（6）征税形式包括实物、劳役和货币形式。税收的征收形式主要有三种：

实物、劳役和货币。实物形式就是向国家缴纳玉米、小麦等实际产物，主要存在于商品经济不发达的奴隶社会、封建社会。劳役形式其实是指向国家无偿提供自己的劳动力，这也主要存在于商品经济不发达的奴隶社会、封建社会。货币形式是目前使用最广泛的形式，是随着商品经济的发展而出现的，并逐渐成为主要的纳税形式。

(7)税收的本质是一种特定的产品分配关系。"分配"在经济学中是指确定社会产品归谁占有和占有多少。如在社会产品的初次分配中，根据财产所有权和劳动力所有权，将 W 分为 C、V、M 三部分，国家再将原来属于个人和企业所有的新创造的价值分割一块出来归国家占有，这样取得的收入就是税收。显然国家取得税收收入的过程，也是国家参与社会财富二次分配的过程，这说明税收的本质其实与财政一样，也是一种分配关系。由于 C 部分是对物质消耗的补偿，是维持简单再生产所需要的，国家不能参与它的分配，所以只能对 V 和 M 部分进行分配。至于国家将多少社会财富占为己有，则涉及税收的宏观税率问题，这也是税收负担的问题。

(三)税收的特征

税收作为一种财政收入形式，具有无偿性、强制性和固定性，一般称为税收"三性"。

1. 无偿性

无偿性是指国家征税不支付任何报酬和代价，征税后税款即为国家所有，不再直接归还给纳税人。列宁也说："所谓赋税，就是国家不付任何报酬，而向居民取得东西。"

具体来说，这一概念隐含了以下两层含义：

(1)税收对某一具体纳税人而言是无偿的，即政府与具体纳税人之间的权利和义务关系是不对等的，政府向纳税人征税不是以具体提供公共产品为依据，而纳税人向政府纳税也不是以具体分享多少公共产品为前提的。这是税收最本质的特征，也是税收"三性"中的核心。

(2)税收对全体纳税人而言又是有偿的。因为国家提供的公共物品与劳务是由全体社会成员享受的，按照"谁受益谁负担"的原则，国家在提供这些公共物品与劳务时所付出的成本，当然也应由全体社会成员来补偿，而能使全体社会成员都参与补偿的形式就只有税收了。

税收的无偿性是由税收收入使用(财政支出)的无偿性决定的。国家财政支出大多采取无偿的方式，如行政机构、司法机构、军队国防、公安警察等的经费拨款，一般是纯消费性的，是一种价值的单方面转移。而这些机构是国家职能的具体执行机构,是代表国家向全体社会成员提供公共物品与劳务的机构。由于公共物品与劳务的利益是无法划分的,也无法以价格的方式加以区分,所以,某一具体纳税人在享受国家提供的公共物品与劳务时是无偿的。而国家本身不创造财富,为了保持财政的收支平衡,只能采取无偿的方式取得收入,在这些方式里覆盖面最广的就是税收。所以说,税收的无偿性是由财政支出的无偿性决定的。

2. 强制性

强制性是指政府凭借国家政治权力,通过颁布法律、法令的形式进行的。税收的法律、法令是国家法律的组成部分,任何单位和个人都必须遵守,依法纳税,否则就要受到法律的制裁。税收的这一特征应该包括以下三层含义:

(1)以法律的形式规范了征纳双方权利和义务的对等关系。政府作为征税人,具有向全体社会成员征税的权利,同时承担向全体社会成员提供公共物品与劳务义务;而全体社会成员作为纳税人,具有分享政府提供的公共物品与劳务的利益的权利,同时有义务补偿政府为提供公共物品与劳务付出的成本,其补偿方式就是向国家纳税。这种权利和义务关系是对等的,没有哪一方可以只享受权利而不履行义务。

(2)政府征税凭借的是国家政权,强制执行,而不是凭借财产权或某种协议。由于这种强制是以政府作后盾,它的强制力要高于任何规范,如合同也有强制性,但合同的强制力比政府则要差多了。

(3)征纳双方的关系是以法律形式确定的,这种法律规范对双方当事人都具有法律上的约束力,任何一方违反税法都要受到法律的制裁。当然,由于国家是一个抽象的概念,所以这里的"征税人"其实是指税法的具体执行者,如税务机关、海关等。

税收的强制性是由其无偿性决定的。由于国家是无偿征税,如果没有强制力作保证,税款将很难征收上来,从而会影响财政收入可靠、稳定地取得。恩格斯曾经形象地说过:"在收税官和紧跟其后的吓人的法警,这些今日农民最熟悉不过的人群,都是古代马尔克社会没有听说过的。"我国《宪法》第56条也明确规定:"中华人民共和国公民有依照法律纳税的义务。"

事实上,即便有这些法律法规,在今天,偷税等违反税法的行为仍然大量存在。所以,德国有税务调查员,美国、日本有税务警察,他们都具有稽查、刑侦、起诉税务违法案件等职能。

3. 固定性

固定性是指在征税前,政府以税法的形式,预先规定了征税的标准,并按

此标准征收。它也包含了三层含义,具体如下:

(1)以税法的形式明确了纳税人、征税对象、应征数额等内容。这些内容既然是以税法的形式加以规定的,一般来说是不能随意变更的。

(2)税收的征收标准在一定范围(一个国家或地区)内是统一的。从我国目前来看,这个范围是指大陆地区,不包括港澳台地区。

(3)征纳双方的税收法律关系,在一定时期内是相对稳定的,但不是一成不变的。这其实是说税法与所有法律一样是有连续性的,不是"朝令夕改"的。在税法延续期间,其内容大体不变,如某个税种的纳税人、征税对象、税目、税率等内容,一般是固定的,以便征纳双方共同遵守。但这并不是说税法是一成不变的,正好相反,它其实是不断变化的,因为任何一项法律都有一个从不完善到完善的过程,这个过程就是税法不断修改的过程,但修改是为了使税法更完善,而不是从根本上改变税法。

税收的固定性,是由其无偿性和强制性共同决定的。税收是强制、无偿地征收,而且依据的是国家政权,所以如果没有一个事先确定的标准,则很可能造成税收的滥征,随意加征,就会加重纳税人的负担,甚至激起人民的不满和反抗,导致社会动荡不安。从我国古代的发展历史来看,改朝换代总是以苛捐杂税为导火线的。每个朝代在一开始时,开国君主均能实行轻徭薄赋,但随着君主的交替,后代的君主往往大兴土木,过着极为奢侈的生活。由于古代君主的权力是至高无上的,他可以随意要求增加税收,不必通过其机构或个人的同意,这样税收就不断增加,当这种负担超过了人民的承受能力时,就会爆发战争和反抗,结果又出现了新的朝代,进入了新一轮循环。为了避免这种情况的发生,必须事先确定一个标准,让征纳双方共同维护,以保持社会的稳定。

这三个特征是税收的基本特征,缺一不可,也是税收与其他财政收入相区别的主要内容。

二、税务会计的概念

(一)税务会计的含义

税务会计也属于会计范畴,它是反映和监督税务资金运动的专门性会计。税务资金运动过程涉及纳税人、征税机关和财政部门(见图1-1)。

从资金运动过程来看,企业纳税会计,是站在纳税人的角度,反映纳税人有关税务活动的会计工作。税收征解会计,是站在征税人的角度,反映国家征税机关相关税务活动的会计工作。财政总预算会计,是指各级政府财政部门核算、反映、监督政府预算执行和各项财政性资金活动的专业会计,又称总会计、总预算会计。

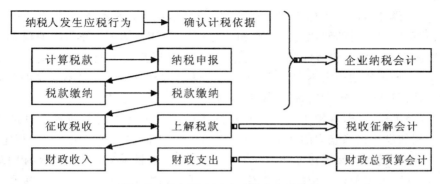

图 1-1 税务资金运动过程和会计分类

税务会计是社会经济发展到一定阶段而产生的,它是从财务会计中分离出来的,对维护国家和纳税人的权利极其重要。因此,税务会计是新兴的一门边缘学科,是融税收法令和会计核算于一体的一种特殊的专业会计。税务会计是纳税人依据现行税收法规和会计准则、会计制度,以货币为基本计量单位,运用会计方法对纳税人的税收资金运动(应纳税款的形成、计算和缴纳过程)进行连续、系统、综合核算和监督,为企业经营者税收决策及时、准确地提供信息资料,以保证税款及时、足额入库和企业利润最大化目标实现的一种专门的会计管理活动。

(二)税务会计的基本要素

税务会计本质上是一项会计活动,也是一项管理活动,又区别于其他管理活动。税务会计管理活动构成的基本要素包括以下内容。

1.税务会计主体是纳税人

税务会计的主体为纳税人,但不是所有的纳税人都必须进行会计活动,对纳税义务发生后税款形成和缴纳的过程进行核算和反映。构成税务会计主体的纳税义务人必须依据税收法律来确定。《中华人民共和国税收征收管理法实施细则》(以下简称《税收征管法实施细则》)第 22 条规定:"从事生产、经营的纳税人应当自领取营业执照或者发生纳税义务之日起 15 日内,按照国家有关规定设置账簿。"《税收征管法实施细则》第 23 条规定:"生产、经营规模小又确定无建账能力的纳税人,可以聘请经批准从事会计代理记账业务的专业机构或者经税务机关认可的财会人员代为建账和办理账务;聘请上述机构或者人员有实际困难的,经县以上税务机关批准,可以按照税务机关的规定,建立收支凭证粘贴簿、进货销货登记簿或者使用税控装置。"根据上述规定,税务会计主体的构成要件如下:

（1）税务会计的主体为从事生产、经营的纳税人。例如个人所得税中工资、薪金所得税目的纳税人。根据相关法律规定，从事生产、经营的纳税人应按照国家有关规定设置账簿，进行会计活动并同时反映税收资金运动。非从事生产、经营的纳税人不需要设置账簿，意味着这部分纳税人将不需要进行会计活动；非从事生产、经营的纳税人不构成税务会计的主体。

（2）生产、经营规模小又确无建账能力的纳税人将不构成税务会计的主体。例如没有建账能力的从事生产、经营的个体工商户。根据相关法律规定，生产、经营规模小又无建账能力的纳税人，聘请专业机构或者人员有实际困难的，经县以上税务机关批准，可以建立收支凭证粘贴簿、进货销货登记簿或者使用税控装置。这部分从事生产、经营的纳税人不构成税务会计的主体。

2. 税务会计客体是税收资金运动，即税款的形成和缴纳的过程

税务会计核算和反映的具体内容包括以下几个方面：

（1）纳税人在生产、经营过程中发生的可用货币计量的税款的形成，即伴随企业生产、经营资金运动在不同环节形成不同形式的税收资金。例如，纳税人购销环节形成的增值税、消费税、营业税；纳税人财产行为环节形成的房产税、印花税、土地使用税和车船税；纳税人利润形成环节形成的企业所得税；等等。

（2）纳税人在纳税申报期税款的缴纳。纳税人在生产、经营过程中发生相关税种的纳税义务后，依据税法计算出应纳税额，同时在相关税种规定的纳税期限内进行税款的缴纳，税收资金流出企业，纳税人履行纳税义务。这一过程需要税务会计进行核算和反映。

（3）纳税人二次纳税义务履行。纳税人因欠税被税务部门依据相关税法确认缴纳滞纳金；纳税人发生税收不遵从行为，被税务部门依据税法确认为违法并处以罚款和加收滞纳金；纳税人违法构成犯罪被处以罚金。上述情形出现时，纳税人就形成了在税法规范下同一经济事项发生后的二次纳税义务，即缴纳税收滞纳金、罚款和罚金的义务。纳税人二次纳税义务履行的信息需要通过税务会计进行核算和反映。

3. 税务会计的核算依据是税收法规和会计准则、会计制度

当税法与会计相关规定相抵触时，以税法为准。税务会计是对纳税人税款形成和缴纳的过程进行核算和反映的一项管理活动，这项管理活动的基本依据为税法和会计准则。

纳税人依据税法进行纳税义务的确定及应纳税额的计算。我国现行税收实体法通过并征不同的税种和规定每种税的税法要素，确定纳税人的纳税义务和纳税义务量(应纳税额的计算)。当纳税人经济事项发生后,必须依据税法进行税收分析:首先,依据税法确定纳税人是否发生某种税的纳税义务,即发生的经济事项是否在某种或某几种税的征税范围内;其次,当确定纳税人发生某种税纳税义务后,依据税法计算纳税人应纳税额。

纳税人依据会计准则对计算出的应纳税额和税款缴纳及相应的经济事项进行记录。会计准则是国家通过行政规范性文件的形式确定的会计主体,在进行会计活动时对具体经济事项进行会计处理时应遵循的基本制度。纳税人发生某种经济事项,依据税法确认纳税义务并计算税款;同时应依据会计准则对此项经济事项进行确认和计量,并对确认和计量的结果,以及纳税人形成的税款,依据会计准则进行会计记录。

税法和会计准则对具体经济事项的确认出现差异时,纳税人应依据税法进行纳税义务的确定和税额的计算并对税法和会计的差异进行调整。由于税法和会计目标的不同,税法和会计对纳税人具体经济事项处理的规定将表现出一定的差异性,对税法和会计差异的处理,相关税收法规作出了具体规定。《中华人民共和国税收征收管理法》(以下简称《税收征管法》)第 20 条规定:"纳税人、扣缴义务人的财务、会计制度或者财务、会计处理办法与国务院或者国务院财政、税务主管部门有关税收的规定抵触的,依照国务院或者国务院财政、税务主管部门有关税收的规定计算应纳税款、代扣代缴和代收代缴税款。"《中华人民共和国企业所得税法》(以下简称《企业所得税法》)第 21 条规定:"在计算应纳税所得额时,企业财务、会计处理方法与税收法律、行政法规的规定不一致的,应当依照税收法律、行政法规的规定计算。"

4. 税务会计核算原理是会计理论与方法

税务会计仍属于企业财务会计的范畴,其核算原理与企业财务会计理论、方法是相同的。

会计的手段和工作过程包括确认、计量、记录和报告。确认、计量、记录和报告也是税务会计工作过程的四个详细的环节。所谓确认,是指当纳税人经济事项发生后依据税法确定纳税人是否发生某种税的纳税义务,即发生的经济事项是否在某种或某几种税的征税范围内;所谓计量,是指当确定纳税人发生某种税纳税义务后,依据税法计算纳税人应纳税额,以货币来衡量其对税法要素在数量上的影响及结果;所谓记录,是指对经确认和计量的税收信息,按照既定的会计方法,在一定的载体(如凭证、账簿、辅助账等)上进行登记;所谓报告,是指将经确认、计量和记录的税收信息及不同税种纳税申报表的形式提供给税务会计信息的使用者。

会计循环是将企业发生的经济事项转换为会计信息的过程。税务会计也是将企业的纳税义务形成和涉税资金运动量及相应的经济事项以会计特定的语言表述出来的过程。具体地说,税务会计循环是将企业发生的涉税事项通过一定的程序和方法并最终以纳税申报表的形式表现出来的过程,即通过设置会计科目,采取复式记账的方法,根据原始凭证填制记账凭证、根据记账凭证填制账簿、根据账簿编制不同税种纳税申报表。

5. 税务会计目标是为了保证税款正确、及时、足额地缴入国库

"正确"是指按税法要求准确、合理地计算、缴纳税款,做到不重不漏、准确无误;"及时"是指按《税收征管法》确定的期限缴纳税款,做到不拖欠、不挤占,迅速解缴入库;"足额"就是不欠税。对纳税人而言,就是要正确、及时上缴税款;对征税部门而言,则要是正确、及时征收税款。要达到这一目的:一方面,需纳税人增强纳税意识,自觉按税法要求履行纳税义务;另一方面,需征税部门加强征管工作,按税法要求认真组织税款的及时、足额入库。因此,税务会计这一管理活动,正是把纳税人与征税部门联结起来,共同为上述目的服务的。

6. 税务会计本质是一种税收管理活动

税务会计是一种融税法和会计核算于一体的特种专业活动。税务会计通过对税款的实现、征收、减免、欠缴、提退、入库等税收资金入库过程中的信息数据的收集和反馈,对税款及时、足额征收入库进行组织与监督,从而保证税收管理任务和税收计划的实现。所以,从本质上看,它是税收管理活动的一个重要组成部分。

三、税务会计的对象

税务会计的对象就是税务会计这种特殊的专门会计管理活动的客体,它是纳税人方面因纳税引起的资金运动,即应纳税款的形成、计算、缴纳、退补和罚没等经济活动的货币表现。具体地讲,税务会计的对象包括以下几个部分。

(一)经营收入

经营收入又称销售收入或营业收入,是指企业单位在生产经营活动中销售商品或提供劳务所取得的各种收入。一般而言,企业单位的经营收入越多,上缴的税款就越多。经营收入是计算上缴税款的重要依据。因此,正确核算和监督企业单位的经营收入是税务会计的重要内容。

(二)成本费用

成本费用是指企业在生产经营过程中发生的各种耗费,包括直接材料费、直接工资、制造费用、财务费用、管理费用、销售费用等。生产成本与其经营收

入的差额反映单位生产经营活动的盈利或亏损。生产成本的计算是否合理、合法和准确无误,直接关系到税款特别是所得税计算缴纳的正确性,因而是税务会计的重要内容。

(三)经营成果

经营成果是指企业单位一定会计期间实现的利润,它包括营业利润和营业外收支净额两部分。营业利润是营业收入减去成本、费用和税金后的余额;营业外收支净额为营业外收入减去营业外支出后的余额。利润总额的形成及其分配的正确性,制约着单位应税所得额的取得及所得税的计算和缴纳的正确性。但由于税法和会计制度存在差异,使会计利润和税务利润结果不一致。此差异包括:一是内容口径不一致形成的永久性差异;二是时期口径不一致形成的时间性差异。因此,在计算缴纳所得税时,需按税法予以调整。

(四)税额计算

税额计算是指纳税人应向税务机关缴纳的税款和数额。准确计算应纳税额,有利于保证中央和地方各级政府财政收入和维护纳税人合法权益。因此,准确核算和监督应纳税款的计算过程和结果,是税务会计的重要内容。

(五)税款解缴

税款解缴是指纳税人应上缴国家税务机关的税款,按法定程序编制纳税申报表,填制税收缴款书,将其正确、及时解缴入库的过程。这是税务部门完成征税任务的核心环节。正确核算、监督税款解缴过程及结果,是税务会计的重要内容。

(六)罚金缴纳

罚金缴纳是指纳税人违反税法规定而向税务部门上缴的滞纳金和罚金的行为。罚款和滞纳金的缴纳是税务资金运动的组成部分,也是税务会计的重要内容。

(七)税收减免

税收减免是指国家和地方为促进经济发展,在各自的税收管辖权内对某些纳税人给予鼓励和照顾,免征其全部应纳税款或减征一部分应纳税款的行为。由于税款减免而引起纳税人收回退还的税款,是通过税务会计计算、申报、收纳和登记的。因此,税收减免是税务会计的重要内容。

四、税务会计与财务会计

要探讨税务会计与财务会计的关系,就必须首先明确会计与法律、会计与税收、会计与企业决策者的关系。法律对会计的影响是一个渐进的历史过程。在公元前 18 世纪的巴比伦时代,正式法典对记录企业的经济业务起到了促进作用。我国颁布并制定、修订了《会计法》,又出台了《企业会计准则》、《企业会计制度》等一系列法规,这对会计的影响是方向性的。税收对会计的影响,往往与法律对会计的影响是分不开的,税收通过法律发挥作用,法律保障税收的执行(有税必有法,无法不成税),但它们对会计影响的着重点不同。法律规定会计"能做什么"和"不能做什么",而税收则引导会计"怎样做",从而影响会计的具体行为。例如,当税务会计与财务会计在实务中允许存在合理差异时,会计计量模式的选择必须遵循"分别反映"的原则;否则,两者之间量的差异将无法揭示出来。因此,税收对会计的影响是调节性的。企业决策者则是要求在国家法律、制度许可的范围内,执行某些会计政策。但会计的规范、计量方法、处理方法等也会反作用于法律、税收和企业决策者。

(一)税务会计与财务会计的联系

1. 财务会计是税务会计形成的前提和基础

税务会计是会计与税收共同发展的产物,税务会计首先植根于财务会计之中,又独立于财务会计之外。由于税收法律制度与会计准则、会计制度的不一致,根据纳税的需要,对财务会计记录进行合理的加工、整理和必要的补充,逐渐使税务会计从财务会计中独立出来,形成两类专业会计。税务会计主要从纳税的角度对企业的税务资金运动进行核算和监督,财务会计则主要从保障投资者和债权人权益的角度对企业生产、经营活动及其资金运动进行核算和监督。因此,两者是从不同的角度共同反映企业的生产经营活动。

2. 两者建立在基本相同的会计假设上

税务会计与财务会计一样,都是对企业资金运动进行核算与监督,因而它们具有基本相同的会计假设。

(1)从会计主体假设来看,税务会计核算主体是指税务会计工作为其服务的、税法规定其负有纳税义务的特定单位或组织,即纳税主体。财务会计主体一般是指一个特定的、相对独立的经营单位,而这种经营单位一般都是能够独立承担纳税义务的纳税人,即税务会计主体。但是在特殊情况下,如航空、铁路、银行、保险等实行由总行、总公司集中纳税的单位,其各基层单位是财务会计主体,但不是税务会计主体。此外,税务会计主体是能够实行独立核算、独立承担纳税义务的纳税主体,但并非所有纳税主体都是税务会计主体,如个人所得税的纳税主体是个人,但个人不构成税务会计主体。

(2)从持续经营假设来看,税务会计与财务会计完全相同。税务会计核算程序与处理方法是以税务会计主体的生产经营活动将持续正常地经营下去为假设,在可预见的未来,不会破产或清算。因此,持续经营假设是企业税务会计信息真实可靠、会计处理方法持续稳定的重要前提,也是所得税递延、亏损前溯或后转、暂时性差异能够存在且能够使用纳税影响会计法进行跨期摊配的理论基础。

(3)从会计分期假设来看,税务会计与财务会计基本一致。会计分期假设是指将税务会计主体持续进行的生产经营活动而人为地划分为若干个相等的期间,分期申报纳税和提供纳税信息。由于会计分期假设,在税务会计上产生了纳税年度和年度会计核算两个概念:一是纳税年度,即税法规定的计算应纳税额的起讫日期。我国税法规定的纳税年度与会计年度基本相同,均采取历年制,即公历1月1日到12月31日。但是税法关于纳税年度还有特殊规定,如纳税人进行清算时,以清算期间作为一个纳税年度。二是年度会计核算,即纳税处理是建立在年度会计核算期间的基础上,而非在某特定经济行为或业务活动的基础上。

(4)从货币计量假设来说,税务会计与财务会计在核算过程中采用相同的货币作为统一的计量单位,记录、反映和监督企业的资金活动。

(5)从核算方法和程序上看,税务会计利用已有的企业财务会计核算体系和会计核算组织形式,对企业的税务资金运动进行核算和监督,借助于财务会计的会计凭证、账簿、报表及会计核算方法进行各种税务处理。

(二)税务会计与财务会计的区别

1.会计目标不同

财务会计所提供的信息,除了为综合部门及所有者等有关经济利益者服务外,也为企业本身的生产、经营服务。税务会计则要按现行税法和缴纳办法计算应纳税额,向税务机关等信息使用者提供税务会计信息,正确履行纳税人的纳税义务,充分享受纳税人的权利。

2.会计对象不同

企业财务会计核算和监督的对象是企业以货币计量的全部经济事项,包括资金的投入、循环、周转、退出等过程。税务会计核算和监督的对象只是与计税有关的经济事项,即与计税有关的资金运动。因此,原来在财务会计中有关税款的核算、申报、解缴的内容,划归税务会计,并由税务会计作为核心内容分门别类地阐述,企业财务会计只对这部分内容作必要的提示即可。

3.核算依据不同

财务会计核算的依据是会计准则和会计制度,要求的核算要客观、公正。

税务会计核算的依据是税收法律制度,要求按税法规定保证税收收入及时、足额、稳定取得。

4. 核算基础不同

财务会计的核算基础是权责发生制,以求成本计算的准确性和经营成果的真实性。税务会计的核算基础是联合制,即权责发生制与收付实现制的结合,以求保证税款的准确、及时、足额上缴,同时兼顾纳税人的税收支付能力,因为所有税款都必须用货币资金支付。

5. 核算原则不同

财务会计提供的是对外公开的信息,侧重于会计信息质量方面要求的原则,如可靠性、可比性、实质重于形式、重要性、谨慎性和及时性等原则。税务会计是融会计与税法于一体的专业会计,除了要遵循基本的会计核算原则外,更侧重于税收执行方面的原则,如税款支付能力、收入与费用的确定性、税负公平性、社会效益等原则。

6. 计算损益程序不同

财务会计是按照"收入－成本－费用＝利润"的会计等式来计算损益的,且在计算损益时,考虑货币的时间价值,遵循谨慎性原则等来确认和计量损益的实现。而税务会计是按照"收入总额－不征税收入－免税收入－各项扣除－允许弥补的亏损＝应纳税所得额"的计算公式来计算损益的,在计算损益时,不考虑货币的时间价值。两者在收入和扣除项目的确认上都存在区别,从而导致财务会计利润与应纳税所得额的差异。

7. 计价基础不同

按现行《企业会计准则——基本准则》第43条规定,企业在对会计要素进行计量时,一般应当采用历史成本,采用重置成本、可变现净值、现值、公允价值计量的,应当保证所确定的会计要素金额能够取得并可靠计量。财务会计的计价基础主要包括历史成本、重置成本、可变现净值、现值和公允价值等。而税务会计在计算损益时,对资产的计量坚持历史成本,不考虑货币时间价值的变动,更重视可以预见的事项;同时,对关联方交易和非货币收入采用公允价值计量,对盘盈固定资产采用重置成本计量。

各国都在力图缩小财务会计与税务会计的差异,但两者的差异不可能消失。此外,承认税务会计与财务会计的区别,实际上是承认政府有权对纳税人的非营业收益等确认和征税的问题。抹杀两者的区别,可能对征纳双方都是无益的。因此,既不能要求对方适应自己,也不必自己"削足适履"去符合对方。应该各自遵循其本身的规律和规范,在理论上不断发展自己,在方法上不断完善自己。

五、税务会计的特点

税务会计作为融税法和会计核算于一体的特殊专业会计,具有以下特点。

(一)法定性

税收是国家取得财政收入的主要形式,为了保证财政收入的及时和稳定,税收的征收具有明显的强制性和固定性。纳税人在发生应税行为、取得应税收入后,必须按税法的规定正确计算应纳税款,及时上缴国家金库。在整个纳税过程,税务会计必须如实地进行反映、核算和监督,即纳税人对涉税活动的会计处理,必须以税法为依据;会计制度规定与税法规定不一致时,应按税法的规定进行必要的调整,并对会计和税法的差异单独设置账簿予以记录。而财务会计在会计准则、制度的规范内,可以根据企业的具体情况,进行会计政策选择,允许职业判断。所以,税务会计具有直接受制于税法法律规定的显著特点,这也是税务会计区别于其他专业会计的一个重要标志。

(二)相对独立性

税务会计并不是一门和企业财务会计并列的专业会计,它只是企业会计的一个特殊领域,是对企业生产经营活动中涉税部分的核算和反映,其核算基础也依据会计学的理论和核算方法。但和其他会计相比较,税务会计具有其相对独立性和特殊性,表现为:其一,税法规定的税制要素与企业会计制度规定的相应要素有一定差异;其二,税务会计的结果是在确认纳税人纳税义务、计算应纳税额的基础上形成各种税的纳税申报表。

(三)协调性

税务会计的法律性和相对独立性,决定了部分经济事项发生后税务会计的处理结果和财务会计的处理结果是有差异的。但是由于税务会计融入财务会计之中,对财务会计确认、计量、记录和报告的事项及其结果,只要与税法规定不相悖就可以直接采用。只有对与税法规定不一致的会计核算数据才进行纳税调整,即进行税务会计处理,使之符合税法的要求。因此,税务会计是对财务会计的调整,两者具有协调性。

(四)预测性

税法的固定性决定了税务会计反映的企业涉税信息能帮助决策者分析企业过去、现在的税收状况,预测企业未来经济事项可能的税收结果,所以企业涉税信息具有预测价值。决策者可根据预测的可能结果进行税收筹划,即在方案设计的基础上,对未来经济事项作出其认为通过节税使企业利润最大化的最佳选择。

(五)筹划性

企业通过税务会计履行纳税义务,同时还应体现纳税人权利,减轻税负,努力实现企业的财务目标。为此,税务会计还具有筹划性,即通过事先筹划(谋划、规划),巧妙安排会计事项,从而合理选择会计政策。

(六)可控性

由于经济事项发生在"事前、事中"阶段的可调整性,会计人员遵循谨慎性会计原则进行职业判断,对经济事项的会计确认、计量和记录的可选择性,因此,经济事项形成的会计信息在"事前、事中和事后"表现为一定程度的可控制性。

企业财务管理目标为会计利润最大化,在不违法的前提下,降低企业税负是实现会计利润最大化的可能途径。税务会计的可控性是企业降低税负的可能和必要条件。

第二节　税务会计的产生与发展

一、税务会计的产生

自国家出现后,税收的名称和内容不断变化,但统治者对税收一直十分重视。据历史考证,我国在原始社会母系氏族社会末期,由于生产的不断发展,原来那种单凭头脑记事和计算来关心劳动成果的方式已不适应,在头脑外寻找一种记事、计量方法便应运而生了。随之,逐渐出现了通过简单刻记和"结绳记事"记录和计量劳动成果的方法,此方法属于会计、统计、数学及其他学科的一种综合性行为。因此,氏族社会末期产生了"书契"这种记录方式,由此具有独立意义的会计特征才逐渐萌生出来。在会计史上,一般把氏族社会时期称为会计的萌芽或起源阶段。

据史料记载,在我国第一个奴隶制国家夏朝,便开始征收赋税,由此,就必须对赋税的收入和支出进行记录、计算和考核。这便是我国会计的雏形,在我国会计史上,称为"官厅会计"。

官厅会计是我国古代的国家会计,大致相当于我国现代税务会计和预算会计的合称,现代西方也称为政府会计或非营利组织会计。官厅为处理国家事务的机关。

在朝廷中设有专门登记、计算财物收支的会计官员——司会,会计机构划分为两大系统:"天官大宰"系统管支出、"地官司徒"系统管收入。财务收入权和支出权分别由不同的官员掌管,收入账和支出账是分别设置的。这样就在管钱物的官员之间形成一种相互制约和相互考核的关系。

由此可知,税务会计产生的原因在于:

(1)与日俱增的强化会计核算的意识。氏族社会末期,产生了部落首领,进而产生了由掌管土地、山川、林泽等收入和计量、计算事宜的官员而组成的经济管理部门。尽管当时税制简单,不可能对纳税人的会计核算提出具体要求,也不具备正式的会计核算条件,但有一种强烈的会计核算意识。在会计核算方面,当时仅限于对征收结果从国家的角度进行较为健全、完整的核算和监督,但基本上是税收会计的范畴。税务会计则是在税收和财务会计产生和发展的基础上逐步产生和发展起来的。

(2)税收征纳双方的需求。随经济发展、税制的逐步健全和会计技术的日趋完善,税务会计越来越健全,也越来越复杂,最终从传统的财会中分离出来,成为一门独立的专业会计。当今,税务会计与财务会计、管理会计已成为会计学科的三大分支。

二、官厅会计的发展

西周时代:我国奴隶制社会经济发展的鼎盛时期,此时的官厅会计也得到了很大发展。

据《周礼》记载,我国从周朝开始就设立了管理全国钱粮会计的官职,统揽会计职能,掌握一切贡、赋、徭、役等征收和分配大权。掌管皇朝财物赋税的官员称为"大宰",掌管全国会计的官员称为"司会"。《十三疏——周礼天官篇注疏》记载:"司会主天下之大计,计官之长,以参互考日成,以月要考月成,以岁会考岁成之事。"参互、月要、岁会分别为当今日报、月报、年报。这就是说,司会为计官之长,主管皇朝经济财政收支的全面考核,定期根据财务报表对各部门、各经济环节进行考核。

秦代:我国封建社会初步发展时期,维护封建地主阶级政治、经济统治利益的官制得到进一步发展,重点是建立了财计官制。

秦朝皇帝之下最重要的官职有:"三公"(丞相、御史大夫和太尉),"三公"之下设有九卿,组成整个中央政府。九卿中主管财计者为"治粟内史",掌管国家财政经济,"少府"掌管皇室财政。这两套班子区别了国家财政和皇室财政,实行财政收支归口核算,既各自独立又互相调剂,这是秦朝官制的一大创举。

西汉时代:记录会计事项的簿书又有了显著发展。簿书的设置大体分为两类:一是国家最高财政经济的执行官——赋税征收部门;二是其他部门。

这些会计簿书都是按自然形态分类设置的序时流水式简册,这些简册间都是各自独立的,没有科学、有机的联系,也没有科学会计账簿体系的建立,但局部已有总分类账和明细分类核算的表现,核算费用支出的专门会计账簿已出现,并有了主要会计簿书和次要会计簿书的区别。

唐代:封建社会繁荣强盛的时代,官厅会计此时有了很大发展。唐朝的财计官制,发展得较完善,在吏、户、礼、兵、刑、工六部中,设户部为国家行政总理机构,刑部中的比部则为财计审理机构。

此外,唐代的国库组织、财计监察组织和审计组织等都建立得比较完善,这种健全、完善的财计组织系统及在这个系统中建立起来的内部牵制关系,为后来封建统治者建立财计组织树立了样板。

宋、元、明、清时代:财计组织机构主要是从加强中央集权和封建专制出发,既取法于前代,又具各自创新的不同特点。这主要表现在:系统分明,职权清楚,分工明确,相互牵制,尤其是元、明、清三代财计组织的设置既与西周、两汉、隋唐、两宋官制一脉相承,又具自己的特点。

宋代"四柱清册法":把一定时期钱粮收支分成四个部分,具体反映如下:

旧管——期初余额　　　　新收——本期增加
开除——本期减少　　　　实在——期末余额

此法被元、明、清沿用了八九百年,后将"入"、"出"改为"收"、"付"。

纵观官厅会计的产生与发展,它具有以下几个特点:

(1)官厅会计产生的前提是赋税的征收,官厅会计的对象是赋税收支的活动。

(2)官厅会计的产生和发展,标志着预算会计和税务会计的同步产生和同步发展。由于生产力和科技水平的制约,官厅会计在当时还不可能细分为预算会计和税务会计,但两者同属于一个部门,而且其活动也交织在一起。

(3)官厅会计比民间会计产生要早,我国官厅会计的雏形出现在夏代,初创于商代;民间会计的雏形出现在春秋战国时期,初步形成于西汉时代。从官厅会计的发展来看,在古代,无论是会计组织还是会计方法、会计制度,它都比民间会计发展得快,只是从近代开始,它才落后于民间会计。

由于官厅会计与国家财政收支密切联系,故受历代君王的重视。

三、税务会计的发展

税务会计是在财务会计的基础上产生和发展起来的,从税法与企业财务的关系角度观察,大致经历了以下四个阶段。

(一)各自为政,时有冲突

从历史上看,政府征税就是为了满足财政支出的需要,尤其是所得税、关税等大税种,更是与战争、国家主权息息相关。政府收税,有政府税收会计进行记录和反映;政府财政支出,有政府会计进行记录和反映。但在一个相当长的历史时期,国家税法的制定、修订,是没有考虑或很少考虑纳税人在会计上是如何计算、反映的。这就使税法的执行缺乏可靠的基础。随着税收的不断法制化、企业会计的不断规范化和会计市场化(会计师事务所出现),一方面税务会计代表国家要征税,另一方面企业会计要为纳税人计税并缴税,注册会计师受托进行审计。由于各自的角度不同、利益不同,难免会发生某些冲突。

最典型的事例是:1909 年初,美国国会通过了《所得税法案》,由于它忽视了当时的企业会计方法,激起了会计职业界的强烈反应。同年 7 月,12 家著名会计师事务所发表公开信,指出《所得税法案》中存在"错误",认为它是"绝对不宜采用的","违背了所有正确的会计原则"。还有些人撰文质问国会"为什么不事先征询会计团体的意见","为什么没有损失后移扣减的规定","为什么只有公司直接投资成本才允许计提折旧,而不能更为普遍地通过使用备抵资产账",等等,认为"税务当局犯了一个错误,它们多次在缺乏会计理论知识的情况下作出理论上的决策"。美国财政部对此极为重视,并于同年 12 月正式发文,允许根据应计制确认收益,还允许公司估算财务年度的期末库存。这是会计界第一次成功地动摇了所得税法。①

税务与会计作为两个独立的经济领域,在一个较长的历史时期是各自为政的,但随着税法的建立和不断健全及会计的不断成熟和完善,谁都不能再无视对方的存在了。

(二)合二为一,也非无缺

1916 年,美国税收法第一次规定,企业应税所得额的确定必须以会计记录为基础,从而使税务与会计密不可分,也扩大了执业会计师的业务范围。同年,美国联邦岁入法允许采用权责发生制记账的纳税人采用同样的办法编制纳税申报单,从而改善了收益的计量。1918 年的联邦岁入法第一次以商业会计实践为基础,确立了纳税准则。1918 年以后的各项法律都有这样类似的说明:"根据采用的标准会计方法,一般都能够明确地反映所得收入。"所得收入应该"依据记账时通用的会计方法"计算。这些法规都说明了准许采用的会计

---

① 〔美〕迈克尔·查特菲尔德:《会计思想史》,中国商业出版社 1989 年版,第 310—311 页。

方法的基本内容,特别允许采用的有权责发生制和会计年度,必要时还可以进行库存盘点。法院的判决也开始倾向于支持确定所得收入的会计方法。1921年,联邦岁入法允许使用坏账备抵净损失移后扣减,以及合并收益的做法。它还第一次提出了资本收益的优先处理方法,并通过确认通货膨胀会抵消所得收益的部分价值而明确了收入与资本的划分。

由此可见,最初的岁入法只是由于借用了会计技术才得以实施,而以后的税法也因采用了其他的会计方法才越来越趋向成熟。会计对税务的这种影响可简单地归纳为以下两点:(1)由于期间利润计算是会计的本质问题,因此,计算税金的程序理所当然要模拟会计方法;(2)通过促进税收法则和商业会计实务的一致性,将两者的矛盾降到最低限度。这些影响与税法本身一样,既具有刺激性,又具有惰性,是激发并不断协调税务与会计的内在动力。

税收对会计的影响是多方面的、显而易见的、持续至今的。税收因素是促进会计的重心由计算资产盘存转向计算收入的主要动力。对税法的承认是迅速保证选择出来的会计方法被广泛采用的一种手段。毫无疑问,税收有助于提高和改善通常的会计实务的连贯性和科学性。这主要表现在以下三个方面:

一是收益实现原则。根据测算应税所得额的具体处理方法和法庭的判决,人们萌发了收益实现必须发生在收益获得之前的思想。既然以销售时间作为衡量实现的标准是最客观的,那么,这个时点也应该是收入确认的时间。这种新方法取代了以前在年初、年末进行盘存以确定收入的做法,其结果使会计的重点由资产负债表向利润表(损益表)逐渐转移。

二是存货估计。由于会计职业界起初不允许按物价水平调整会计记录,使得通货膨胀时期纳税超前,忽视了纳税者的支付能力。税法后来规定在编制财务报表时可采用后进先出法计算税款。由于这种方法在税金方面能产生巨大的动力,以至于可以不顾理论的妥当性,为实现会计目的而广泛使用这种方法。它既为自己制造了理论依据,进而也修正了现有的会计概念。

三是加速折旧法。尽管会计理论界对加速折旧法的研究由来已久,但是直到1954年,折旧的方法仍普遍采用直线法。1954年以后,因加速折旧而形成的税收节余,成为产业资金的主要来源,并为发展中的企业创立了几乎完全是资助性的政府无息贷款,同时出于鼓励资本投资、刺激经济发展等考虑,企业界出现了支持加速折旧法推行的呼声,会计理论据此修改了原有的有形折旧概念,寻找到折旧费用均衡、合理而系统的期间分摊方法。此外,税法坚持历史成本原则,不考虑货币价值的变动,并且重视会计主体的分离,强调会计的一贯性和公开性,在很大程度上也是受税收政策的影响。

税务与会计走过了一段相互承认、相互借鉴、共同发展、会计所得与纳税所得彼此一致的发展时期。在此期间,由于税法借鉴会计的可行方法和合理的思想内核,促进了自身的发展。同时,由于税法的不断完善,也推动和规范了会计实务的处理,从而导致了对公认会计程序和概念的修正和发展。但两者目标毕竟不同,很难在所有事项上永远并行不悖、和谐一致。

(三)适当分离,各司其职

税务与会计两者密切联系,但由于各自的目标、对象等差异,最终停止了两者相互仿效的初级做法,朝着完善各自的学科方向发展。

(四)持续发展,不断完善

随着各国税法税制的不断完善和健全,以及国际会计准则、各国会计准则、会计法规制度的颁布、修订、执行与完善,财务会计与税务会计均呈偏离扩大之势。财务会计已经有了一套较为成熟的理论结构框架(或称概念结构),税务会计也应建立并也已初步建立起一套理论结构体系,以规范税务会计实务。美国、英国、澳大利亚、新西兰等国家已经相继建立了比较完善的税务会计体系。只要税法与会计准则、会计制度对会计事项的要求有差异,税务会计就有其独立的必要性。但各国法律、法规、会计准则、会计制度的历史背景不同,也会形成不同的税务会计模式。

第三节 税务会计的目标与职能

一、税务会计的目标

税务会计的目标是指企业单位通过税务会计工作所要达到的境地。其基本目标表现在以下三个方面:

对单位的经营管理当局而言,目标体现为提供有关纳税方面的会计信息,以便促成正确的经营决策。

对税务机关而言,税务会计应向税务部门提供本企业单位税收的形成和计缴情况,以便进行稽查和调控。

对其他有关方面而言,税务会计也能满足它们的具体需要。如投资者和债权人,首要关心的是自身的盈利情况或求偿可能性,但税款的缴纳直接导致企业货币资金的外流,所以,他们不得不关心企业的税的形成、计算和缴纳情况。

此外,政府各职能部门也借助税务会计信息,了解企业上缴税款情况,以适应宏观经济管理和调控的需要。

二、税务会计的职能

税务会计职能是税务会计作为一门特殊的专业会计本身所固有的职责和功能。其基本职能包括以下几个方面。

(一)核算税务活动职能

税务会计具有核算(反映)税务活动的职能。税务会计根据国家税法及财务、会计制度等,连续、系统、全面、综合地记录和核算企业生产经营过程中的税务活动。对纳税单位来说,运用税务资料,可随时了解本企业履行纳税义务的详细情况,并从中发现未完成纳税任务的原因,进而采取有效措施,保证税款任务的缴纳。对税务部门来说,运用税务资料,可全面了解纳税人上缴税款的情况,并从中考察某些纳税人的情况,分析其未完成纳税任务的原因,进而采取有效措施,促进企业单位努力完成纳税任务。

通过对税务会计反映的税务活动及提供的资料信息进行分析,为企业改善经营管理、提高经济效益及进一步扩充税源提供保障。

(二)监督税务行为职能

税务会计根据国家的税法和有关的方针、政策、制度等,通过税务会计的一系列核算方法,监督企业单位应纳税款的形成、计算和解缴情况,监督企业收益分配,实现利用税收杠杆调节经济的作用。通过税务会计对企业税务活动的监督、控制及提供的税收信息,保证国家税收法规的正确贯彻实施和适时合理修订。税务会计还可通过审查凭证账表和采取其他各种检查监督手段,发现违纪行为和作弊现象,维护税法的严肃性,保护企业合法权益,保护国家财政收入等。

(三)参与涉税决策职能

参与涉税决策职能是指税务会计能通过对税务活动和税务行为的核算和监督,参与涉及纳税方面的企业的生产、经营、财务和其他决策。税务会计参与经济决策的方式主要表现为为决策提供信息支持,税务会计的核算信息是进行涉税决策的客观依据。这一般需要以前各期的税务核算资料,运用税务会计专门的技术方法,对未来经济活动的纳税情况进行科学分析和预测,以正确、合理地进行决策。例如,拓展新领域、开发新产品,需考虑新业务、新产品、新项目的适用税种、税率、税负情况,借助税务会计的核算资料和专门方法进行分析;选取固定资产折旧方法时,考虑纳税因素,也借助税务会计来具体进行;等等。

三、税务会计的效用

税务会计效用是税务会计活动内在功能的外在化表现,同时也体现了税务会计作为一项管理活动的目标。

(一)实现提供涉税信息的会计目标

作为管理活动的税务会计,以利润最大化为基本目标,同时税务会计活动反映的企业涉税业务的信息,可以为投资者、企业经营者和其他相关部门服务。

(1)税务会计可以为企业经营管理者提供涉税信息。税务会计可以为企业的经营管理者提供企业生产、经营过程中涉税业务的信息,使经营管理者根据这些税务会计信息作出更为科学的经营管理决策、投融资决策等,这些信息更是企业进行税务策划必不可少的依据。企业的经营决策者通过对税务会计提供的信息的分析,主动实施符合国家税收优惠政策的经济行为,规避较高的税负,以实现税后利润的最大化。

(2)税务会计可以为企业的投资者提供涉税信息。税务会计可以为企业投资者提供企业总体税负和税负变化的信息,使投资者从中分析并了解企业经营及变动情况。

(3)税务会计可以为税务部门提供涉税信息。税务会计为税务部门提供税务管理信息,当纳税人在纳税期限内完成纳税申报后,税务部门对纳税人履行纳税义务的情况进行纳税评估和税务稽查,这一过程需要对纳税人税务会计活动反映的涉税信息进行分析和检查。

(4)税务会计可以为企业的债权人提供涉税信息。税务会计可以为债权人提供企业纳税义务履行的状况,以及企业是否有欠交税款的信息。《税收征管法》第45条规定:"税务机关征收税款,税收优先于担保债权,法律另有规定的除外;纳税人欠缴的税款发生在纳税人以其财产设定抵押、质押或者纳税人的财产被留置之前的,税收应当先于抵押权、质权、留置权执行。"如果债务人财产设定抵押之前出现欠缴税款的情形,税务部门可以依据《税收征管法》对抵押财产强制执行,通过拍卖抵充税款。在生产经营活动中,金融部门或其他经营者与某一企业之间出现资金往来、发生借贷关系时,债权人应提前了解企业纳税义务履行情况,了解企业是否有欠税的情形,避免经营投资风险的出现。

(5)税务会计可以为社会公众提供涉税信息。公众通过企业提供的税务会计报告,了解企业纳税义务的履行情况,以及对社会的贡献额、诚信度和社会责任感。

(二)实现利润最大化的企业管理目标

税务会计活动体现核算、反映职能,同时在一定经济背景和经营环境下可以利用其信息优势,对会计主体的经济事项过程进行管理、控制和监督,以及参与企业战略规划和投资及经营决策等,促使企业管理目标实现。围绕着企业利润最大化的目标,税务会计依据税收的法律、法规,运用会计的基本方法,反映、监督和筹划企业的税收资金运动,保证企业诚信纳税,同时合法争取税收最大权益,创造企业税收价值。

(1)规范企业纳税行为,防范税收风险和经营风险。企业在履行纳税义务时,在主观无意的前提下,由于对税法的认识和操作把握不准确,尤其是没有结合本企业的业务特点对税法进行分析和研究,从而出现无知性不遵从行为,结果造成企业经济利润损失。因此,只有结合本企业的经营特点,通过对税法的分析和研究,并对企业涉税业务进行规范的税收和会计处理,保证企业的纳税行为按照税法要求规范运作,使企业正确地履行纳税义务,避免财务会计因不熟悉税法规定而未尽纳税义务导致企业税收风险和经营风险的发生。

其一,避免无知性不遵从行为被税务部门认定违法处罚。税务部门对纳税人未准确进行纳税申报和及时缴纳税款的行为,依据《税收征管法》第63条认定企业进行了虚假的纳税申报,并造成了少缴或不缴税款的结果,构成偷税。税务部门对纳税人追征税款、加收滞纳金,同时处以50%以上、5倍以下的罚款,结果导致企业经济利益的直接损失。

其二,避免因税务部门认定违法处罚而降低市场信誉。企业无知性不遵从作为导致被税务部门认定税收违法并进行处罚的同时,也影响了税务部门对企业信誉等级的评定,使其在市场经营中的信誉下降,导致市场竞争力降低。

其三,避免企业多缴税给企业带来的损失。如果纳税人对税法没有准确把握,如当会计和企业所得税出现时间性差异,企业当期进行了企业所得税纳税调增的处理,但在相关业务的后期处理中,对会计和企业所得税的差异并没有作相应的调减处理,则导致纳税人在某一纳税期限出现多缴税款的情况,造成企业的经济利益流失。

(2)完善企业财务管理和会计核算制度,降低纳税成本。确认、计量、记录和报告是税务会计工作的基本环节,但这并不意味着税务会计工作的内部仅限于此。事实上,从降低企业纳税成本和减少税收资金流出企业的角度,企业在税务会计核算中应解决以下问题:

其一,如何通过科学的内部管理制度完善相应的业务处理程序,使涉税业务的影响得到事先、事中和事后的控制。

其二,采取必要的辅助手段对企业涉税业务信息进行记录。对会计和企业所得税之间的时间性差异的纳税进行调整,因为涉及纳税人若干会计期间,因此,纳税人必须通过必要的辅助手段,如设置台账或登记簿等辅助手段记录会计和税法的差异,并在进行纳税申报时准确调整会计和税法的差异,保证纳税申报准确。

其三,合理安排会计核算方法,满足涉税业务需要。税法或纳税申报中对纳税人会计核算有特殊要求,必须满足这些要求,否则会给企业纳税带来不利影响。营业税纳税义务人兼营不同营业税税率劳务时,必须分别核算、分别纳税,否则从高适用税率;企业所得税纳税申报表中对各项收入和支出都列示了反映不同业务内容的项目,纳税人在会计核算时,应在一级会计科目下,按企业所得税纳税申报表列示的项目设置二级科目进行各项收入和支出归集,为纳税申报表填列做好基础工作。

(3)合理控制企业经营业务进行税收筹划。实现企业价值最大化,离不开投资、筹资和收益分配等环节的理财活动,这些环节都伴随着税收资金的运动。税务会计不仅仅是企业对税收资金运动的核算和反映,而且能够通过税负因素分析等技术性方法,依据税法的具体规定和企业自身的特点,合理筹划企业的投资、筹资和收益分配环节的纳税活动。企业通过对未来经济事项及形成涉税会计信息前进行安排,在经济事项发生过程中对涉税会计信息进行有效控制,达到既依法纳税又减少税收资金流出企业,从而降低企业税负的目的。例如,在企业投资方面,利用税收减免的产品种类,确定投资产品的种类,目的就是选择能够最大限度地降低税负的投资理财方案;再如在企业筹资方面,利用负债筹资利息可以税前扣除的规定,降低企业资金成本;又如在企业组织结构方面,可以利用资产重组,使集团公司内部各子公司之间优劣资产实现合理转换,从纳税角度优化各子公司的盈亏,从而减少企业整体的企业所得税的应纳税所得额。

(4)维护纳税人的合法税收利益。我国税收法律法规规定,企业作为纳税人,既担负着依法纳税的义务,又享有各种相应的权利,如陈述权、申辩权、申请行政复议权、提起行政诉讼权、请求国家赔偿权等。在税务会计活动中,企业可以利用对相关的税收政策法规的全面了解和精准把握,准确处理企业涉税业务,当税务部门对纳税人进行税收管理活动中纳税人有争议时,纳税人可以通过税收法律救济活动维护企业的合法权益。

第四节 税务会计的原则

税务会计的基本依据是税法和会计准则,税法和会计准则在各自的范围内又分别存在着税法原则和会计原则的基本要素。研究税务会计的原则,必须分析税法原则和会计原则,并在此基础上分析和确定税务会计原则。

一、税法原则

税法原则是构成税收法律规范的基本要素之一,任何国家的税法体系和税收法律制度都要建立在一定的税法原则基础上。税法原则包括税法基本原则和现行税收实体法框架下具体税种的适用原则。税法基本原则可以分为税法的法理学原则和适用原则两个层次。

(一)税法的法理学原则

从法理学的角度分析,税法基本原则可以概括为税收法律主义、税收公平主义、税收合作信赖主义和实质课税原则。

1.税收法律主义

税收法律主义也称税收法定主义、法定性原则,是指税法主体的权利义务必须由法律加以规定,税法的各类构成要素皆必须且只能由法律予以明确规定,征纳主体的权利义务只以法律规定为依据,没有法律依据,任何主体不得征纳或减免税收。从现代社会来看,税收法律主义的功能则偏重于保持税法的稳定性与可预测性,这对于市场经济的有序性和法律社会的建立与巩固是十分重要的。税收法律主义可以概括为课税要素法定原则、课税要素明确原则和依法稽征原则。

(1)课税要素法定原则,即课税要素必须由法律直接规定。首先,这里课税要素不仅包括纳税人、征税对象、税率、税收优惠,而且还应包括征税基本程序和税务争议的解决办法等。其次,课税要素的基本内容应由法律直接规定,实施细则仅仅是个补充,以行政立法形式通过的税收法规、规章,如果没有税收法律作为依据或者违反了税收法律的规定,都是无效的。最后,税收委托立法只能限于具体和个别的情况,不能作一般的、没有限制的委托,否则即构成对课税要素法定原则的否定。

(2)课税要素明确原则,即有关课税要素的规定必须尽量地明确而不出现歧义、矛盾,在基本内容上不出现漏洞。课税要素明确原则更多的是从立法技术的角度保证税收分配关系的确定性。出于适当保留税务执法机关的自由裁量权,便于征收管理、协调税法体系的目的和立法技术上的要求,有时在税法中作出较模糊的规定是难免的,一般并不认为这是对税收法律主义的违背,但是这种模糊的规定必须受到限制,至少,税务行政机关的自由裁量权不应是普遍存在和不受约束的。经过法律解释,含义仍不确切的概念也是不能在税法中成立的;否则,课税要素明确原则就失去了存在的价值。

(3)依法稽征原则,即税务行政机关必须严格依据法律的规定稽核征收,而无权变动法定课税要素和法定征收程序。除此之外,纳税人同税务机关一样都没有选择开征、停征、减免税、退补税收及延期纳税的权力,即使征纳双方达成一致。上述原则包含依法定课税要素稽征和依法定征收程序稽征两个方面。依法稽征原则的适用,事实上也受到一定的限制,这主要是由税收法律主义与其他税法原则的冲突和稽征技术上的困难造成的。但是,无论如何,其根本目的必须是提高税务行政效率,方便纳税人缴税,解决稽征技术的困难,而不是对税法的规避。

2. 税收公平主义

税收公平主义是近代法的基本原理,即平等性原则在课税思想上的具体体现,与其他税法原则相比,税收公平主义渗入了更多的社会要求。一般认为税收公平最基本的含义是:税收负担必须根据纳税人的负担能力分配,负担能力相等,税负相同;负担能力不等,税负不同。当纳税人的负担能力相等时,以其获得收入的能力为确定负担能力的基本标准,但收入指标不完备时,按财产或消费水平大小缴税或使社会牺牲最小。法律上的税收公平主义表现为:其一,法律上的税收公平不仅要考虑税收负担的合理分配,而且要从税收立法、执法、司法各个方面考虑。纳税人既可以要求实体利益上的税收公平,也可以要求程序上的税收公平。其二,法律上的税收公平是有具体法律制度予以保障的。例如,对税务执法中受到的不公正待遇,纳税人可以通过税务行政复议、税务行政诉讼制度得到合理、合法的解决。

3. 税收合作信赖主义

税收合作信赖主义也称公众信任原则。它在很大程度上汲取了民法"诚实信用"原则的合理思想,认为税收征纳双方的关系就其主流来看是相互信赖、相互合作的,而不是对抗性的。一方面,纳税人应按照税务机关的决定及时缴纳税款,税务机关有责任向纳税人提供完整的税收信息资料,征纳双方应建立起密切的税收信息联系和沟通渠道。税务机关用行政处罚手段强制征税也是基于双方合作关系,目的是提醒纳税人与税务机关合作自觉纳税。另一方面,没有充足的依据,税务机关不能提出对纳税人是否依法纳税有所怀疑,纳税人有权要求税务机关予以信任,纳税人也应信赖税务机关的决定是公正和准确的,税务机关作出的法律解释和事先裁定可以作为纳税人缴税的根据。当这种解释和裁定存在错误时,纳税人并不承担法律责任,甚至纳税人因此而少缴的税款也不必再补缴。

4.实质课税原则

实质课税原则是指应根据纳税人的真实负担能力决定纳税人税负,不能仅考核其实质是否符合课税要件。也就是说,在判断某具体的人或事件是否满足课税事件、是否承担纳税义务时,不能受其外在形式的蒙蔽,而应深入探求其实质,如果实质条件满足了课税要件,就应按实质条件的指向确认纳税义务。反之,如果仅仅是形式上符合课税要件,而实质上并不满足时,则不能确定其负有纳税义务。之所以提出这一原则,是因为纳税人是否满足课税要件,其外在形式与内在真实之间往往会因一些客观因素或纳税人的刻意伪装而产生差异。例如,纳税人借转让定价而减少计税所得,若从表面看,应按其确定的价格计税。但是,这不能反映纳税人的真实所得,因此,税务机关根据实质课税原则,有权重新估定计税价格,并据以计算应纳税额。实质课税原则的意义在于防止纳税人的避税与偷税,增强税法适用的公正性。

(二)税法的适用原则

税法适用原则是指税务行政机关和司法机关运用税收法律规范解决具体问题所必须遵循的准则。其作用在于:使法律规定具体化的过程中提供方向性的指导,判定税法之间的相互关系,合理解决法律纠纷,保障法则顺利实现,以达到税法认可的各项税收政策目标,维护税收征纳双方的合法权益。税法适用原则并不违背税法基本原则,而且在一定程度上还体现着税法基本原则。但是与其相比,税法适用原则含有更多的法律技术性准则,且更为具体化。

1.法律优位原则

法律优位原则也称行政立法不得抵触法律原则。其基本含义为法律的效力高于行政立法的效力。法律优位原则在税法中的作用主要体现在处理不同等级税法的关系上。与一般法律部门相比,税法与社会经济生活的联系十分紧密,为了适应市场经济条件下社会经济生产的复杂多变性,税法体系变得越来越庞大,内部分工越来越细致,立法层次性越来越鲜明。不同层次税法之间在立法、执法、司法中的越权或空位也就更容易出现,因此,界定不同层次税法的效力关系十分必要。法律优位原则明确了税收法律的效力高于税收行政法规的效力,对此还可以进一步推论为税收行政法规的效力优于税收行政规章的效力。效力低的税法与效力高的税法发生冲突,效力低的税法则是无效的。

2.法律不溯及既往原则

法律不溯及既往原则是绝大多数国家所遵循的法律程序技术原则。其基本含义为:一部新法实施后,对新法实施之前人们的行为不得适用新法,而只能沿用旧法。在税法领域内坚持这一原则,目的在于维护税法的稳定性和可预测性,使纳税人能在知道纳税结果的前提下作出相应的经济决策,税收的调节作用才会较为有效;否则,就会违背税收法律主义和税收合作信赖主义,对纳税人也是不公平的。但是,在某些特殊情况下,税法对这一原则的适用也有例外。一些国家在处理税法的溯及力问题时,还坚持"有利溯及"原则,即对税法中溯及既往的规定,对纳税人有利的,予以承认,而对纳税人不利的,则不予承认。

3.新法优于旧法原则

新法优于旧法原则也称后法优于先法原则。其含义为:新法、旧法对同一事项有不同规定时,新法的效力优于旧法。其作用在于避免因法律修订带来新法、旧法对同一事项有不同的规定而给法律适用带来的混乱,为法律的更新与完美提供法律适用上的保障。新法优于旧法原则的适用,以新法生效实施为标志,新法生效实施以后采用新法,新法实施以前包括新法公布以后尚未实施这段时间,仍沿用旧法,新法不发生效力。新法优于旧法原则在税法中普遍适用,但是当新税法与旧税法处于普通法与特别法的关系时,以及某些程序性税法引用"实体从旧、程序从新"原则时可以例外。

4.特别法优于普通法原则

这一原则的含义为:对同一事项两部法律分别定有一般和特别规定时,特别规定的效力高于一般规定的效力。当某些税收问题需要作出特殊规定,但是又不便于普遍修订税法时,即可以通过特别法的形式予以规范。凡是特别法中作出规定的,即排斥普通法的适用。不过这种排斥仅就特别法中的具体规定而言,并不是说随着特别法的出现,原有的居于普通法地位的税法即告废止。特别法优于普通法原则打破了税法效力等级的限制,即居于特别法地位级别较低的税法,其效力可以高于作为普通法的级别较高的税法。

5.实体法从旧、程序法从新原则

这一原则的含义包括两个方面:一是实体税法不具备溯及力;二是程序性

税法在特定条件下具备一定的溯及力。对于一项新税法公布实施之前发生的纳税义务在新税法公布实施之后进入税款征收程序的,原则上新税法具有约束力。在一定条件下允许"程序从新",是因为程序税法规范的是程序性问题,不应以纳税人的实体性权利义务发生的时间为准,判定新的程序性税法与旧的程序性税法之间的效力关系。而且程序性税法主要涉及税款征收方式的改变,其效力发生时间的适当提前,并不构成对纳税人权利的侵犯,也不违背税收合作信赖主义。

6. 程序优于实体原则

程序优于实体原则是关于税收争讼法的原则。其基本含义为:在诉讼发生时税收程序法优于税收实体法适用,即纳税人通过税务行政复议或税务行政诉讼寻求法律保护的前提条件之一,是必须事先履行税务行政执法机关认定的纳税义务,而不管这项纳税义务实际上是否完全发生;否则,税务行政复议机关或司法机关对纳税人的申诉不予受理。适用这一原则,是为了确保国家课税权的实现,不因争议的发生而影响税款的及时、足额入库。

(三)特定税种业务处理适用原则——企业所得税适用的一般原则

在我国现行开征的税种中,由于企业所得税涉及企业生产经营全部过程,与会计核算具有相关性,所以企业所得税应纳税额的计算和所得税会计核算表现出复杂性。为了使企业所得税在实际操作中简便和规范,现行企业所得税法及其实施条例中,对企业所得税应纳税所得额的计算及税前扣除的项目的处理作出了原则规定,这些原则虽然没有通过直接的方式表述,但在相关法规规定中对具体业务处理具有确定和指导性意义的规定,隐含了原则的内容,是企业所得税相关业务处理遵循的准则。

1. 关于应纳税所得额的计算原则

关于应纳税所税额的计算原则,企业所得税法及其实施条例的相关条款中作出了决定:

(1)应纳税所得额的计算以税收法律、行政法规的规定为依据。《企业所得税法》第21条规定:"在计算应纳税所得额时,企业财务、会计处理办法与税收法律、行政法规的规定不一致的,应当依照税收法律、行政法规的规定计算。"

企业所得税应纳税所得额计算是以会计核算数据为基础的。会计核算数据是企业依据会计准则对企业日常经营活动进行确认、计量和记录的结果。由于会计准则和税法目标不同,必然导致会计和企业所得税在有关收入、成本费用与所得税的扣除项目的确认与计量,以及资产的处理等方面存在差异,所以,以会计核算数据为基础,计算应纳税所得额时,关键问题是确认所得税的会计在相关业务处理时的差异,并对会计和所得税的差异进行调整。

(2)应纳税所得额的计算以权责发生制为原则。关于应纳税所得额的计算,在企业所得税法及其实施条例中涉及原则的条款,包括《中华人民共和国企业所得税法实施条例》(以下简称《企业所得税法实施条例》)第9条规定:"企业应纳税所得额的计算,以权责发生制为原则,属于当期的收入和费用,不论款项是否收付,均作为当期的收入和费用;不属于当期的收入和费用,即使款项已经在当期收付,均不作为当期的收入和费用。本条例和国务院财政、税务主管部门另有规定的除外。"上述企业所得税法及其实施条例围绕着应纳税所得额计算的规定,体现了以下原则:

①权责发生制为企业应纳税所得额的基本原则。以权责发生制为原则计算应纳税所得额时,体现为属于当期的收入和费用,不论款项是否收付,均作为当期的收入和费用;不属于当期的收入和费用,即使款项已经在当期收付,均不作为当期的收入和费用。例如,《企业所得税法实施条例》规定,企业受托加工制造大型机械设备、船舶、飞机,以及从事建筑、安装、装配工程业务或者提供其他劳务等,持续时间超过 12 个月的,按照纳税年度内完工进度或者完成的工作量确认收入的实现。

②权责发生制的应用具有限制性。《企业所得税法实施条例》第9条规定:企业应纳税所得额的计算,以权责发生制为原则,本条例和国务院财政、税务主管部门另有规定的除外。这项法规意味着在计算应纳税所得额时,对《企业所得税法》及其实施条例列举的特定业务的处理,不适用权责发生制。例如,对税前工资的扣除,《企业所得税法实施条例》规定,企业每一纳税年度支付给在企业任职或者受雇的员工的所有现金形式或者非现金形式的劳动报酬,允许扣除。工资实际支付是所得税扣除的前提,此时在《企业所得税法实施条例》的特殊规定下,工资的税前扣除体现收付实现制。

2. 关于扣除项目处理的基本原则

关于企业所得税扣除项目处理,《企业所得税法》第8条规定:"企业实际发生的与取得收入有关的、合理的支出,包括成本、费用、税金、损失和其他支出,准予在计算应纳税所得额时扣除。"其中,在本条规定中实际发生的与取得收入有关及合理是支出扣除的基本原则。在《企业所得税法实施条例》中,对其进行了进一步的解释。其基本含义为:

(1)实际发生原则。《企业所得税法实施条例》第9条规定:"企业应纳税所得额的计算,以权责发生制为原则,本条例和国务院财政、税务主管部门另有规定的除外。"这项法规意味着在应纳税所得额的计算时,对《企业所得税法》及其实施条例列举的特定业务的处理,不适用权责发生制原则,所以在企业所得税税前扣除业务处理时,税法规定了实际发生的原则。

(2)相关性原则。企业所得税扣除应与取得收入有关。《中华人民共和国企业所得税法实施细则》(以下简称《企业所得税法实施细则》)第27条对此的解释为:"企业所得税法第八条所称有关的支出,是指与取得收入直接相关的支出。"

(3)合理性原则。企业所得税扣除是合理的。《企业所得税法实施细则》第27条对此的解释为:"企业所得税第八条所称合理的支出,是指符合生产经营活动常规,应当计入当期损益或者有关资产成本的必要和正常的支出。"

(4)企业发生的支出应当区分收益性支出和资本性支出。《企业所得税法实施细则》第28条规定:"企业发生的支出应当区分收益性支出和资本性支出。收益性支出在发生当期直接扣除;资本性支出应当分期扣除或者计入有关资产成本,不得在发生当期直接扣除。"

二、会计一般原则

会计原则是观察和处理会计问题的准绳,是进行会计工作所应遵循的准则和规范。为了规范会计核算行为,保证会计信息质量,必须明确会计核算的一般原则。

(一)会计基本原则

1. 权责发生制原则

《企业会计准则——基本准则》中规定,权责发生制作为会计进行确认、计量和报告的基础。

权责发生制是指凡是当期已经实现的收入和已经发生或应负担的费用,不论款项是否收付,都应作为当期收入和费用处理;凡是不属于当期的收入和费用,即使款项已经在当期收付,也不应作为当期的收入和费用。按照权责发生制,对于收入的确认应以实现为原则,判断收入是否实现,主要看产品是否已经完成销售过程、劳务是否已经提供,如果产品已经完成销售过程,劳务已经提供,并已取得收款的权利,收入就算实现,而不管是否已经收到货款,都应计入当期收入。对费用的确认应以发生为原则,判断费用是否发生,主要也看其相关的收入是否已经实现,费用应与收入相配比。如果某项收入已经实现,那么与之相关的费用就已经发生,而不管这项费用是否已经付出。在确认收入的同时确认与之相关的费用。与权责发生制相对应的是收付实现制。在收付实现制下,对收入和费用的入账,完全按照款项实际收到或支付的日期为基础来确定它们的归属期。根据权责发生制进行收入与成本费用的核算,能够更加准确地反映特定会计期间真实的财务状况及经营成果。

2. 配比原则

权责发生制作为会计进行确认、计量和报告的基础,配比原则与权责发生制原则存在着内在联系。

配比原则要求企业在进行会计确认、计量时,收入与成本、费用应当相互配比,同一期间内的各项收入及其相关的成本、费用,应当在该会计期间内确认。配比原则包括收入和费用在因果关系上的配比,也包括收入和费用在时间意义上的配比,即一定会计期间内的收入和费用的配比。因果关系上的配比说明在因果关系上的收入项目和费用项目在经济内容上具有必然的因果关系,收入是由于一定费用耗费而产生的,不同收入的取得是由于发生了与之相应的不同费用。时间上的配比关系说明某一期间的费用必须与相同受益期的收入相配比,应归本期实现的收入应与本期发生的与其相关的费用相对应。如果收入要等到未来会计期间才能实现,相关的费用或成本就要分配于未来的实际受益期间。

3. 划分收益性支出与资本性支出原则

划分收益性支出与资本性支出原则是会计准则在企业经济事项处理具体准则规定中的基本内涵和精神。划分收益性支出与资本性支出的原始要求:企业的会计确认,计量应当合理划分收益性支出与资本性支出的界限。凡支出的效益仅及于本年度(或一个营业周期)的,应当作为收益性支出;凡支出的效益及于几个会计年度(或几个营业周期)的,应当作为资本性支出。所谓收益性支出,是指该项支出的发生是为了取得本期收益,即仅与本期收益的取得有关,必须反映于本期损益之中。资本性支出则是指该项支出的发生,不是仅仅为了本期收益,而是与本期和以后几期的收益都有关系,因此,应当在以后逐步分配计入各期的费用。

(二)会计原则

在《企业会计准则——基本准则》中,从会计信息质量要求的角度提出了会计核算的八项原则。权责发生制和历史成本不再作为会计核算的基本原则,但权责发生制作为会计进行确认、计量和报告的基础。会计核算信息质量要求的原则包括以下内容。

1. 可靠性原则

可靠性原则是指企业应当以实际发生的交易或者事项为依据进行会计确认、计量和报告,如实反映符合确认和计量要求的各项会计要素及其他相关信息,保证会计信息真实可靠、内容完整。

2. 相关性原则

相关性原则是指企业提供的会计信息应当与财务会计报告使用者的经济决策需要相关,有助于财务会计报告使用者对企业过去、现在或者未来的情况作出评价或者预测。

3. 明晰性原则

明晰性原则是指企业提供的会计信息应当清晰明了,便于财务报告使用者理解和使用。

4. 可比性(包含一致性)原则

可比性原则是指企业提供的会计信息应当具有可比性。这包括两个方面:一是同一企业不同时期发生的相同或者相似的交易或者事项,应当采用一致的会计政策,不得随意变更,确需变更的,应当在附注中说明;二是不同企业发生的相同或者相似的交易或者事项,应当采用规定的会计政策,确保会计信息口径一致、相互可比。

5. 实质重于形式原则

实质重于形式原则是指企业应当按照交易或者事项的经济实质进行会计确认、计量和报告,不应仅以交易或者事项的法律形式为依据。

在会计确认、计量过程中,可能会碰到一些经济实质与法律形式不一致的业务或事项。例如,融资租入的固定资产,在租期未满以前,从法律形式上讲,所有权并没有转移给承租人,但是从经济实质上讲,与该固定资产相关的收益和风险已经转移给承租人,承租人实际上也能行使对该项固定资产的控制,因此,承租人应该将其视同自己的固定资产,一并计提折旧和大修理费用。遵循实质重于形式原则,体现了对经济实质的尊重,能够保证会计确认、计量信息与客观经济事实相符。

6. 重要性原则

重要性原则是指企业提供的会计信息应当反映与企业财务状况、经营成果和现金流量等有关的所有重要交易或者事项。

坚持会计处理的重要性原则,必须在保证财务报表和会计信息质量的前提下进行,兼顾全面性和重要性原则。之所以强调重要性原则,在很大程度上是考虑会计信息的效用和核算成本之间的比较。企业的经济事项纷繁复杂，要将所有零散的经济数据全部转化成财务报表中详细罗列的指标，不但没有必要，而且还会冲淡重点，有损于会计信息的使用价值，甚至影响决策。因此，强调重要性原则一方面可以提高核算的效益，减少不必要的工作量；另一方面可以使会计信息分清主次，突出重点。对某项会计事项判断其重要性，在很大程度上取决于会计人员的职业判断。但一般来说，重要性可以质和量两方面进行判断。从性质方面讲，只要该会计事项发生就可能对决策有重大影响时，则属于具有重要性的事项。从数量方面讲，当某一会计事项的发生达到总资产的一定比例时，一般认为其具有重要性。判断某一项会计事项重要与否，更重要的是应当考虑经济事项的性质。

7. 谨慎性原则

谨慎性原则是指企业对交易或者事项进行会计确认、计量时应当保持应有的谨慎，不应高估资产或者收益、低估负债或者费用。

谨慎性通常的处理原则是，应预计可能产生的损失，但不预计可能产生的收益和过高估计资产的价值。遵照这一原则，使本期可能产生的损失不致递延至下期反映而增加下期负担，从而使各期的经营成果更加真实。谨慎性原则要求会计人员必须具备职业判断能力。谨慎性原则应体现于会计确认、计量的全过程，包括会计确认、计量、报告等各个方面。从会计确认来说，要求确认标准和方法建立在稳妥、合理的基础之上；从会计计量来说，要求不得高估资产和利润的数额；从会计报告来说，要求会计报告向会计信息的使用者提供尽可能全面的会计信息，特别是应报告有关可能发生的风险损失。但是，企业不能任意使用或歪曲使用谨慎性原则，否则将会影响会计确认、计量的客观性，从而造成会计秩序的混乱。

8. 及时性原则

及时性原则是指企业对于已经发生的交易或者事项，应当及时进行会计确认、计量和报告，不得提前或者延后。

三、税务会计基本原则

由于税务会计与会计密切相关，因此，会计一般原则及会计要素的确认与计量原则，基本上适用于税务会计，尤其部分企业所得税和会计基本一致的原则，这些原则适用于税务会计，如权责发生制原则（税法的权责发生制原则具有限定性）、配比原则及划分收益性支出与资本性支出原则。但因税务会计与税法的特定联系，税法原则也对税务会计产生直接的影响。根据税务会计的特点,结合会计原则与税法原则,体现在税务会计具体业务处理中的原则可以归纳如下方面。

(一)依据税法确定纳税人纳税义务原则

我国现行税法体系规定了纳税人必须履行各项纳税事项的义务,其中,税收实体法规定了每种税的税法要素,是确定纳税人的纳税义务和纳税义务量(应纳税额)的依据。税务会计核算的前提是依据税法对纳税人进行纳税义务的确定及应纳税额的计算,形成有关税收信息。这一过程必须体现税法的确定性。

当纳税人经济事项发生后,必须依据税法进行税收分析:一是确认。依据税法确定纳税人经济事项发生后是否发生某种税的纳税义务,即发生的经济事项是否在某种或几种税的征税范围内,构成具体税种的纳税义务人。二是计量。当确定纳税人发生某种税纳税义务后,依据税法计算此项业务发生后纳税人应纳的税额。

(二)税务会计的日常核算方法与财务会计相一致原则

在我国没有独立设置税务会计的前提下,税务会计融入财务会计之中。税务会计是企业财务会计的组成部分,因此税务会计以财务会计为基础,不要求企业在财务会计的凭证、账簿、报表之外再设一套税务会计的核算体系。企业经济事项发生后,依据税法确认纳税义务、计算税额,同时对此项经济事项应依据会计准则进行确认和计量,一并将计算的税额进行会计记录,形成会计信息,这一过程体现税务会计的日常核算方法与财务会计的一致性。

(三)税法和会计协调与差异调整原则

税法和会计协调表现为:由于税务会计融入财务会计之中,对财务会计确认、计量、记录的经济事项及其结果,只要与税法规定不相悖就可以直接采用,作为进行企业涉税业务处理的信息和数据来源。

税法和会计的差异调整表现为:具体税种和特定业务处理时,税法和会计规定的原则和要素构成不同,决定了这部分经济事项发生后,导致税务的处理结果和财务会计的处理结果存在差异,必须对与税法规定不一致的会计核算数据进行纳税调整,即进行税务会计处理,使之符合税法的要求。

(四)设置辅助账反映税法和会计差异原则

企业应设置辅助账反映税法和会计的差异,尤其是企业所得税和会计的差异。从企业所得税应纳税所得额计算的角度来说,企业所得税和会计的时间性差异既影响企业本期应纳税所得额的计算,又将影响企业以后纳税期应纳税所得额的计算;从所得税会计核算的角度来说,企业所得税和会计的差异影响所得税会计核算中递延所得税费用的确定。因此,对企业经济业务发生时,企业所得税和会计的差异在分析和确认的基础上,应通过设置台账和登记簿的形式序时进行记录,为纳税人纳税申报期应纳所得税的准确计算和所得税会计核算提供准确的信息资料。

本章小结

　　本章主要介绍税收与税务会计关系、税务会计的产生与发展、税务会计的目标与职能、税务会计的原则等,要求重点掌握税务会计的概念和基础特征、税务会计的职能与原则及税务会计与财务会计的关系。

复习思考题

　　1. 税务会计具有哪些特征?
　　2. 税务会计与财务会计有何异同?
　　3. 税务会计有何职能?
　　4. 税务会计的核算对象是什么?
　　5. 税务会计核算必须遵循哪些原则?

第二章 税务会计核算基础

学习导航

1. 重点掌握纳税人权利与义务、税务登记、账簿凭证管理和税务会计核算基础。
2. 一般掌握税收法律关系、税款征收方式、税收保全与强制执行及税务代理。
3. 了解税务检查、税务机关的权力与义务，以及税收法律责任。

税务会计核算是以会计制度、会计准则和相关税收法律为基础的，因而除了要遵循会计制度和会计准则外，还需要掌握税收法律关系、纳税申报、税收征管、科目设置及相关法律责任等规定。

第一节 税收法律基础

一、税收法律关系

国家征税与纳税人纳税在形式上表现为利益分配关系，但经过法律明确双方的权利与义务后，这种关系实质上已上升为一种特定的法律关系，即税收法律关系，具体是指由税法确认和保护的在国家征税机关与纳税人之间基于税法事实而形成的权利义务关系。税收法律关系中的权利和义务即构成税收法律关系的内容，包括征税主体的权力与义务和纳税主体的权利与义务两个方面。有时税收法律关系主体的权利与义务处于权义复合状态。

(一)税收法律关系的特征

(1)税收法律关系的实质是税收分配关系在法律上的表现。从财政角度看，税收是一种收入分配关系，国家取得财政收入的直接目的是实现国家的职能。税收法律关系反映并决定于税收分配关系,属于上层建筑范畴。当一种税收分配关系随着社会形态的更替而被新的税收关系所取代时,必然引起旧的税收法律关系的消灭和新的税收法律关系的产生。

(2)税收法律关系的主体一方只能是国家或国家授权的征税机关。税收法律关系实质上是纳税人与国家之间的法律关系,但由于税务机关代表国家行使税收征收管理权,税收法律关系便表现为征税机关和纳税人之间的权利义务关系。

(3)税收法律关系的主体权利义务关系具有不对等性。这是税收法律关系与民事法律关系在内容上的区别。在民事法律关系中,主体权利义务的设立与分配既完全对等又表现出直接性;在税收法律关系中,税法作为一种义务性法律规范,赋予税务机关较多的税收执法权,从而使税务机关成为权力主体,纳税人成为义务主体。这种权利与义务的不对等性是由税收无偿性和强制性的特征所决定的。但是,税收法律关系并非是一种完全单向性的支配关系,即纳税人在一般情况下是义务主体,但在某些特定场合又可能转化为权利主体,不对等也不是绝对的。

(4)税收法律关系的产生以纳税人发生了税法规定的事实行为为前提。税法事实行为是产生税收法律关系的前提或根据。只要纳税人发生了税法规定的事实和行为,税收法律关系就相应产生了,征税主体就必须依法履行征税职能,纳税主体就必须依法履行纳税义务。

(二)税收法律关系的构成

税收法律关系在总体上与其他法律关系一样,都由权利主体、客体和法律关系内容三方面构成,但在这三方面的内涵上,税收法律关系具有特殊性。

(1)权利主体,即税收法律关系中享有权利和承担义务的当事人,可分为征税主体和纳税主体两类。征税主体是经过国家法定授权,代表国家行使征税职责的以税务机关为主的征税机关,包括各级税务机关、海关和财政机关;纳税主体是履行纳税义务的人,包括法人、自然人和其他组织。

在税收法律关系中,权利主体双方法律地位平等,但是因为主体双方是行政管理者与被管理者的关系,双方的权利与义务不对等,因此,与一般民事法律关系中主体双方权利和义务平等是不一样的。这是税收法律关系的一个重要特征。

背景资料

目前,我国的税收管理工作分别由税务、海关及财政等部门负责。其中,税务部门是主要的税收执法主体,海关主管进出口关税、船舶吨税并代征进口环节增值税、消费税,目前部分地区财政部门负责契税和耕地占用税的征管工作。

根据实行分税制财政管理体制的需要,我国省级以下税务机构分为国家税务局和地方税务局两个系统,居于这两个系统之上的是国家税务总局。国家税务总局是国务院主管税收工作的直属机构,也是我国最高税务管理机构。国家税务局系统包括省、自治区、直辖市国家税务局,地区、地级市(区)、自治州、盟国家税务局,县、县级市(区)、旗国家税务局,征收分局、税务所。地方税务局系统包括省、自治区、直辖市地方税务局,地区、地级市(区)、自治州、盟地方税务局,县、县级市(区)、旗地方税务局,征收分局、税务所。

(2)权利客体,即税收法律关系的主体权利、义务共同指向的对象,也就是征税对象,包括应税的产品、财产、收入、所得、资源、行为等。税收法律关系的客体也是国家利用税收杠杆调整和控制的目标。国家在一定时期根据客观经济形势发展的需要,通过扩大和缩小征税范围、调整征税对象,以达到限制或鼓励国民经济中某些产业、行业发展的目的。

(3)税收法律关系的内容,就是权利主体所享有的权利和所承担的义务,这是税收法律关系中最实质的东西,也是税法的灵魂。它规定权利主体可以为或不可以为的行为,以及违反了这些规定须承担的法律责任。从内容来看,包括征税主体的权力与义务和纳税主体的权利与义务。其中,纳税主体包括纳税人和扣缴义务人。

二、纳税人的权利与义务

(一)纳税人的权利

纳税人权利是指依据法律、法规的规定,纳税人在依法履行纳税义务时,由法律确认、保障与尊重的权利和利益,以及当纳税人的合法权益受到侵犯时,纳税人所应获得的救助与补偿权利。纳税人是税收法律关系的一方主体。近年来,随着《中华人民共和国行政诉讼法》(以下简称《行政诉讼法》)、《中华人民共和国国家赔偿法》(以下简称《国家赔偿法》)、《中华人民共和国行政处罚法》(以下简称《行政处罚法》)、《中华人民共和国行政复议法》(以下简称《行政复议法》)等法律的颁布实施,依法治税、依法行政的推行,纳税人的权利保护问题引起了社会各界的高度重视。

纳税人的权利除了分别规定在《企业所得税法》、《中华人民共和国个人所得税法》(以下简称《个人所得税法》)、《中华人民共和国增值税暂行条例》(以下简称《增值税暂行条例》)等20多项法律、法规中以外,主要集中体现在《税收征管法》中。根据《税收征管法》规定,纳税人的权利主要有14项。

(1)税收知情权。知情权又称信息权,是指公民对于国家重要决策、政府重要事务,以及社会上当前发生的与普通公民利益密切相关的重大事件,有了解和知悉的权利。《税收征管法》第8条第1款规定:纳税人、扣缴义务人有权向税务机关了解国家税收法律、法规的规定及与纳税程序有关的情况。根据我国相关法律规定,纳税人的知情权主要体现在:一是税收政策知情权;二是涉税程序知情权;三是应纳税额核定知情权;四是救济方法知情权。

(2)保密权。《税收征管法》第8条第2款规定:纳税人、扣缴义务人有权要求税务机关为纳税人、扣缴义务人的情况保密。税务机关应当依法为纳税人、扣缴义务人的情况保密。《税收征管法实施细则》第5条规定:《税收征管法》第8条所称为纳税人、扣缴义务人保密的情况,是指纳税人、扣缴义务人的商业秘密及个人隐私。纳税人、扣缴义务人的税收违法行为不属于保密范围。可见,纳税人享有保密权是法律赋予纳税人的一项基本权利。这里的"保密",不仅指纳税人、扣缴义务人有权要求税务机关在进行税务检查时,对自己的储蓄存款、账号、个人财产状况、婚姻状况等个人隐私保守秘密;而且还包括纳税人、扣缴义务人有权要求税务机关保守其商业秘密,包括符合现行法律规定的做法、经营管理方式、生产经营、金融、财务状况等。只要纳税人、扣缴义务人不愿公开的信息,同时又不是违法行为,税务机关就应该尊重纳税人、扣缴义务人的这项权利,履行为被检查人保守秘密的义务。如果税务机关及其工作人员泄漏了纳税人的商业秘密或个人隐私,给纳税人的生产经营或个人名誉造成了不应有的损害,应当承担相应的法律责任。

(3)依法申请税收优惠权。《税收征管法》第8条第3款规定:纳税人依法享有申请减税、免税、退税的权利。《税收征管法》第33条规定:纳税人可以依照法律、法规的规定书面申请减税、免税。减税、免税的申请须经法律、法规规定的减税、免税审查批准机关审批。地方各级人民政府、各级人民政府主管部门、单位和个人违反法律、法规规定,擅自作出减税、免税的决定无效,税务机关不得执行,并向上级税务机关报告。

在不同的历史时期、不同的经济发展状况下,税收优惠有不同的表现形式,主要有 8 种:税收减免、税收豁免、税收扣除、税收抵免、优惠税率、加速折旧、盈亏相抵和优惠退税。

(4)陈述权与申辩权。《税收征管法》第 8 条第 4 款规定:纳税人、扣缴义务人对税务机关所作出的决定,享有陈述权、申辩权。

陈述权是指纳税人对税务机关作出的决定所享有的陈述自己意见的权利。申辩权是指纳税人认为税务机关对自己所为在定性或适用法律上不够准确,根据事实和法律进行反驳、辩解的权利。陈述申辩权是纳税人在税收程序中不可缺少的正当权利,它作为与征税权相对应的抗辩权,对于制约征税权的滥用有积极作用。纳税人的陈述与申辩权的行使以行政处罚为条件,即在税务机关给予行政处罚时,纳税人才能行使这一权利。

(5)税收救济权。税收救济是国家机关为排除税务具体行政行为对税收相对人合法权益的侵害,通过解决税收争议,制止和矫正违法或不当的税收行政侵权行为,从而使税收相对人的合法权益获得补救的法律制度的总称。《税收征管法》第 8 条第 4 款规定:纳税人、扣缴义务人对税务机关所作出的决定,依法享有申请行政复议、提起行政诉讼、请求国家赔偿等权利。《税收征管法》第 88 条规定:纳税人、扣缴义务人、纳税担保人同税务机关在纳税上发生争议时,必须先依照税务机关的纳税决定缴纳或者解缴税款及滞纳金或者提供相应的担保,然后可以依法申请行政复议;对行政复议决定不服的,可以依法向人民法院起诉。当事人对税务机关的处罚决定、强制执行措施或者税收保全措施不服的,可以依法申请行政复议,也可以依法向人民法院起诉。当事人对税务机关的处罚决定逾期不申请行政复议也不向人民法院起诉,又不履行的,作出处罚决定的,税务机关可以采取《税收征管法》第 40 条规定的强制执行措施,或者申请人民法院强制执行。

(6)税收监督权。《税收征管法》第 8 条第 5 款规定:纳税人、扣缴义务人有权控告和检举税务机关、税务人员的违法违纪行为。《税收征管法》第 13 条规定:任何单位和个人都有权检举违反税收法律、法规的行为。收到检举的机关和负责查处的机关应当为检举人保密。税务机关应当按照规定给予奖励。

控告和检举违法违纪行为是公民的基本权利。纳税人的控告、检举权属于监督权的范畴,贯穿税收征管的始终。纳税人的举报可以口头、电话、书面等方式进行。

(7)申请延期申报权。《税收征管法》第 27 条第 1 款规定:纳税人、扣缴义务人不能按期办理纳税申报或者报送代扣代缴、代收代缴税款报告表的,经税务机关核准,可以延期申报。

纳税人和扣缴义务人因不可抗力的影响,需要延期申报的,税务机关在纳税人、扣缴义务人提出延期申报书面申请后,可批准其在一定期限内延期办理纳税申报。经核准延期办理纳税申报的,应当在纳税期限内,按照上期实际缴纳的税额或者税务机关核定的税额预缴税款,并在核准的延期内办理纳税结算。但纳税人和扣缴义务人完全出于主观原因或有意拖缴税款而不按期办理纳税申报的,税务机关本着严肃国家税法和履行工作职责的原则,可视其违法行为的轻重给予处罚。

(8)申请延期缴纳税款权。《税收征管法》第31条第2款规定:纳税人因有特殊困难,不能按期缴纳税款的,经省、自治区、直辖市国家税务局、地方税务局批准,可以延期缴纳税款,但是最长不得超过3个月。

纳税人满足以下任何一个条件,均可以申请延期缴纳税款:①因不可抗力,导致纳税人发生较大损失,正常生产经营活动受到较大影响的;②当期货币资金在扣除应付职工工资、法定劳动社会保险费用后,不足以缴纳税款的。纳税人申请延期缴纳税款,应当在缴纳税款期限届满前提出,并报送相关资料。税务机关应当自收到申请延期缴纳税款报告之日起20日内,作出批准或者不予批准的决定;不予批准的,从缴纳税款期限届满之日起加收滞纳金。

(9)申请退还多缴税款权。对纳税人多缴纳税款依法及时退还,是保护纳税人合法权益的基本要求,也是纳税人的一项基本权利。《税收征管法》第51条规定:纳税人超过应纳税额缴纳的税款,税务机关发现后应当立即退还;纳税人自结算缴纳税款之日起3年内发现的,可以向税务机关要求退还多缴的税款并加算银行同期存款利息,税务机关及时查实后应当立即退还;涉及从国库中退库的,依照法律、法规有关国库管理的规定退还。

税务机关发现纳税人多缴纳税款的,应当自发现之日起10日内办理退库;纳税人发现多缴税款的,税务机关应当自接到纳税人退还申请之日起30日内查实并办理退库手续。

(10)请求回避权。《税收征管法》第12条规定:税务人员征收税款和查处税收违法案件,与纳税人、扣缴义务人或者税收违法案件有利害关系的,应当回避。

有一句这样的法律谚语:"任何人都不得做自己案件的法官。"因此,纳税人有权要求税收程序主持者和行政裁决者保持中立,对与自身存在利害关系、可能影响公正执法的税务人员,可申请税务机关要求其回避,以消除当事人对程序主持人的不信任感,避免执法不公对纳税人自身权益的损害。

(11)纳税申报方式选择权。《税收征管法》第26条规定:纳税人、扣缴义务人可以直接到税务机关办理纳税申报或者报送代扣代缴、代收代缴税款报告表，也可以按照规定采取邮寄、数据电文或者其他方式办理上述申报、报送事项。

（12）拒绝检查权。《税收征管法》第 59 条规定：税务机关派出的人员进行税务检查时，应当出示税务检查证和税务检查通知书，未出示税务检查证和税务检查通知书的，被检查人有权拒绝检查。

（13）委托税务代理权。《税收征管法》第 89 条规定：纳税人、扣缴义务人可以委托税务代理人代为办理税务事宜。

（14）索取有关税收凭证权。

索取完税凭证。《税收征管法》第 34 条规定：税务机关征收税款时，必须给纳税人开具完税凭证。扣缴义务人代扣、代收税款时，纳税人要求扣缴义务人开具代扣、代收税款凭证时，扣缴义务人应当开具。

术语

完税凭证是税务机关依照税法向纳税人征收税款，扣缴义务人依法代扣、代收税款时使用的专用凭证的总称。

完税凭证主要有完税证、税收专用缴款书、印花税票、代扣税款凭证和代收税款凭证及其他完税证明几类。

索取收据或清单。《税收征管法》第 47 条规定：税务机关扣押商品、货物或其他财产时，必须开付收据；查封商品、货物或者其他财产时，必须开付清单。如果税务机关不开具有关凭证，纳税人有权拒绝合作或不履行相关义务。

（二）纳税人的义务

"没有无权利的义务，也没有无义务的权利。"纳税人在享有权利的同时，也应当履行相应的义务。纳税人的义务是指依照法律、法规规定，应当缴纳税收的居民或非居民在税收征纳一系列环节中应承担的义务，主要包括以下几项：

（1）依法纳税的义务。这一义务主要包括四个方面：①依法纳税是宪法规定的一项基本义务。我国《宪法》第 56 条规定：中华人民共和国公民有依照法律纳税的义务。这是宪法在公民的基本权利和义务一章中规定的一项重要内容，是公民的一项法定义务。②按时缴纳税收及滞纳金的义务。③扣缴义务人代扣、代收税款的义务。扣缴义务人依法履行代扣、代收税款义务时，纳税人不得拒绝。④依法计价核算与关联企业之间的业务往来的义务。

「税务博览」

　　宪法规定公民的纳税义务,早已成为各国的通例。最早可以追溯到1215年英国的《自由大宪章》,其中就规定了公民有纳税义务。1789年法国《人权宣言》也规定:"为了武装力量的维持和行政管理的支出,公共赋税是必不可少的。"一般来说,各国宪法对纳税义务都作了原则性的规定,如意大利《宪法》(1947)第53条规定:"所有人均须根据其纳税能力负担公共开支。"希腊《宪法》(1975)第4条规定:"希腊公民无例外地按其收入分担公共开支。"日本《宪法》(1946)第30条规定:"国民有按照法律规定纳税的义务。"同时,许多国家的宪法还规定,除法律有例外规定,任何人不得免除纳税义务,也不得任意增设或变更纳税义务。

　　(2)接受管理的义务。这一义务主要包括依法进行税务登记、设置账簿、保管凭证、纳税申报、按规定安装和使用税控装置等。

「税务博览」　　　　　　日本的蓝色申报制度

　　日本为鼓励纳税人诚实纳税,建立了蓝色申报制度。蓝色申报是指获得税务署长的许可后,使用蓝色申报书进行的申报。蓝色申报制度是为巩固和完善申报纳税制度而根据"肖普劝告书"引进的一项制度。为鼓励在健全账簿文书的基础上进行正确申报,对置备完备账簿文书的纳税人许可使用蓝色申报书进行申报,并且给予蓝色申报者种种优惠。

　　(3)接受检查的义务。税务检查是税务机关依照国家有关税收法律、法规、规章和财务会计制度的规定,对纳税人、扣缴义务人履行纳税义务、扣缴义务情况进行审查监督的管理活动。纳税人应主动配合税务机关按法定程序进行的税务检查,如实向税务机关反映自己的生产经营情况和执行财务制度的情况,并按有关规定提供报表和资料,不得隐瞒和弄虚作假,不得阻挠、刁难税务机关及其工作人员的检查和监督。

　　(4)提供信息的义务。这一义务主要包括:①及时提供与纳税有关信息的义务;②财务会计制度(处理办法)和会计核算软件备案的义务;③及时报告结清税款或提供担保、企业合并、分立、大额财产处分报告、积极行使债权、合法转让财产、发生纳税争议先缴纳税款或提供担保等相关涉税情况的义务。

三、税务机关的权力与义务

纳税人履行义务与税务机关行使权力直接相关。因此,全面了解税务机关的基本权力和义务,对于正确理解纳税人的义务有重要意义。

(一)税务机关的主要权力

根据《税收征管法》的规定,税务机关拥有国家税收征管权力,代表国家履行税收征管职能,依法对纳税人进行税收征收管理。概括说来,税务机关主要有以下几项权力:

(1)税收行政立法权。税务机关有权在授权范围内依照一定程序制定税收行政规章及其他规范性文件来作出行政解释等。

(2)税务管理权。税务管理权是指税务机关具有办理税务登记、审核纳税申报、发票、账簿、凭证管理、推行税控装置等权力。

(3)税收征收权。这是税务机关最基本的权力,包括有权依法征收税款、核定税款,有权对未依法办理税务登记和临时从事经营的纳税人征收税款,有权在法定权限范围内依法确定税收征管方式或时间、地点,税收优先权[①],以及对关联企业不按照独立企业之间进行正常业务往来时合理调整的权力。

> 「税务博览」
>
> 目前,世界上许多国家和地区都在其税法中规定了税收优先权。如美国《国内收入法典》第 6 321 条规定:"应纳税捐经催缴后仍不缴纳者,联邦政府对欠税人所有之全部财产包括动产、不动产及各种财产享有留置权。"日本《国税征收法》第 8 条规定:"除本章另有规定外,国税就纳税人之总财产优先于一切公课金及其他债权征收之。"韩国《国税征收法》第 5 条规定:"国税、加算金及滞纳处分费,优先于其他公课金及其他债权征收之。"我国台湾地区《税捐征收法》第 6 条第 1 项规定:"税捐之征收,优先于普通债权。"

(4)税务检查权。这是税务机关及其税务人员依法对纳税人遵守税法情况进行查验的资格和权力。它一方面体现税务机关单方面的意志,具有一定

---

① 税收优先权是指当税收债权与其他债权并存时,税收债权就债务人的全部财产优先于其他债权受清偿。

的强制性;另一方面,税收检查权具有广泛性,体现在查账、询问、到实地检查等各个方面。另外,税收检查权的行使受法律的制约和保护。

(5)税务违法处理权。这是指税务机关有权对违反税法的纳税人采取强制措施,对情节严重、触犯刑律的,有权移送司法机关追究其刑事责任,包括实施税收保全措施、强制执行措施、离境清税措施、纳税担保措施、对延期缴纳税款的批准和对未按时缴纳税款的处罚权力等。

(6)代位权和撤销权。这两项权力本是合同保全制度的两种手段。《税收征管法》第 50 条规定:当欠缴税款的纳税人因怠于行使到期债权,或者放弃到期债权,或者无偿转让财产,或者以明显不合理的低价转让财产而受让人知道该情形,对国家税收造成损害的,税务机关可以依照《中华人民共和国合同法》(以下简称《合同法》)第 73 条、第 74 条的规定行使代位权、撤销权。税务机关行使代位权、撤销权的,不免除欠缴税款的纳税人尚未履行的纳税义务和应承担的法律责任。

(二)税务机关的主要义务

保护纳税人权利与严格规范、约束税务机关的行为是一致的。根据我国《税收征管法》的规定,税务机关的主要义务包括以下几项:

(1)宣传税法、提供咨询的义务。《税收征管法》第 7 条规定:税务机关应当广泛宣传税收法律、法规,普及纳税知识,无偿地为纳税人提供纳税咨询服务。

(2)公正执法、接受监督的义务。《税收征管法》第 9 条第 2 款规定:税务机关、税务人员必须秉公执法,忠于职守,礼貌待人,文明服务,尊重和保护纳税人、扣缴义务人的权利,依法接受监督。税务人员不得索贿受贿、徇私舞弊、玩忽职守、不征或者少征应征税款;不得滥用职权多征税款或者故意刁难纳税人和扣缴义务人。另外,《税收征管法》第 10 条规定:各级税务机关应当建立、健全内部制约和监督管理制度。上级税务机关应当对下级税务机关的执法活动依法进行监督。各级税务机关应当对其工作人员执行法律、法规和廉洁自律准则的情况进行监督检查。

(3)便捷办税、优质服务的义务。纳税服务是指税务机关依据税收法律、法规的规定,在税收征收、管理、检查和实施税收法律救济过程中,向纳税人提供的服务事项和措施。我国 2001 年修订的《税收征管法》第一次将纳税服务确定为税务机关的法定职责和应尽义务,对税务机关为纳税人提供优质便捷的办税服务作出了广泛而明确的规定:如《税收征管法》第 7 条规定,税务机关应当无偿地为纳税人提供纳税咨询服务;《税收征管法》第 9 条规定,税务机关、税务人员必须礼貌待人,文明服务等,体现了《税收征管法》对纳税服务的高度重视。

(4)提供法律救济,保护纳税人合法权益的义务。对我国现行税法中规定的纳税人的权利,税务机关要切实依法维护,尤其是要依法做好行政复议和国家赔偿等法律救济工作。

(5)防止利害冲突,依法回避的义务。《税收征管法》第12条规定:税务人员征收税款和查处税收违法案件,与纳税人、扣缴义务人或者税收违法案件有利害关系的,应当回避。税务系统作为与公民利益直接相关的部门和单位,实行回避制度是确保税务人员公正执法的基本要求。

(6)为纳税人和检举人保密的义务。《税收征管法》第13条规定:任何单位和个人都有权检举违反税收法律、法规的行为。收到检举的机关和负责查处的机关应当为检举人保密。税务机关应当按照规定对检举人给予奖励。

四、纳税人权利的行使与义务的履行

依法履行纳税义务是纳税人行使权利的基本保证。作为法律所规定的权利的实现,离不开义务的履行;不履行依法纳税的义务,税法所赋予的权利便不复存在。在强调国家要健全税收法制体系,税务机关规范执法、提供优质服务、切实保障纳税人权利的同时,纳税人、扣缴义务人必须积极履行依法纳税的义务。纳税人履行义务是其实现自身权利的基本保证,这是权利义务一致性原则的必然要求。

(一)学习税法,知晓税法

税收从诞生的那天起就和法律紧密相连,有国必有税,有税必有法。纳税人只有认真学习税法,知晓税法,才能更好地维护自身权利,正确履行义务。

(二)依法履行义务,正确行使权利

纳税人要切实按照《税收征管法》等税收法律、法规的要求,及时准确办理税务登记、保管账簿和凭证、按规定使用税控装置、如实办理纳税申报和按时缴纳税款、配合税务检查等,做文明守法的纳税人。

(1)必须正确使用发票。发票是税务部门征税、纳税人缴税的重要依据。纳税人在办理税务登记之后就可以向税务机关申请领购发票,经税务机关审核后凭发票领购簿领购发票。领购发票后,要按照规定使用发票。

(2)要正确对待应纳税额的核定。应纳税额的核定,是指税务机关对纳税人当期或以前纳税期应纳税额的核实与确定。按照我国现行税法的规定,普遍采用的是申报纳税方式,税收核定只在以下特定情况下适用:①依照法律、法规的规定可以不设置账簿的;②依照法律、法规的规定应当设置账簿但未设

置的；③擅自销毁账簿或者拒不提供纳税资料的；④虽设置账簿，但账目混乱或者成本资料、收入凭证、费用凭证残缺不全，难以查账的；⑤发生纳税义务未按照规定的期限办理纳税申报，经税务机关责令限期申报，逾期仍不申报的；⑥纳税人申报的计税依据明显偏低，又无正当理由的。

（3）必须依法配合税务检查。税务检查是税务机关依法对纳税人、扣缴义务人履行纳税义务、扣缴义务的情况进行检查和处理工作的总称。《税收征管法》规定，纳税人、扣缴义务人必须接受税务机关依法进行的税务检查，如实反映情况，提供有关资料，不得拒绝、隐瞒。同时，纳税人在税务检查中享有如下权利：①有权要求事先收悉税务检查通知；②有权要求符合条件的检查人员回避；③有权要求税务机关依照法定程序实施税务检查。

（三）充分利用纳税救济，切实维护自身合法权益

我国《行政诉讼法》、《国家赔偿法》、《行政复议法》、《税收征管法》等法律对纳税人运用行政或法律手段维护自身权益、开展纳税救济的措施作了广泛的规定，如纳税人在税务行政处罚中，应注重从以下几方面维护自身合法权益：

（1）纳税人有权要求税务机关依照法定程序进行处罚。

（2）纳税人有权进行陈述和申辩。

（3）纳税人有权要求举行听证程序。

第二节　纳税申报基础

一、税务登记

税务登记又称纳税登记，是税务机关对纳税人的开业、变动、歇业及生产经营范围变化实行法定登记的一项管理制度。

税务登记主要包括设立登记、变更登记、停业登记、复业登记、注销登记。

（一）设立登记

纳税人在规定的期限内，向主管税务机关提交营业执照或其他核准执业证件申请办理设立登记，领取并填写相应的《税务登记表》、《纳税人税种登记表》。纳税人按规定填写相应的表格后，将表格提交给主管税务机关税务登记受理环节，并附送相关资料。

(1)设立登记的对象。办理税务登记的纳税人分为两类:第一类是从事生产经营的纳税人,包括企业及其在外地设立的分支机构和从事生产经营的场所与个体工商户、从事生产经营的事业单位,在取得营业执照之日起 30 日内到主管税务机关办理税务登记;第二类是非从事生产经营,但依照法律、法规的规定负有纳税义务的单位和个人,除临时取得应税收入或发生应税行为及只缴纳个人所得税、车船使用税的以外,也应自纳税义务发生之日起 30 日内向所在地主管税务机关办理税务登记。

扣缴义务人应当自扣缴义务发生之日起 30 日内,向所在地的主管税务机关申报办理扣缴税款登记,领取扣缴税款登记证件;税务机关对已办理税务登记的扣缴义务人,可以只在其税务登记证件上登记扣缴税款事项,不再发给扣缴税款登记证件。

(2)设立登记的程序,分为以下三个步骤:

①报送资料。纳税人领取营业执照后,在规定的时间与地点向税务机关提出税务登记的申请,同时准备营业执照,有关合同、章程和协议书,居民身份证、护照或其他合法凭证,组织机构统一代码证书等。如果是享受减免税优惠的纳税人,还应提供相应的证明材料。

②填写税务登记表。税务机关审核纳税人提交的资料完备无误后,按照纳税人的经济性质,发给税务登记表。

③税务审核。税务机关收到纳税人填报的"税务登记表"、提供的证件和资料,应在 30 日内审核完毕后颁发税务登记证件。

(二)变更登记

纳税人在办理税务登记之后,如遇下列情形之一,应在工商部门办理变更登记之日起 30 日内,向主管税务机关提交变更登记申请及营业执照或其他核准执业的证件,领取并填写《税务登记变更表》,办理变更税务登记:改变单位名称或法定代表人;改变经济性质或经济类型、隶属关系或经营地址;改变经营方式、经营范围;改变经营期限;改变开户银行及账号;改变生产经营权属;等。涉及税种变更时,同时领取并填写《纳税人税种登记表》。

纳税人填毕表格后,交主管税务机关税务登记受理环节,同时相应提交如下资料:营业执照及工商变更登记表原件及复印件;纳税人变更登记内容的决议及有关证明文件;主管税务机关发放的原税务登记证件(《税务登记证》正本、副本和《税务登记表》等);主管税务机关要求报送的其他资料。

(三)停业、复业登记

实行定期定额征收方式缴纳税款的纳税人,在营业执照核准的经营期限内停业时,应向税务机关提出停业申请,说明停业的理由、时间,停业前的纳税情况和发票的领、用、存情况,并如实填写停业登记表,提交下列资料:停业申请(注明停业理由和停业期限);主管税务机关发放的原税务登记证件(《税务登记证》正、副本、《发票领购簿》)、未使用完的发票等;主管税务机关要求报送的其他资料。税务机关经过审核,应当责成申请停业的纳税人结清税款、缴销发票,并收回税务登记证和发票领购簿,办理停业登记。

停业的纳税人应于恢复生产经营前,向税务机关提出复业登记申请,经确认后,办理复业登记,领回或启用税务登记证件和发票领购账簿及其发票,纳入正常管理。纳税人停业期满不能及时恢复生产经营的,应在停业期满前向税务机关提出延长停业登记;纳税人停业期满未按期复业又不申请延长停业的,税务机关应视为已恢复营业,并按营业期间向纳税人征收税款。

(四)注销登记

注销税务登记是指纳税人发生解散、破产、撤销及其他情形,依法终止纳税义务的或迁出主管税务机关管辖地的,在办理工商登记注销前或终止日起15日内或迁出前,纳税人被工商行政管理机关吊销营业执照或者被其他机关予以撤销登记的,应当自营业执照被吊销或者被撤销登记之日起15日内,向主管税务机关申请办理注销税务登记,领取并填写《注销税务登记申请审批表》。

注销税务登记与变更税务登记的法律意义不同,变更税务登记是一些非本质性的要素发生变化,不影响纳税人的法律地位;而注销税务登记是本质上的变化,意味着纳税人作为纳税主体在法律意义上的消失或死亡。

纳税人持填写完整的《注销税务登记申请审批表》,到税务登记受理环节,办理以下手续:持《发票领购簿》和空白发票,办理缴销发票及《发票领购簿》;清缴应纳税款、滞纳金、罚款。同时提交以下资料:主管部门或董事会(职代会)的决议及其他有关证明文件;营业执照被吊销的,应提交工商行政管理部门发放的吊销决定;税务机关原发放的税务登记证件(《税务登记证》正、副本);主管税务机关要求报送的其他资料。

二、账簿、凭证管理

术语

账簿是纳税人、扣缴义务人连续记录其各项经济业务的账册或簿籍。凭证是纳税人用来记录经济活动,明确经济责任,并据以登记账簿的书面证明。

账簿、凭证既是纳税人记载和反映生产、经营情况,加强核算分析管理的重要手段,也是税务机关证明纳税人和扣缴义务人应税项目和计税的依据。税务部门按照税收法律、法规和财务会计制度规定,对纳税人的会计账簿、凭证等实行管理和监督,是税收征管的重要环节。

（一）账簿的设置

账簿包括总账、明细账、日记账及其他辅助性账簿。从事生产、经营的纳税人、扣缴义务人应自领取营业执照之日起 15 日内,按照国务院财政、税务主管部门的规定设置账簿,根据合法、有效的凭证进行账务处理和会计核算。

（二）账簿与凭证的管理

账簿与凭证的管理主要包括以下几个方面:

（1）企业在购销商品、提供或者接受经营服务及从事其他经营活动时,应按规定开具、使用、取得发票。税务机关是发票的主管机关,负责发票的印刷、领购、开具、保管、缴销的管理和监督。

（2）纳税人应当按照规定安装、使用税控装置,不得损毁或擅自改动税控装置。

（3）从事生产、经营的纳税人、扣缴义务人应按国务院财政、税务主管部门规定的保管期限保管会计凭证、账簿、完税凭证和其他有关资料,对会计凭证、账簿、完税凭证和其他有关资料不得伪造、变造或擅自销毁。

三、纳税申报管理

纳税申报是纳税人在发生纳税义务后,按照税法规定的期限和内容,就计算缴纳税款的有关事项,向税务机关提交书面报告的一种法律行为。

纳税申报是纳税人履行纳税义务的主要依据,是税务机关确定应征税额、开具完税凭证、界定纳税人法律责任的主要依据,也是税务机关税收管理信息的主要来源。

（一）纳税申报的对象

纳税申报的对象包括:负有纳税义务的单位和个人;扣缴义务人;取得临时应税收入或发生应税行为的纳税人（在发生纳税义务之后,即向经营地税务机关办理纳税申报和缴纳税款）;享有减税、免税待遇的纳税人（在减免税期间,应当按照规定办理纳税申报）。

（二）纳税申报的方式

纳税申报方式是指纳税人或扣缴义务人在发生纳税义务或代扣代缴、代

收代缴义务后,在其申报期限内,依照税收法律、法规的规定到指定税务机关进行申报纳税的形式。具体来说,有以下几种申报方式:

(1)自行申报(也称直接申报),即纳税人、扣缴义务人按照规定的期限,自行直接到税务机关办理纳税申报或代扣代缴税款申报的方式。

(2)邮寄申报,即纳税人、扣缴义务人采用邮寄形式向主管税务机关办理纳税申报或代扣代缴税款申报的方式。《税收征管法实施细则》第31条规定:纳税人采取邮寄方式办理纳税申报的,应当使用统一的纳税申报专用信封,并以邮政部门收据作为申报凭据。邮寄申报以寄出的邮戳日期为实际申报日期。

(3)数据电文申报(电子申报),即纳税人、扣缴义务人通过经税务机关确定的电话语音、电子数据交换和网络传输等电子手段向税务机关办理纳税申报或代扣代缴税款申报的方式。数据电文是指税务机关批准的纳税人经由电子手段、光学手段或类似手段生成、储存或传递的信息。

(4)代理申报,即纳税人、扣缴义务人委托税务代理人办理纳税申报的方式。

纳税人可以在上述申报方式中选择,采用其中一种来进行纳税申报。

(三)纳税申报的内容

纳税申报的内容主要包括填写各税种纳税申报表、代扣(收)代缴税款报告表,以及随纳税申报表附报的财务报表和相关纳税资料。纳税人、扣缴义务人必须依照法律、法规规定或者税务机关依法确定的申报期限、申报内容如实办理纳税申报或代扣代缴税款申报,报送纳税申报表、代扣(收)代缴税款报告表及税务机关根据实际需要要求提供的其他纳税资料。

纳税人在申报期限内,无论有无应税收入和应税所得,都必须如实填写纳税申报、代扣(收)代缴税款报告表、财务报表及其他纳税资料·到税务机关办理纳税申报和扣缴税款申报。

(四)延期申报的处理

纳税人、扣缴义务人由于不可抗力的作用或财务会计处理上的特殊情况,按照规定的期限办理纳税申报或者代扣(收)代缴税款申报确有困难,需要延期申报的,应当在规定的纳税申报期限内提出书面申请,报请税务机关批准。主管税务机关视具体情况批准延长期限,但最长不得超过1个月。

第三节 税收征管基础

税收征管是税务机关根据有关税法的规定,对税收工作实施管理、征收、检查等活动的总称,又称税收稽征管理。

一、税款征收

税款征收是国家税务机关等主体依照税收法律、法规规定将纳税人应当缴纳的税款组织征收入库的一系列活动的总称。

(一)税款征收方式

税款征收方式是税务机关依照税法规定和纳税人生产经营、财务管理情况,按照便于征收和保证国家税款及时、足额入库的原则而确定的具体组织税款入库的方法。它主要有以下几种方式:

(1)查账征收,即税务机关按照纳税人提供的账表所反映的经营情况,依照适用税率计算缴纳税款的方式。它适用于账簿、凭证、会计核算制度比较健全,能如实核算企业收入、成本、费用和财务成果,并能正确计算应纳税款的纳税人。

(2)核定征收,即税务机关对不能完整、准确提供纳税资料的纳税人,采用特定方法确定其应纳税收入或应纳税额的一类征收方式。它具体又包括以下几种方式:

①查定征收,即税务机关根据纳税人的从业人数、生产设备、耗用原材料等因素,在正常生产、经营条件下,查实核定产量、销售额并据以征收税款的方式。它适用于生产规模较小、账册不健全,但能控制原材料或进销货的纳税单位。

②查验征收,即税务机关对纳税人应税商品,通过查验数量,按市场一般销售单价计算其销售收入并据以征税的方式。它适用于经营品种比较单一,经营地点、时间和商品来源不固定的纳税单位。

③定期定额征收,即税务机关通过典型调查,逐户确定营业额和所得额并据以征税的方式。它适用于无完整考核依据的小型纳税单位。

④核算应税所得率征收,即税务机关根据纳税人具体情况,对核定征收企业所得税的纳税人,核定应税所得率或者核定应纳所得税的征收方法。

具有下列情形之一的,核定其应税所得率:一是能正确核算(查实)收入总额,但不能正确核算(查实)成本费用总额的;二是能正确核算(查实)成本费用总额,但不能正确核算(查实)收入总额的;三是通过合理方法,能计算和推定纳税人收入总额或成本费用总额的。

纳税人不属于以上情形的,核定其应纳所得税税额。

采用应税所得率方式核定征收企业所得税的,应纳所得税税额计算公式如下:

$$应纳所得税税额＝应纳税所得额×适用税率$$

$$应纳税所得额＝应税收入额×应税所得率$$

或

$$应纳税所得额＝\frac{成本（费用）支出额}{1－应税所得率}×应税所得率$$

实行应税所得率方式核定征收企业所得税的纳税人,经营多业的,无论其经营项目是否单独核算,均由税务机关根据其主营项目确定适用的应税所得率。主营项目应为纳税人所有经营项目中,收入总额或者成本(费用)支出额或者耗用原材料、燃料、动力数量所占比重最大的项目。

根据《国家税务总局关于印发〈企业所得税核定征收办法〉(试行)的通知》(国税发〔2008〕30号)规定,应税所得率按表2-1规定的幅度标准确定。

表 2-1　企业所得税应税所得率表

行　业	应税所得率(％)
农、林、牧、渔业	3～10
制造业	5～15
批发和零售贸易业	4～15
交通运输业	7～15
建筑业	8～20
饮食业	8～25
娱乐业	15～30
其他行业	10～30

纳税人的生产经营范围、主营业务发生重大变化,或者应纳税所得额或应纳税额增减变化达到20％的,应及时向税务机关申报调整已确定的应纳税额或应税所得率。

(3)代扣代缴、代收代缴。代扣代缴是指持有纳税人收入的单位和个人,从持有的纳税人收入中扣缴其税款并代纳税人向税务机关解缴的方式;代收代缴是指与纳税人有经济往来关系的单位和个人,借助经济往来关系向纳税人收取其应纳税款并代纳税人向税务机关解缴的方式。它们适用于税源零星分散、不易控管的纳税人。

(4)委托代征,即税务机关根据需要通过委托形式,委托有关部门、单位依照税收法律、法规和规章的规定,持《委托代征税款证书》代为征收税款的一种征收方式。主管税务机关根据代征主体的工作性质和条件,对特定范围纳税人应当缴纳的税款以委托税务机关的名义代为征收税款,行使有限的征税权。委托代征是委托双方平等协商的结果或者说是一种平等协商关系,并通过委托双方签订代征税款协议书进行委托授权后才能在特定的范围内代征税款。例如,地方税务机关委托工商行政管理机关在办理工商注册登记时,对营业执照贴花征税所代征的印花税,委托交通管理部门代征车船使用税等。

(二)税款征收的其他相关问题

(1)延期纳税制度。它是指纳税人因有特殊困难,不能按期缴纳税款的,经省、自治区、直辖市国家税务局、地方税务局批准,可以延期缴纳税款,但最长不得超过 3 个月。这里的"特殊困难"指的是:①因不可抗力,导致纳税人发生较大损失,正常生产经营活动受到较大影响的;②当期货币资金在扣除应付职工工资、社会保险费后,不足以缴纳税款的。在批准的延期内免予加收滞纳金。

(2)滞纳金征收制度。它是指纳税人、扣缴义务人未按照规定期限缴纳税款或者解缴税款的,税务机关除责令限期缴纳外,从滞纳税款之日起,按日加收滞纳税款 0.5‰的滞纳金。

(3)税款的退还与追征制度。它主要包括以下内容:①纳税人超过应纳税额缴纳的税款,税务机关发现后应立即退还。②纳税人自结算缴纳税款之日起 3 年内发现的,可以向税务机关要求退还多缴的税款并加算银行同期存款利息。③因税务机关的责任,致使纳税人、扣缴义务人未缴或者少缴税款的,税务机关在 3 年内可要求纳税人、扣缴义务人补缴税款,但不得加收滞纳金。④因纳税人、扣缴义务人计算错误等失误,未缴或者少缴税款的,税务机关在 3 年内可以追征税款和滞纳金。有特殊情况的(指数额在 10 万元以上),追征期可延长到 5 年。⑤对偷、抗、骗税额,可无限期追征。

二、税收保全和强制执行

不论是税收保全措施、税收强制执行措施,还是离境清税措施等,都涉及纳税担保,纳税担保是税收保全的基本措施之一。

(一)纳税担保

纳税担保是指经税务机关同意或确认,纳税人或其他自然人、法人、经济组织以保证、抵押、质押的方式,为纳税人应当缴纳的税款及滞纳金提供担保的行为。

国家税务总局于2005年5月发布的《纳税担保试行办法》规定,纳税人有下列情况之一的,适用纳税担保:

(1)税务机关有根据认为从事生产、经营的纳税人有逃避纳税义务行为,在规定的纳税期之前经责令其限期缴纳应纳税款,在限期内发现纳税人有明显转移、隐匿其应纳税的商品、货物及其他财产或者应纳税收入的迹象,责成纳税人提供纳税担保的。

(2)欠缴税款、滞纳金的纳税人或者其法定代表人需要出境的。

(3)纳税人同税务机关在纳税上发生争议而未缴清税款,需要申请行政复议的。

(4)税收法律、法规规定可以提供纳税担保的其他情形。

此外,扣缴义务人按照《税收征管法》第88条规定需要提供纳税担保的,依法可以实施纳税担保。纳税担保人按照《税收征管法》第88条规定提供纳税担保的,应当按照《纳税担保试行办法》规定的抵押、质押方式,以其财产提供纳税担保。

(二)税收保全

 术语

税收保全措施是指税务机关对可能由于纳税人的行为或者某种客观原因,致使以后税款的征收不能保证或难以保证的案件,采取限制纳税人处理或转移商品、货物或其他财产的措施。

《税收征管法》第38条的规定,税务机关有根据认为从事生产、经营的纳税人有逃避纳税义务行为的,可以在规定的纳税期间之前,责令限期缴纳应纳税款;在限期内发现纳税人有明显转移、隐匿其应纳税的商品、货物及其他财产或者应纳税的收入的迹象的,税务机关可以责成纳税人提供纳税担保。如果纳税人不能提供纳税担保,经县以上税务局(分局)局长批准,税务机关可以采取税收保全措施。

(1)税收保全措施的前提。税务机关采取税收保全措施的前提是,从事生产、经营的纳税人有逃避纳税义务的行为。具体条件包括:①纳税人有逃避纳税义务的行为。若无此行为,则不能采取保全措施;②必须是在规定的纳税期之前和责令限期缴纳应纳税款的限期内。

(2)税收保全措施的形式。符合税收保全措施前提条件的,经县以上税务局(分局)局长批准,可以采取两种形式的保全措施:①书面通知纳税人开户银行或者其他金融机构冻结纳税人的金额相当于应纳税款的存款;②扣押、查封纳税人的价值相当于应纳税款的商品、货物或者其他财产。

（3）税收保全措施的程序。对有逃避纳税义务的从事生产、经营的纳税人适用税收保全措施的程序概括为：责令限期缴纳在先，纳税担保居中，税收保全措施断后。具体程序如下：

①责令纳税人提前缴纳税款，即税务机关认为从事生产、经营的纳税人有逃避纳税义务行为的，可在规定的纳税期之前，责令限期缴纳应纳税款，并下达执行。

②责成纳税人提供纳税担保，即在纳税限期内，纳税人有明显转移、隐匿应纳税的商品、货物及其他财产或者应纳税收入的迹象的，税务机关可以责成纳税人提供纳税担保。

③冻结纳税人的存款，即纳税人不能提供纳税担保的，经县以上税务局（分局）局长批准，书面通知纳税人开户银行或者其他金融机构冻结纳税人的金额相当于应纳税款的存款。

④查封、扣押纳税人的商品、货物或其他财产，即纳税人在开户银行或其他金融机构中没有存款，或者税务机关无法掌握其存款情况的，税务机关可以扣押、查封纳税人的价值相当于应纳税款的商品、货物或者其他财产。

（4）税收保全措施的终止。若出现以下两种情况，应终止税收保全措施：①纳税人在规定期限内缴纳应纳税款的，应立即解除税收保全措施；②纳税人超过规定的期限仍不缴纳税款的，经税务局（分局）批准，终止保全措施，转入强制执行措施。

（三）税收强制执行

税收强制执行措施是指当事人不履行法律、法规规定的义务，有关国家机关采用法定的强制手段，强迫当事人履行义务的行为。这里的"当事人"指的是：一是未按照规定期限缴纳或者解缴税款，经责令限期缴纳，但逾期仍未缴纳的从事生产、经营的纳税人和扣缴义务人；二是未按照规定的期限缴纳所担保的税款经责令限期缴纳，但逾期仍未缴纳的纳税担保人。

根据《税收征管法》第 40 条的规定，从事生产、经营的纳税人、扣缴义务人未按照规定的期限缴纳或者解缴税款，纳税担保人未按照规定的期限缴纳所担保的税款，由税务机关责令限期缴纳，逾期仍未缴纳的，经县以上税务局（分局）局长批准，税务机关可以采取强制执行措施。

（1）税收强制执行措施的形式。对逾期仍未纳税的当事人，经税务局（分局）局长批准，税务机关可采取以下形式的税收强制执行措施：

①书面通知其开户银行或者其他金融机构从其存款中扣缴税款。

②扣押、查封、依法拍卖或者变卖其价值相当于应纳税款的商品、货物或其他财产,以拍卖或变卖所得抵缴税款。

税务机关采取强制执行措施时,对纳税人、扣缴义务人、纳税担保人未缴纳的滞纳金同时强制执行。

(2)执行税收强制执行措施时需注意的其他事项。具体如下:

①税收强制执行措施的适用范围包括纳税人、扣缴义务人和纳税担保人等。

②坚持告诫在先原则,即纳税人、扣缴义务人、纳税担保人未按照规定的期限缴纳或者解缴税款,应当先行告诫,责令限期缴纳。若逾期仍未缴纳时,再采取税收强制执行措施。

③执行的程序是先强制扣缴税款,后扣押、查封、拍卖或者变卖,以拍卖或变卖所得抵缴税款。

④个人及其扶养家属维持生活必需的住房和用品,不在强制执行措施的范围之内。

⑤滞纳金的强行划拨,即未缴纳的滞纳金也必须同时采取强制执行措施。

三、税务检查

税务检查是税务机关根据国家税法和财务会计制度的规定,对纳税人履行纳税义务的情况进行检查和监督,以充分发挥税收职能作用的一种管理活动。税务检查是一种以法律为依据的政治权力的监督,是国家赋予税务部门的职责和权力。税务机关有权对任何纳税单位的生产经营、财务会计和纳税情况进行监督检查。

(一)税务检查的权限

税务检查的权限是指对税务机关和税务人员在法律规定的职权范围内行使税务检查权力限制的能力。税务机关和税务人员在实施税务检查权时是有一定限制的,总体来说,包括:应限定在《税收征管法》规定的权限范围内;在行使职权过程中要遵循法定的程序。《税收征管法》第32条对税务机关和税务人员进行税务检查的权限作了明确规定,共分为6条:

(1)查账的权限——有权“检查纳税人的账簿、记账凭证、报表和有关资料,检查扣缴义务人代扣代缴、代收代缴税款账簿记账凭证和有关资料”。这是税务检查最重要的一项权限。具体内容如下:

①要为纳税人保守商业秘密。

②取得相关资料时,必须开具资料清单。税务机关和税务人员要检查纳

税人履行纳税义务情况,主要是通过查账,看其账簿资料是否真实、准确、可靠。一般来说,税务售货员不仅可以到纳税人、扣缴义务人的业务场所进行查账,必要时,还可以将账、证、表及相关资料调回税务机关检查。

③调出资料的限制:一是仅限于调出纳税人、扣缴义务人的以前会计年度的账簿和有关资料,并且在调出资料时,也要向纳税人、扣缴义务人开具资料清单;二是调出资料一般须在 3 个月内归还。由于这些限制,一般情况下,如果不是遇到重大案件,税务人员是不会轻易地将资料调回税务机关检查的。

(2)检查纳税人、扣缴义务人的生产、经营场所和货物存放地的权限——有权"到纳税人的生产、经营场所和货物存放地检查纳税人的商品、货物或其他财产,检查扣缴义务人与代扣代缴、代收代缴税款有关的经营情况"(相当于实地调查)。

税务机关和税务人员在行使这一权力时应该注意,对纳税人的生活住宅与其业务场所合用的,不允许直接进行检查。列如,有些个体户和私营企业就是如此。因为我国《宪法》第 39 条规定:"公民的住宅不受侵犯。禁止非法搜查或非法侵入公民住宅。"目前只允许公安机关和检察机关经过一定的法律程序才可检查或搜查住宅。因此,遇到这类情况且需要进行税务检查时,应该提请有关部门的协助。

(3)责成纳税人、扣缴义务人提供资料的权限——有权"责成纳税人、扣缴义务人提供与纳税或代扣代缴、代收代缴税款有关的文件、证明材料和有关资料"。这是税务机关和税务人员完成税务检查任务的一项重要保证。

税务机关和税务人员在税务检查中通常会要求纳税人或扣缴义务人提供有关资料。例如,查所得税时,可能要求对方提供合同、公司章程、安置失业人员人数等。《税收征管法》规定纳税人或扣缴义务人有义务向检查人员提供有关资料,否则就是违法。

一般来说,该项权利与前两项权利是共同行使的。在行使该权利时,应注意:①要求纳税人或扣缴义务人提供的资料一定要与纳税、扣缴税款有关;②在收取资料时,也应给纳税人或扣缴义务人开列清单,并及时归还。

(4)对纳税人、扣缴义务人进行询问的权限——有权"询问纳税人、扣缴义务人与纳税或代扣代缴、代收代缴税款有关的问题和情况"。

询问是检查人员常用的一种方法。检查人员可以根据查账过程中了解到的情况,或根据搜集到的群众举报揭发材料,通过查询、访问的方式,来进一步查证落实,以便作出正确的处理。这种方法有利于从多方面验证事情的真伪,掌握大量账外情况,从而有利于对税务检查中的问题作出全面、客观的处理。在实际工作中,大部分检查也是先询问后检查,或边查边问的。

使用询问方法时,应注意:①询问的态度和技巧。询问与讯问不同,不能强制被询问人回答问题,所以在询问时,要注意询问的技巧,有时可以采取一些迂回战术。②询问的内容,只能是与纳税、扣缴税款有关的问题和情况,否则,对方可以拒绝回答。③询问一般要做笔录,并由被询问人签名认可,才能作为检查依据。

(5)在交通要道和邮政企业查证的权限——有权"到车站、码头、机场、邮政企业及其分支机构检查纳税人托运、邮寄应税商品、货物或其他财产的有关单据、凭证的有关资料"。

行使该权力时,应注意:①检查的对象只能是纳税人;②仅限于检查纳税人托运、邮寄的应税商品、货物或其他财产的有关单据、凭证和相关资料。

(6)检查纳税人在银行等金融单位存款账户的权限——有权"经县以上税务局(分局)局长批准,凭全国统一格式的检查存款账户许可证明,查核从事生产、经营的纳税人、扣缴义务人在银行或其他金融机构的存款账户;查核税务违法案件中的嫌疑人员的储蓄存款,须经银行县、市支行或市分行的区办事处核对,指定所属储蓄所提供资料。所获得的资料,不得用于税收以外的用途"。

由于检查纳税人或扣缴义务人的存款账户可能会与纳税人、扣缴义务人和金融机构的合法利益相矛盾。因此,在行使该项权力时有严格的限制:

①程序限制。首先,要经县以上税务局(分局)局长批准,否则不得检查存款账户;其次,应指定专人(一般为两人以上),并持全国统一格式的《检查存款账户许可证明》;最后,如果是检查储蓄存款,还要经银行县、市支行或市分行的区办事处核对,再由银行指定所属储蓄所提供资料。

②用途限制。所获得的资料只能用于税收方面,不得用于其他方面,更不得泄露。

此外,税务机关调查税务违法案件时,对与案件有关的情况与资料,还可以进行记录、录音、录像、照相、复制等。

(二)税务检查的形式

税务检查形式是指开展税务检查活动的行为方式。它应根据税务检查对象、范围、目的和组织形式的不同而有所不同。了解和掌握正确的税务检查形式,有利于合理组织人力、物力,迅速、有效地查办税案,提高检查效果。

1.按检查主体划分,可分为税务机关专业检查、纳税人检查和社会中介机构检查

(1)税务机关专业检查是指由税务人员直接实施的一种检查,是税务检查的主要形式,是在企业检查的基础上进行的,是为了解决纳税人由于思想认识不足或业务水平不高,造成自查、互查深度不够的问题。按检查对象的来源、检查内容的范围和检查目的的不同,税务机关专业检查又分为日常检查、专项检查和专案检查。

(2)纳税人检查是指则纳税人自己组织的检查,又可分为纳税人自查和互查。

(3)社会中介机构检查。社会中介机构是指依法成立的税务师事务所、会计师事务所、审计师事务所等中介组织。中介机构对税收的检查主要有两种形式:一是纳税人对税收法规不熟悉或没有时间办理具体纳税事项,而委托中介机构为其办理纳税事宜,属于纳税人检查范畴。中介机构应坚持客观、公正的立场,对所受业务必须依法办事,否则要承担连带责任。因此,中介机构对其承接的业务都要进行监督检查,以保证其行为的合法性。二是税务机关委托中介机构协助部分专项检查和专案检查。由于中介机构专业技术水平较高,在社会中的经济地位相对独立,检查质量好,委托其参与税务检查,能为税务机关的征收管理工作提高效率。

2.按检查时间划分,可分为经常性检查和定期检查

(1)经常性检查是指税务机关和税务人员对纳税人、扣缴义务人进行的日常检查。这种检查是税务机关日常征管工作的组成部分。

(2)定期检查是指税务机关在一定时间、一定范围内,统一安排、统一组织的常规性检查。这种检查一般来说规模较大,检查力量较集中,有一定的时间要求。

3.按检查的计划性划分,可分为计划性检查和临时性检查

(1)计划性检查是指税务机关根据纳税人历来纳税情况、纳税规模及税务检查间隔时间的长短与综合因素,按事先确定的纳税人分类、计划检查时间及检查频率而安排的检查。

(2)临时性检查是指各级税务机关根据不同的经济形势、偷逃税趋势、税收任务完成情况等综合因素,在正常的检查计划之外安排组织的检查,如行业性检查。

4.按检查的业务内容划分,可分为全面检查和专项检查

(1)全面检查是指对纳税人一定期间内所有的涉税业务进行的全面、详细检查。

(2)专项检查是指对纳税人一定期间内部分涉税业务进行的专题性检查,如税法执行情况检查、出口退税检查等。

5.按检查的实施地点划分,可分为现场检查和送达检查

(1)现场检查是指由税务检查人员到纳税人或扣缴义务人的机构所在地或财务核算所在地、生产经营所在地,对其账簿、报表、凭证等会计资料、纳税资料,以及与纳税有关的商品、货物及其他财产等进行检查的一种形式。

(2)送达检查是指税务机关要求纳税单位将有关的会计资料、纳税资料送到税务机关或其指定场所进行检查的一种形式。

采用这种形式须经县以上税务局(分局)局长批准,调阅有关资料时要开付清单,且应在3个月内归还。

(三)税务检查的基本内容

1.检查纳税人对国家税收法律、法规执行情况

国家的税收法律、法规是根据党的方针政策和国家对经济进行宏观调控的需要制定的,具有较强的约束力,纳税人必须遵照执行。通过税务检查,可以了解纳税人对税收法律、法规的执行情况,核实有无偷税、逃税和骗税,有无弄虚作假、乱摊成本、减少或截留税收等情况。若发现一般性问题,应及时教育和督促纳税人纠正,补缴应纳税款,并计算加收滞纳金;对情节严重者,要按《税收征管法》要求追究其法律责任;对偷税以至于抗税构成犯罪的纳税人,还应按照刑法、全国人民代表大会常务委员会《关于惩治偷税、抗税犯罪的补充规定》,由司法机关分别处以有期徒刑、拘役及罚金等。

2.检查纳税人对国家各项税收征管法律、法规执行情况

长期以来,税务检查往往局限于对纳税人执行国家税收法律、法规和税款征收情况的检查,《税收征管法》的颁布和实施,在法律上明确了对纳税人执行国家各项税收征管法律、法规情况的检查应作为税务检查的一项重要内容。检查纳税人对国家各项税收征管法律、法规的执行情况,主要是检查纳税人税务登记、账簿、凭证管理及纳税申报等方面的情况。

3.检查纳税人遵守和执行会计准则和财务通则情况

会计准则是会计核算的规范,是组织和从事会计工作应遵循的规则、程序和方法;财务通则是从事财务活动、实施财务管理和监督必须统一遵循的原则和规范。二者都是正确计算和缴纳税款的重要保证,纳税人必须严格遵守。通过税务检查,可以掌握会计凭证、科目、账户的设置是否正确,成本的核算是否符合规定,费用的开支是否合理,是否正确执行了资本金制度,会计事务的处理程序和方法是否符合规定,会计核算是否准确、无误,财务报表的填报是否准确、及时等情况。

4.检查纳税人生产、经营管理情况

因为纳税人生产、经营情况的好坏,直接关系到纳税人自身的经营成果,也关系到税源的多少,因此,税务检查过程中还应该掌握和了解纳税人的生产、经营方向是否正确,产品(商品)是否适销对路,供、产、销环节是否协调,资金筹措是否合理,投资决策是否准确,存货规模是否合适,信用政策是否有效,等等。

四、税务代理

税务代理是指税务代理人在国家法律、法规规定的代理范围内,接受纳税人、扣缴义务人的委托,代为办理税务事宜的各项行为的总称。

我国税务代理制度是由 20 世纪 80 年代初的税务咨询业发展而来的,现行税务代理制度的法律依据主要包括:《税务代理试行办法》(1994)、《注册税务师资格制度暂行规定》(1996)、《注册税务师注册管理暂行办法》(1999)、《注册税务师执业准则(试行)》(1999)、《税务代理从业人员守则(试行)》(1999)、《税务代理业务规程(试行)》(2001)等一系列规范性文件。依据我国现行税务代理制度的规定,国家对从事税务代理活动的专业技术人员实行注册登记制度,按规定取得中华人民共和国注册税务师执业资格证书并进行注册的人员,才能从事税务代理活动。从事税务代理的机构包括税务师事务所、会计师事务所、律师事务所等。税务师必须加入税务代理机构,才能从事税务代理业务,并且一个税务代理人只能加入一个税务代理机构从事代理业务。税务代理机构对其所属的税务师按照规定实施的代理行为承担责任。

「税务博览」

发达国家的税收立法非常强调税务代理机构在纳税人权利实现中的作用。日本是世界上最早推行税务代理的国家,1943 年制定和实施了《税务代理士法》,1951 年根据夏普建议再次颁布《税理士法》,之后经过几次修正,构成了现行的税务代理立法。在日本,税理士是"税金律师",作为纳税人的代理人,依据宪法和税法保护纳税人的正当权益,协助纳税人履行纳税义务。税理士的业务主要由以下三项构成:一是税务代理,包括税务申报、申请、不服提出等,即除诉讼外的上述业务进行代理或代办;二是税务文书的制作,包括制作申报书及其他向税务官公署提出的文书;三是税务咨询,主要是指就税务代理的有关事项解答或咨询。日本实行税务代理以后,世界上许多国家或地区都相继仿效和推行,如美国、德国、法国、意大利、韩国、新加坡等。

(一)税务代理原则

税务代理是一项社会中介服务,涉及纳税人、扣缴义务人及征税机关多方面的关系,在税务代理活动中应遵循以下原则。

1.自愿有偿原则

税务代理属于委托代理,必须依照《中华人民共和国民法通则》(以下简称《民法通则》)的有关代理活动的基本原则,坚持自愿委托。代理关系的建立要符合代理双方的共同意愿。税务代理关系的产生必须以委托方和受托方自愿为前提,税务代理不是纳税的法定必经程序。税务代理当事人双方之间是一种基于平等的双向选择而形成的合同关系,而不是行政隶属关系。纳税人和扣缴义务人有委托或不委托的选择权,同时也有委托谁的选择权。代理人作为受托方,也有选择是否接受委托和接受谁的委托的权利,对于不愿意接受的委托,有权予以拒绝。

同时,税务代理作为一种社会中介服务,是税务代理人利用自己的专门知识为纳税人提供的服务,税务代理机构也要实行自主经营、独立核算,也要依法纳税。因而,税务代理在执行代理业务的时候,可以依照国家有关规定,遵循公开、公正、公平、诚实信用、自愿有偿、委托人付费的原则,收取相应的报酬。

2.依法代理原则

依法代理是税务代理的一项重要原则,法律、法规是开展税务代理的前提条件。首先,从事税务代理的税务代理人和税务代理机构必须是合法的。税务代理人必须是经全国统一考试合格,并在注册税务师管理机构注册登记的具有税务代理执业资格的注册税务师;税务代理机构必须是依照国家法律设立的税务师事务所。其次,税务代理人在办理税务代理业务过程中严格按照税收法律、法规的有关规定,全面履行职责,不能超越代理权限和代理范围。注册税务师制作涉税文书,须符合国家税收实体法的税收原则,依照税法规定正确计算被代理人应纳或应扣缴的税款。

3.独立、公正原则

税务代理的本质是一种社会中介服务,独立、公正原则是指税务代理人在其代理权限内行使代理权,不受其他机关、社会团体和个人的非法干预。注册税务师作为独立行使自己职责的主体,从事的具体代理活动不受税务机关控制,更不受纳税人、扣缴义务人左右,而是严格按照税法的规定,在维护国家税法尊严的前提下,公正、客观地为纳税人、扣缴义务人代办税务事宜。

4.维护国家利益、保护委托人的合法权益原则

税务代理人既要维护国家的税收利益,按照国家税法规定督促纳税人、扣

缴义务人依法履行纳税及扣缴义务,以促进纳税人、扣缴义务人知法、懂法、守法,实现国家的税法意志,对被代理人偷漏税、骗取减免税和退税等不法行为予以制止,并及时报告税务机关;又要维护纳税人、扣缴义务人的合法权益,帮助其正确履行纳税人义务,避免因不知法而导致不必要的处罚,还可通过税收筹划,节省不必要的税收支出,减少损失,保守因代理业务而获知的秘密。

(二)税务代理业务范围

税务代理业务范围是指税务代理人按照国家有关法律、法规的规定,可以从事的税务代理业务,也是税务代理人为纳税人、扣缴义务人提供服务的内容。

《税务代理试行办法》规定,税务代理人可以接受纳税人、扣缴义务人的委托从事下列范围内的业务代理:

(1)办理税务登记、变更税务登记和注销税务登记。

(2)办理发票领购手续。

(3)办理纳税申报或扣缴税款报告。

(4)办理缴纳税款和申请退税。

(5)制作涉税文书。

(6)审查纳税情况。

(7)建账建制、办理账务。

(8)开展税务咨询、受聘税务顾问。

(9)申请税务行政复议或税务行政诉讼。

(10)国家税务总局规定的其他业务。

(三)税务代理业务执行

税务代理业务执行是整个税务代理工作的中心环节,其执行的质量直接关系到委托人和税务机关的利益,也影响到国家税收法律、法规运行的质量。我国的税务代理业务执行可以分为以下几个阶段:

(1)委派税务代理业务。因为税务代理不是以税务代理执业人员的名义直接接受委托,而只能以税务师事务所的名义统一接受委托人的委托,签订税务代理委托协议,然后,根据委托事项的繁简、难易程度及税务代理执业人员的工作经验、知识等情况,将受托的业务委派给具备相应能力的税务代理执业人员承担。

(2)拟订税务代理计划。实施复杂的税务代理业务,应在税务代理委托协议签订后,由项目负责人编制代理计划,经部门负责人和主管经理(所长)批准后实施。

(3)编制税务代理报告。代理计划经批准后,代理项目负责人及其执业人员应根据代理协议和代理计划的要求,向委托方提出为完成代理工作所需提供的情况、数据、文件资料,并对这些资料的真实性、合法性、完整性进行验证、核实,制作税务代表报告、涉税文书,征求委托人同意后,加盖公章送交委托人或主管税务机关。

(4)制作、保存税务代理工作底稿。税务代理工作底稿是税务代理执业人员在执业过程中形成的工作记录、书面工作成果和获取的资料。它应如实反映代理业务的全部过程和所有事项,以及开展业务的专业判断。税务代理工作底稿的编制,应当依照税务代理事项的要求,内容完整、格式规范、记录清晰、结论准确。

(5)出具税务代理工作报告。税务代理执业人员在委托事项实施完毕后,应当按照法律、法规的要求,以经过核实的数据、事实为依据,形成代理意见,出具税务代理工作报告。税务代理工作报告是税务代理执业人员就其代理事项的过程、结果,向委托人及其主管税务机关或者有关部门提供的书面报告,包括审查意见、鉴定结论、证明等。

(四)税务代理关系的确立和终止

1.税务代理关系的确立

税务代理关系确立的标志是委托代理协议书的签订、修订与生效。

税务师承办代理业务,由其所在的税务代理机构统一受理,并与被代理人签订委托代理协议书。税务代理人应按委托协议书约定的代理内容和代理权限、期限进行税务代理。超出协议书约定范围的业务需代理时,必须先修订协议书。

2.税务代理关系的终止

税务代理关系的终止是指因法律规定或双方约定的终止事由的出现,而终止税务代理协议,消灭双方的权利义务关系。它通常分为以下三种类型:

(1)自然终止,即税务代理期限届满,委托协议书届时失效,税务代理关系自然终止。

(2)被代理人终止。有下列情形之一的,被代理人在代理期限内可单方终止代理行为:①税务代理执业人员未按代理协议的约定提供服务;②税务师事务所被注销资格;③税务师事务所破产、解体或被解散。

(3)税务代理人终止。有下列情形之一的,税务代理人在委托期限内可单方终止代理行为:①委托人死亡或解体、破产;②委托人自行实施或授意税务代理执业人员实施违反国家法律、法规行为,经劝告不停止其违法活动的;

③委托人提供虚假的生产、经营情况和财务会计资料，造成代理错误的。

委托关系存续期间，一方如遇特殊情况需要终止代理行为的，提出终止的一方应及时通知另一方，并向当地主管税务机关报告，终止的具体事项由双方协商解决。

第四节　税务会计核算基础

一、会计科目的设置

《会计准则指南》中，规定了反映企业税收资金运动的会计科目及会计科目核算的业务内容。

(一)"应交税费"科目

1."应交税费"科目核算内容

"应交税费"科目核算企业按照税法规定计算的应交纳的各种税费，包括增值税、消费税、营业税、企业所得税、资源税、土地增值税、城市维护建设税、房产税、土地使用税、车船使用税、教育费附加、矿产资源补偿费等。企业代扣代缴的个人所得税等，也通过"应交税费"科目核算。

"应交税费"科目可按应交的税费项目进行明细核算。本科目贷方反映各税种税款的形成，借方反映税款的缴纳。"应交税费"期末贷方余额，一般反映企业尚未缴纳的税费；期末如为借方余额，反映企业多交或尚未抵扣的税费。

应交增值税还应分为"进项税额"、"销项税额"、"出口退税"、"进项税额转出"、"已交税金"等设置专栏。

2."应交税费"科目核算方法

企业按规定计算应交的消费税、营业税、资源税、城市维护建设税、教育费附加等，借记"营业税金及附加"科目，贷记"应交税费"科目。实际缴纳时，借记"应交税费"科目，贷记"银行存款"等科目。

企业按规定计算应交的房产税、土地使用税、车船使用税、矿产资源补偿费，借记"管理费用"科目，贷记"应交税费"科目（但与投资性房地产相关的房产税、土地使用税在"营业税金及附加"科目核算）。实际缴纳时，借记"应交税费"科目，贷记"银行存款"等科目。

非房地产企业出售不动产计算应交的营业税，借记"固定资产清理"等科目，贷记"应交税费——应交营业税"科目。

企业转让土地使用权应交的土地增值税，土地使用权与地上建筑物及其附着物一并在"固定资产"等科目核算的,借记"固定资产清理"等科目,贷记"应交税费——应交土地增值税"科目;土地使用权通过"无形资产"科目核算的,按实际收到的金额,借记"银行存款"科目,按应交的土地增值税,贷记"应交税费——应交土地增值税"科目,同时冲销土地使用权的账面价值,贷记"无形资产"科目,按其差额,借记"营业外支出"科目或贷记"营业外收入"科目。实际缴纳土地增值税时,借记"应交税费——应交土地增值税"科目,贷记"银行存款"等科目。

企业按照税法规定计算应交的所得税,借记"所得税费用"等科目,贷记"应交税费——应交所得税"科目;缴纳的所得税,借记"应交税费"科目,贷记"银行存款"等科目。

(二)"营业税金及附加"、"管理费用"科目

"营业税金及附加"会计科目核算企业经营活动发生的营业税、消费税、城市维护建设税、资源税和教育费附加等相关税费。企业按规定计算确定的与经营活动相关的税费,借记"营业税金及附加"科目,贷记"应交税费"科目。期末,应将"营业税金及附加"科目余额转入"本年利润"科目,结转后"营业税金及附加"账户无余额。

房产税、车船使用税、土地使用税、印花税在"管理费用"科目核算,但与投资性房地产相关的房产税、土地使用税在"营业税金及附加"科目核算。

二、税额的报告——纳税申报表

纳税申报表,是纳税人在发生纳税义务后,按照税法规定的期限和内容,计算缴纳税款的有关事项,并向税务机关提交的一种书面报告,也是纳税人履行纳税义务的主要依据。《税收征管法》第25条规定:纳税人必须依照法律、法规规定或者税务机关依照法律、法规的规定确定的申报期限、申报内容如实办理纳税申报,报送纳税申报表、财务报表及税务机关根据实际要求纳税人报送的其他纳税资料。纳税义务人应按应纳税种的纳税期限进行纳税申报表的填报,并在纳税申报期向主管税务部门进行纳税申报,同时进行税款缴纳。

第五节　税收法律责任

税收法律责任是指税收主体因违反税法规定的义务,而由专门的国家机关依法追究或由其主动承担的否定性的法律后果。税收主体实施了税收违法行为都必须承担相应的法律责任,否则税法义务就得不到履行。

一、承担税收法律责任的要件

承担税收法律责任的行为人必须同时具备以下五个要件：

(1)税收法律责任主体，即因实施税收违法行为而应承担不利后果的人。按照我国法律规定，税收法律责任的主体既包括公民、法人和其他组织，也包括税务机关及其工作人员。但并非所有实施税收违法行为的人都能够成为税收法律责任主体，如未达到责任年龄，或因智力上的缺陷不能辨认或不能控制自己行为的人，就不能成为税收法律责任主体。

(2)行为已构成税收违法，是税收法律责任构成的核心要素，有行为才有责任，无行为肯定无责任。税收主体的行为违反税法的规定，这是追究有关行为人税收法律责任的前提。

(3)损害后果，即税收违法行为造成的损失和伤害。这种后果一般情况下指的是实际发生的伤害和损失。税收违法行为造成的后果，不仅影响税收主体所应承担的税收法律责任的轻重，而且有时直接决定税收主体承担税收法律责任的形式。如在抗税行为中，纳税人造成的抗税后果的轻重，直接决定其应承担什么样的法律责任，后果较轻的可以只给予行政处罚，较重的则有可能受到刑事处罚。

(4)因果关系，即税收违法行为与损害后果之间的因果链条联系，是税收法律责任构成必须具备的要件。在认定税收主体是否应负税收法律责任时，首先必须确认因果联系之有无，即确认特定的税收违法结果是不是由该税收违法行为引起的。如税收主体虽然发生了少缴税款的结果，但其并未采取税法所列举的偷税手段，没有偷税的行为，就不承担偷税的法律责任。

(5)主观过错，即行为人实施税收违法行为时的主观心理状态，是税收法律责任主体承担法律责任的主观要件。主观过错包括故意和过失两类。故意是指明知自己的行为会发生危害社会的结果，希望或者放任这种结果发生的心理状态。希望表现为行为人对结果的积极追求；放任则是一种容忍结果的发生，表现为行为人应当作为而不作为。过失是指应当预见自己的行为可能发生损害他人、危害社会的结果，因为疏忽大意而没有预见，或者已经预见而轻信能够避免，以致发生这种结果的心理状态。

二、税收法律责任内容

税收法律责任主要包括税收行政法律责任和税收刑事法律责任。

(一)税收行政法律责任

税收行政法律责任是指税收主体违反税收法律规范，尚不构成犯罪的，由税务机关或其他机关依法给予的否定性评价。按照税收行政法律责任的具体内容不同,税收行政法律责任可以分为惩罚性税收行政法律责任和补偿性税收行政法律责任。惩罚性税收行政法律责任是指以惩罚税收违法行为主体为主要目的的税收行政法律责任。补偿性税收行政法律责任是指以补救税收行政违法行为后果为主要内容的税收行政法律责任。其中,对税务行政相对人的税收行政处罚和对税务人员的行政处分属于惩罚性税收法律责任。

税收行政处罚,适用于纳税主体的各类纳税人、扣缴义务人和其他税务当事人。税收行政处罚的形式主要是罚款、没收违法所得、取消出口退税资格等。行政处分,适用于作为征税主体的税务机关中有直接责任的税务人员。行政处分的形式有警告、记过、记大过、降级、降职、留用察看、开除等。

1. 违反税务登记管理制度的法律责任

(1)纳税人未按照规定办理税务登记、变更或注销登记的,可以处 2 000 元以下的罚款;情节严重的,处 2 000 元以上 1 万元以下的罚款。

(2)纳税人未按照规定使用税务登记证件,或者转借、涂改、损毁、买卖、伪造税务登记证件的,处 2 000 元以上 1 万元以下的罚款;情节严重的,处 1 万元以上 5 万元以下的罚款。

(3)纳税人未按照规定办理税务登记证件验证或者换证手续的,由税务机关责令限期改正,可以处 2 000 元以下的罚款;情节严重的,处 2 000 元以上 1 万元以下的罚款。

(4)纳税人通过提供虚假的证明资料等手段,骗取税务登记证的,处 2 000 元以下的罚款;情节严重的,处 2 000 元以上 1 万元以下的罚款。

(5)扣缴义务人未按照规定办理扣缴税款登记的,税务机关应当自发现之日起 3 日内责令其限期改正,并可处以 2 000 元以下的罚款。

2. 违反账簿管理制度的法律责任

(1)纳税人未按照规定设置、保管账簿或者保管记账凭证和有关资料的,未按照规定将财务、会计制度或者财务、会计处理办法报送税务机关备查的,由税务机关责令限期改正,逾期不改正的,可以处 2 000 元以下的罚款;情节严重的,处 2 000 元以上 1 万元以下的罚款。

(2)扣缴义务人未按照规定设置、保管代扣代缴、代收代缴税款账簿或者保管代扣代缴、代收代缴税款记账凭证及有关资料的,由税务机关责令限期改正,可以处 2 000 元以下的罚款;逾期不改正的,可以处 2 000 元以上 1 万元以下的罚款。

3. 违反发票管理制度的法律责任

(1)非法印制发票的,由税务机关销毁非法印制的发票,没收违法所得和作案工具,并处 1 万元以上 5 万元以下的罚款;构成犯罪的,依法追究刑事责任。

(2)从事生产、经营的纳税人、扣缴义务人有《税收征管法》规定的税收违法行为,拒不接受税务机关处理的,税务机关可以收缴其发票或者停止向其发售发票。

(3)未按照规定印制发票或者生产发票防伪专用品的、未按照规定领购发票的、未按照规定开具发票的、未按照规定取得发票的、未按照规定保管发票的、未按照规定接受税务机关检查的单位和个人,由税务机关责令限期改正,没收非法所得,可以并处 1 万元以下的罚款。有上述所列两种或者两种以上行为的,可以分别处罚。

(4)非法携带、邮寄、运输或者存放空白发票的,没收非法所得,可以并处 1 万元以下的罚款。

(5)私自印制、伪造变造、倒买倒卖发票,私自制作发票监制章、发票防伪专用品的,依法予以查封、扣押或者销毁,没收非法所得和作案工具,可以并处 1 万元以上 5 万元以下的罚款;构成犯罪的,依法追究刑事责任。

(6)违反发票管理规定,导致其他单位或者个人未缴、少缴或者骗取税款的,没收非法所得,可以并处未缴、少缴或者骗取的税款 1 倍以下的罚款。

4. 违反纳税申报制度的法律责任

(1)纳税人未按照规定将其全部银行账号向税务机关报告的,以及未按照规定安装、使用税控装置,或者损毁或者擅自改动税控装置的,可以处 2 000 元以下的罚款;情节严重的,处 2 000 元以上 1 万元以下的罚款。

(2)纳税人未按照规定的期限办理纳税申报和报送纳税资料的,或者扣缴义务人未按照规定的期限向税务机关报送代扣代缴、代收代缴税款报告表和有关资料的,可以处 2 000 元以下的罚款;情节严重的,可以处 2 000 元以上 1 万元以下的罚款。

(3)纳税人、扣缴义务人编造虚假计税依据的,由税务机关责令限期改正,并处 5 万元以下的罚款。

5. 违反税款征收制度的法律责任

(1)纳税人伪造、变造、隐匿、擅自销毁账簿、记账凭证,或者在账簿上多列支出或者不列、少列收入,或者经税务机关通知申报而拒不申报或者进行虚假的纳税申报,不缴或者少缴应纳税款的,或者缴纳税款后,以假报出口或者其他欺骗手段,骗取所缴纳税款的行为,是偷税。纳税人伪造、变造、隐匿、擅自销毁用于记账的发票等原始凭证的行为,应当认定为法律规定的伪造、变造、隐匿、擅自销毁记账凭证的行为。对纳税人偷税的,由税务机关追缴其不缴或者少缴的税款、滞纳金,并处不缴或者少缴的税款50%以上5倍以下的罚款。扣缴义务人采取前款所列手段,不缴或者少缴已扣、已收税款,由税务机关追缴其不缴或者少缴的税款、滞纳金,并处不缴或者少缴的税款50%以上5倍以下的罚款。

（2）纳税人不进行纳税申报,不缴或者少缴应纳税款的,由税务机关追缴其不缴或者少缴的税款、滞纳金,并处不缴或者少缴的税款50%以上5倍以下的罚款。

（3）以暴力、威胁方法拒不缴纳税款的,除由税务机关追缴其拒缴的税款、滞纳金外,依法追究刑事责任。情节轻微,未构成犯罪的,由税务机关追缴其拒缴的税款、滞纳金,并处拒缴税款1倍以上5倍以下的罚款。

（4）纳税人欠缴应纳税款,采取转移或者隐匿财产的手段,妨碍税务机关追缴欠缴的税款的,由税务机关追缴欠缴的税款、滞纳金,并处欠缴税款50%以上5倍以下的罚款。

（5）以假报出口或者其他欺骗手段,骗取国家出口退税款的,由税务机关追缴其骗取的退税款,并处骗取税款1倍以上5倍以下的罚款;对骗取国家出口退税款的,税务机关可以在规定期间内停止为其办理出口退税。

（6）纳税人、扣缴义务人在规定期限内不缴或者少缴应纳或者应解缴的税款的,经税务机关责令限期缴纳;逾期仍未缴纳的,税务机关除依照《税收征管法》第40条的规定采取强制执行措施追缴其不缴或者少缴的税款外,可以处不缴或者少缴的税款50%以上5倍以下的罚款。

（7）扣缴义务人应扣未扣、应收未收税款的,由税务机关向纳税人追缴税款,对扣缴义务人处应扣未扣、应收未收税款50%以上3倍以下的罚款。

（8）纳税人、扣缴义务人逃避、拒绝或者以其他方式阻挠税务机关检查的,由税务机关责令改正,处1万元以下的罚款;情节严重的,处1万元以上5万元以下的罚款。

（9）非法印制、转借、倒卖、变造或者伪造完税凭证的,由税务机关责令改正,处2 000元以上1万元以下的罚款;情节严重的,处1万元以上5万元以下的罚款。

（10）为纳税人、扣缴义务人非法提供银行账户、发票、证明或者其他方便,导致未缴、少缴税款或者骗取国家出口退税款的,除没收其违法所得外,可以处未缴、少缴或者骗取的税款的1倍以下的罚款。

(11)税务代理人违反税收法律、法规,造成纳税人未缴或者少缴税款的,除由纳税人缴纳或者补缴应纳税款、滞纳金外,对税务代理人处纳税人未缴或者少缴税款50%以上3倍以下的罚款。

(12)纳税人、纳税担保人采取欺骗、隐瞒等手段提供担保的,由税务机关处以1 000元以下的罚款;属于经营行为的,处以1万元以下的罚款。

(13)非法为纳税人、纳税担保人实施虚假纳税担保提供方便的,由税务机关处以1 000元以下的罚款。

(14)纳税人采取欺骗、隐瞒等手段提供担保,造成应交税款损失的,由税务机关按照《税收征管法》第68条规定处以未缴、少缴税款50%以上5倍以下的罚款。

6.其他税务当事人的行政法律责任

(1)未经税务机关依法委托征收税款的,责令退还收取的税款,依法给予行政处分或者行政处罚;致使他人合法权益受到损失的,依法承担赔偿责任;构成犯罪的,依法追究刑事责任。

(2)银行和其他金融机构未依照《税收征管法》的规定在从事生产、经营的纳税人的账户中登录税务登记证件号码,或者未按规定在税务登记证件中登录从事生产、经营的纳税人的账户账号的,由税务机关责令其限期改正,处2 000元以上2万元以下的罚款;情节严重的,处2万元以上5万元以下的罚款。

(3)税务机关依法到车站、码头、机场、邮政企业及其分支机构检查纳税人托运、邮寄应纳税商品、货物或者其他财产的有关单据、凭证和有关资料时,有关单位拒绝的,由税务机关责令改正,可以处1万元以下的罚款;情节严重的,处1万元以上5万元以下的罚款。

(4)纳税人、扣缴义务人的开户银行或者其他金融机构拒绝接受税务机关依法检查纳税人、扣缴义务人存款账户,或者拒绝执行税务机关作出的冻结存款或者扣缴税款的决定,或者在接到税务机关的书面通知后帮助纳税人、扣缴义务人转移存款,造成税款流失的,处10万元以上50万元以下的罚款;对直接负责的主管人员,和其他直接责任人员处1 000元以上1万元以下的罚款。

(二)税收刑事法律责任

税收刑事法律责任是指税收主体违反税收法律规范,情节严重构成犯罪的,由司法机关对其进行的刑事制裁。根据我国法律、法规规定,税收主体触犯刑律所构成的犯罪主要有偷税罪、抗税罪、虚开增值税专用发票罪、伪造或出售伪造的增值税专用发票罪、骗取出口退税罪、徇私舞弊罪、玩忽职守罪等。以上犯罪所要承担的刑事法律责任就是刑罚,分为主刑和附加刑。主刑有管制、拘役、有期徒刑、无期徒刑、死刑五种;附加刑有罚金、剥夺政治权利、没收财产三种。单位犯罪采取双罚制,即对单位判处罚金,并对其直接负责的主管人员和其他直接责任人员,依照各相应条款的规定处罚。犯《刑法》第201条至第205条规定之罪,被判处罚金、没收财产的,在执行前,应当先由税务机关追缴税款和所骗取的出口退税款。

本章小结

本章主要介绍纳税人的权利与义务、税务登记、账簿凭证管理、税款征收、纳税申报、税务检查、税务代理、税收保全与强制执行、税收法律责任等税务会计核算基础,要求重点掌握纳税人的权利与义务、税务登记、账簿凭证管理和税务会计核算基础。

复习思考题

1.纳税人有哪些权利与义务?

2.税务登记主要涉及哪些内容?

3.税款征收有哪些方式?

4.税务检查权限有哪些?

5.税务会计核算一般涉及哪些科目?

第三章　增值税会计

1. 重点掌握一般纳税人销项税、进项税的会计核算。
2. 一般掌握小规模纳税人会计核算、增值税减免税的会计核算。
3. 理解增值税一般纳税人纳税申报表的填写。

　　增值税主要对在我国境内销售货物、提供加工修理、修配劳务和进口货物的单位和个人就其货物和劳务在流转过程中产生的增值额征税。2008 年 11 月 5 日,国务院第 34 次常务会议修订通过《中华人民共和国增值税暂行条例》,自 2009 年 1 月 1 日起施行。2008 年 12 月 15 日,财政部、国家税务总局制定了《中华人民共和国增值税暂行条例实施细则》(以下简称《增值税暂行条例实施细则》)。

背景材料

　　现代增值税的雏形是 1917 年由美国学者亚当斯(T. Adams)提出的,1921 年德国学者西蒙士(C. F. V. Siemens)正式提出增值税名称,但是增值税真正得以确立并征收是在法国。1954 年,法国政府在生产阶段将原来按营业额全额征税改成按增值额征税,开创了增值税实施的先河。我国从 1979 年开始研究增值税,1980 年在当时的柳州、襄樊、长沙、上海四个城市试点,1982 年财政部颁布了《中华人民共和国增值税暂行办法》,并 1983 年 1 月 1 日开始试行,1984 年 9 月国务院又制定了《中华人民共和国增值税条例(草案)》,并自同年 10 月起施行,1993 年 12 月 13 日国务院发布了《中华人民共和国增值税暂行条例》,自 1994 年 1 月 1 日起施行,该条例的实施扩大了增值税的征税范围,使得增值税成为我国的主要税种之一。

与原来按营业全额征税相比,增值税能够避免重复征税,具有"中性"、价外税、多次课征、税负可以转嫁等特点。

增值税是我国现行开征税种中会计核算相对复杂的税种。增值税对纳税人实行分类管理的规定决定了其会计核算的复杂性。

第一节 增值税会计科目与账户设置

一、增值税会计科目设置

增值税的会计科目的设置是完整的体系,分别反映企业增值税款的形成、缴纳和税务检查调整的业务状况。增值税适用会计科目是在"应交税费"下设置"应交增值税"、"未交增值税"两个二级科目,查补增值税则设置"增值税检查调整"二级科目。

(一)一般纳税人适用会计科目

增值税一般纳税人增值税的核算主要涉及"应交税费——应交增值税"、"应交税费——未交增值税"两个会计科目。

1. 应交税费——应交增值税

"应交税费——应交增值税"科目核算九项内容,其中借方核算"进项税额"、"已交税金"、"出口抵减内销产品应纳税款"、"减免税款"、"转出未交增值税"五项,贷方核算"销项税额"、"进项税额转出"、"出口退税"、"转出多交增值税"四项,期末余额在借方,表示没有抵扣完的进项税额。具体核算内容如表 3-1 所示。

表 3-1　应交税费——应交增值税

(1)进项税额	(6)销项税额
(2)已交税金	(7)进项税额转出
(3)出口抵减内销产品应纳税款	(8)出口退税
(4)减免税款	(9)转出多交增值税
(5)转出未交增值税	
待抵扣进项税额	

"应交税费——应交增值税"科目各栏目核算内容如下:

(1)"进项税额",记录企业购入货物或接受应税劳务而支付的、准予从销项税额中抵扣的增值税税额。企业购入货物或接受应税劳务支付的进项税额,用蓝字登记;退回所购货物应冲销的进项税额,用红字登记。

(2)"已交税金",记录企业纳税期限小于一个月,本期预缴的增值税税额;如果企业以一个月为纳税期限,此项目无发生额。

(3)"出口抵减内销产品应纳税款",记录企业按规定的退税率计算的出口货物的进项税额抵减内销产品的应纳税额。

(4)"减免税款",记录企业按规定直接减免的增值税税额借记本科目,贷记"营业外收入"科目。

(5)"转出未交增值税",记录企业转出的应交未缴的增值税。如果企业以一个月为纳税期限,记录企业纳税期限内应交的增值税税额;如果企业以小于一个月为纳税期限,记录企业应补缴的增值税税额。

(6)"销项税额",记录企业销售货物或提供应税劳务应收取的增值税税额。企业销售货物或提供应税劳务应收取的销项税额,用蓝字登记;退回销售货物应冲销的销项税额,用红字登记。

(7)"进项税额转出",记录企业购进货物、在产品、产成品等发生不应从销项税额中抵扣,按规定转出的进项税额。

(8)"出口退税",记录企业出口适用零税率的货物,向海关办理报关出口手续后,凭出口报关单等有关凭证,向税务机关申报办理出口退税而收到的退回的税款。出口货物退回的增值税税额,用蓝字登记;进口货物办理退税后发生退货或者退关而补缴已退的税款,用红字登记。

(9)"转出多交增值税",记录企业转出多缴的增值税。此栏目只有当企业以小于一个月为纳税期限,预缴税款大于应交税款时,出现发生额;当企业以一个月为纳税期限,此项目无发生额。

2. 应交税费——未交增值税

"应交税费——未交增值税"主要核算三项内容,借方核算从"应交税费——应交增值税"贷方结转的"转出多交增值税"和上交以前期间未交增值税,借方核算从"应交税费——应交增值税"贷方结转的"转出多交增值税",期末余额在借方表示多缴增值税,余额在贷方表示欠缴增值税。具体核算内容如表 3-2 所示。

表 3-2 应交税费——未交增值税

(1)转出多交增值税 (2)上交以前未交增值税	(3)转出未交增值税
多缴增值税	欠缴增值税

(1)核算从"应交税费——应交增值税"结转的多交增值税。

借:应交税费——应交增值税(转出未交增值税)

　　贷:应交税费——未交增值税

(2)核算以前期间应交未交增值税。

借:应交税费——多交增值税

　　贷:应交税费——应交增值税(转出多交增值税)

(3)企业当月上缴上月应交未缴的增值税。

借:应交税费——未交增值税

　　贷:银行存款

月末,本科目借方反映的是企业期末多缴的增值税款,贷方余额反映的是期末结转下期应交增值税款。

(二)小规模纳税人适用会计科目

小规模纳税人一般适用"应交税费——应交增值税"科目,其借方核算纳税人上交增值税,贷方反映纳税人应交增值税,期末借方余额表示多交增值税,贷方余额表示欠交增值税。具体核算内容如表3-3所示。

表3-3 应交税费——应交增值税

上交增值税	应交增值税
多交增值税	欠交增值税

(三)应交税费——增值税检查调整

"应交税费——增值税检查调整"主要用来反映纳税人在税务检查过程中,发现少缴或多缴的增值税,其借方主要核算"调增进项税额"、"调减销项税额"和"调减进项税额转出",贷方则是核算"调减进项税额"、"调增销项税额"和"调增进项税额转出"。检查完毕,该科目借方余额,说明原来多交了增值税,应予退税;贷方余额,说明原来少交了增值税,应该补税。具体核算内容如表3-4所示。

表3-4 应交税费——增值税检查调整

调增进项税额	调减进项税额
调减销项税额	调增销项税额
调减进项税额转出	调增进项税额转出
借方余额①	贷方余额②

(1)"应交税费——增值税检查调整"出现借方余额①时,将①转入"应交

税费——应交增值税（进项税额）"借方。

（2）"应交税费——增值税检查调整"发生贷方余额②时，要区分"应交税费——应交增值税"科目余额情况处理：

"应交增值税"无余额时，贷方余额②全部转入"应交税费——未交增值税"贷方。

"应交增值税"有借方余额且大于或等于②时，将②转入"应交税费——应交增值税"贷方。

"应交增值税"有借方余额且小于②时，将两个账户余额的差额转入"应交税费——未交增值税"贷方。

二、增值税会计账户设置

增值税会计账户可以分为三栏式和多栏式两种。

（一）"应交税费——应交增值税"账户

"应交税费——应交增值税"账户，采用多栏式，借方设置"进项税额"、"已交税金"、"减免税额"、"出口抵减内销产品应纳税额"、"转出未交增值税"五个栏目；贷方设置"销项税额"、"出口退税"、"进项税额转出"、"转出多交税金"四个栏目。具体形式如表3-5所示。

表3-5 应交税费——应交增值税明细账

年月日		合十	摘要	借方					贷方				余额
月	日			进项税额	已交税金	减免税额	出口抵减内销产品应纳税额	转出未交增值税	销项税额	出口退税	进项税额转出	转出多交增值税	
合计													

（二）"应交税费——未交增值税"账户

"应交税费——未交增值税"反映企业税款缴纳状况，一般采用三栏式。

借方反映两个内容：一是从"应交税费——应交增值税"转入多交增值税；二是上次前期应交增值税。贷方反映企业纳税期限终了应交未交的增值税。纳税申报期限终了(15日后)，如果出现贷方余额，为欠税金额；如果是借方余额，则为多交增值税。具体核算内容如表 3-6 所示。

表 3-6　应交税费——未交增值税

年		合　计	摘　要	借　方		贷　方	借或贷	余　额
月	日			转入多交增值税	上交以前应交增值税	转入未交增值税		
合　计								

(三)应交税费——应交增值税(适用小规模纳税人)

与一般纳税人不同，小规模纳税人业务相对简单，其增值税核算只设置"应交税费——应交增值税"账户，采用三栏式。具体核算内容如表 3-7 所示。

表 3-7　应交税费——应交增值税(适用小规模纳税人)

年		合　计	摘　要	借　方	贷　方	借或贷	余　额
月	日						
合　计							

第二节　增值税销项税额会计核算

增值税一般纳税人发生增值税征税范围的业务后，根据增值税相关法规规定计算销项税额，同时将形成的销项税额计入"应交税费——应交增值税(销项税额)"的贷方，并进行相应的会计核算。

增值税一般纳税人应纳税额为当期销项税额抵扣当期进项税额后的余额。应纳税额计算公式为：

$$应纳税额＝当期销项税额－当期进项税额$$

当期销项税额小于当期进项税额不足抵扣时，其不足部分可以结转下期继续抵扣。纳税人销售货物或者应税劳务，按照销售额和本条例第 2 条规定的税率计算并向购买方收取的增值税税额，为销项税额。销项税额计算公式为：

$$销项税额＝销售额×税率$$

销售额为纳税人销售货物或者提供应税劳务而向购买方收取的全部价款和价外费用,但是不包括收取的销项税额,销售额以人民币计算。纳税人以人民币以外的货币结算销售额的,应当折合成人民币计算。纳税人销售货物或者提供应税劳务的价格明显偏低并无正当理由的,由主管税务机关核定其销售额。

一、销售货物、提供劳务销项税额会计核算

销售货物或提供劳务的基本会计处理可以分以下两种情况:

第一,纳税人取得货币,税法与会计在收入确认、计量和实现时间一致时,应按不含税价格确认收入,同时核算增值税销项税额。

借:银行存款/应收账款/应收票据/库存现金
　　贷:主营业务收入/其他业务收入
　　　　应交税费——应交增值税(销项税额)
借:主营业务成本/其他业务成本
　　贷:库存商品

第二,纳税人销售货物或提供劳务,由于采取不同的销售方式、不同结算方式,税法与会计在收入确认、计量和实现时间存在差异时,可以《企业按会计制度》、《企业会计准则》相关规定不确认收入,但必须按照我国税法规定计算纳税。

借:应收账款
　　贷:应交税费——应交增值税(销项税额)

(一)不同销售方式下销项税额会计核算

(1)采取直接收款方式销售货物。增值税相关法规规定,采取直接收款方式销售货物,不论货物是否发出,其纳税义务发生时间均为收到销售额或取得索取销售额的凭据,并将提货单交给买方的当天。提供劳务的纳税义务发生时间,为提供劳务同时收讫销售额或取得索取销售额凭证的当天。《企业会计准则》对于销售商品收入确认需同时满足五个条件:企业已将商品所有权上的主要风险和报酬转移给购买方;企业既没有保留通常与所有权相联系的继续管理权,也没有对已出售的商品实施控制;收入金额能够可靠计量;相关经济利益很可能流入企业;相关的成本已发生或将发生的成本能够可靠计量。

【例 3-1】 A公司为增值税一般纳税人,2010 年 1 月 5 日,销售其制造的完工产品 30 000 元,应收取增值税款 5 100 元。款已收到,对方要求该产品先存放于该厂,另支付储备保管费 400 元。

①税法解析:

收取的保管费属于价外费用,应该按含税价计算增值税 $= 400 \div (1 +$

17%)×17%＝341.88×17%＝58.12(元)。

②会计处理:

借:银行存款 35 100

贷:主营业务收入 30 000

应交税费——应交增值税(销项税额) 5 100

借:银行存款 400

贷:其他业务收入 341.88

应交税费——应交增值税(销项税额) 58.12

(2)采取托收承付和委托银行收款方式销售货物。销售商品采用托收承付方式的,在办妥托收手续时确认收入。《企业会计准则》和《增值税法暂行条例》规定基本一致,但是《企业会计准则》强调要同时符合《企业会计准则》的收入确认的要求。

【例 3-2】 A 公司为增值税一般纳税人,2010 年 1 月 15 日向某企业销售成套产品 100 套,每套 2 000 元,增值税专用发票注明价款 200 000 元,增值税税额 34 000 元,代垫运杂费 10 000 元,已向银行办妥托收手续。

①税法解析:

按我国现行税法规定,1 月 15 日销售货物并办妥托收手续即为纳税义务实现时间,应计算纳税,同时《企业按会计制度》规定确认收入实现。

②会计处理:

借:应收账款 244 000

贷:主营业务收入 200 000

应交税费——应交增值税(销项税额) 34 000

银行存款 10 000

(3)采取赊销和分期收款方式销售货物。增值税相关法规规定,采取赊销和分期收款方式销售货物,纳税义务发生时间为书面合同约定的收款日期的当天,无书面合同或者书面合同没有约定收款日期的,为货物发出的当天。发出商品时,借记"长期应收款"科目,贷记"主营业务收入"科目,同时结转销售成本。按合同约定的收款日期,借记"银行存款"或"应收账款"科目,贷记"长期应收款"、"应交税费——应交增值税(销项税额)"科目。

但按《企业会计准则》规定,企业采取分期收款方式销售商品的,收款期超过 3 年的,则延期收取的货款具有融资性质,其实质是企业向购货方提供信贷时,企业应当按照应收的合同或协议价款的公允价值确定收入金额。应收的合同或协议的公允价值,通常应当按照其未来现金流量现值或商品现销价格计算确定。应收的合同或协议价款与其公允价值之间的差额,为未确认融资收益(费用),应当在合同或协议期间内,按照应收款项的摊余成本和实际利率[①]计算确定的金额进行摊销,作为"财务费用"的抵减(增加)处理。应收的合同或协议价款与其公允价值之间的差额,按照实际利率法摊销与直线法摊销结果相差不大的,也可以直接采用直线法进行摊销。对具有融资性质的分期收款销售商品,在商品发出时按应收合同或协议价款借记"长期应收款",按商品的现值(现销时公允价值)贷记"主营业务收入",合同或协议价格计算的增值税贷记"预计负债——未交增值税",按不含税协议价格与商品现值的差额贷记"未确认融资收益"。"预计负债"核算的是递延增值税,属价外税,因此可以将未确认融资收益分解为不含税价款与增值税两部分。在合同约定日期,将"未确认融资收益——价款"部分摊销进入当期"财务费用","未确认融资收益——增值税"与相应的"预计负债"一起转入当期"应交税费——应交增值税"。

【例3-3】 8月2日,A公司向华阳厂销售丙产品200件,不含税单价540元,产品成本为80 000元,税率17%。按合同约定,货款平均分为3个月支付,8月31日收到第一期产品销售款。

①税法解析:

按我国税法规定,以分期收款方式销售货物的,其纳税义务发生时间为合同约定的收款日期,因此,在8月2日只确认收入,在8月31日收到货款时计算纳税=200×540÷3×17%=36 000×17%=6 120(元)。

②会计处理:

8月2日:

借:长期应收款　　　　　　　　　　　　　　108 000

　　贷:主营业务收入　　　　　　　　　　　　　　108 000

借:主营业务成本　　　　　　　　　　　　　80 000

　　贷:库存商品　　　　　　　　　　　　　　　80 000

8月31日:

借:银行存款　　　　　　　　　　　　　　　42 120

　　贷:长期应收款　　　　　　　　　　　　　　36 000

　　　应交税费——应交增值税(销项税额)　　6 120

【例3-4】 2009年1月1日,某装备制造企业出售大型设备多套,合同约定采用分期收款方式,从销售当年年末按5年分期收款,每年收取货款200万元(含税,下同),合计1 000万元。如果购货方在收到设备后一次付款,只需

---

① 实际利率是指具有类似信用等级的企业发行类似工具的现时利率,或者将应收的合同或协议价款折现为商品现销价格时的折现率。

支付 800 万元。未实现融资收益按实际利率法摊销。该设备成本为 750 万元。

①税法解析：

根据《增值税法暂行条例》规定：该分期收款业务，应按照合同约定收款日期和收款金额计算增值税销项税额。2009－2013 年，每年 12 月 31 日确认增值税销售实现。每期销项税额＝$200 \div (1+17\%) \times 17\% = 170.94 \times 17\% = 29.06$（万元）。

根据公式：未来五年收款额的现值＝现销方式下应收款项金额

可以得出：$200 \times (P/A, r, 5) = 800$（万元），用插值法计算折现率：

当 $r = 7\%$ 时，$200 \times 4.100\ 2 = 820.04 > 800$；

当 $r = 8\%$ 时，$200 \times 3.992\ 7 = 798.54 < 800$。

因此，$7\% < r < 8\%$。用插值法计算如下：

$$\frac{820.04 - 800}{820.04 - 798.54} = \frac{7\% - r}{7\% - 8\%}$$

则：$r = 7.93\%$

企业按 800 万元确认收入实现金额，未实现融资收益 200 万元（合同价 1 000 万元与 800 万元的差额）。具体计算如下（见表 3-8）：

表 3-8　计算表

单位：万元

		未收本金（摊余）	财务费用	收现总额	已收本金
		①＝上期①－上期④	②＝①×7.93%	③	④＝③－②
2009 年 1 月 1 日		800.00			
2009 年 12 月 31 日	价　款	683.76	54.22	170.94	116.72
	增值税	116.24	9.22	29.06	19.84
2010 年 12 月 31 日	价　款	567.04	44.97	170.94	125.97
	增值税	96.40	7.64	29.06	21.42
2011 年 12 月 31 日	价　款	441.07	34.98	170.94	135.96
	增值税	74.98	5.95	29.06	23.11
2012 年 12 月 31 日	价　款	305.11	24.20	170.94	146.74
	增值税	51.87	4.11	29.06	24.95
2013 年 12 月 31 日	价　款	158.37	12.57*	170.94	158.37
	增值税	26.92	2.14*	29.06	26.92
总　　额	价　款		170.94	854.70	683.76
	增值税		29.06	145.30	116.24
2013 年 12 月 31 日	价　税		200.00	1 000.00	800.00

注*：尾数调整。$12.57 = 170.94 - 158.37$；$2.14 = 29.06 - 26.92$。

$1\ 000 \div (1+17\%) \times 17\% = 854.70 \times 17\% = 145.30$（万元）

$800 \div (1+17\%) \times 17\% = 683.76 \times 17\% = 116.24$（万元）

$200 \div (1+17\%) \times 17\% = 170.94 \times 17\% = 29.06$（万元）

按不含税金额反映其收入额、收益额，以保持其与其他类型销售业务会计核算的可比性。

②会计处理：

2009 年 1 月 1 日，商品发出销售实现：

借：长期应收款	10 000 000	
贷：主营业务收入		6 837 600
预计负债——未交增值税		1 162 400
未实现融资收益——价款		1 709 400
——增值税		290 600

同时：

借：主营业务成本	7 500 000	
贷：库存商品		7 500 000

第一年年末收款时：

借：银行存款	2 000 000	
贷：长期应收款		2 000 000

同时，将"未确认融资收益——价款"54.22 万元摊销进入当期"财务费用"，"未确认融资收益——增值税"9.22 万元与"递延税款"19.84 万元一起转入当期"应交税费——应交增值税"。

借：未实现融资收益——价款	542 200	
——增值税	92 200	
预计负债——未交增值税	198 400	
贷：财务费用		542 200
应交税费——应交增值税（销项税额）		290 600

第二年年末收款时：

借：银行存款	2 000 000	
贷：长期应收款		2 000 000

同时：

借：未实现融资收益——价款	449 700	
——增值税	76 400	
预计负债——未交增值税	214 200	
贷：财务费用		449 700

应交税费——应交增值税(销项税额)	290 600

第三年年末收款时：

借：银行存款　　　　　　　　　　　　　　　　2 000 000

　　贷：长期应收款　　　　　　　　　　　　　　　　2 000 000

同时：

借：未实现融资收益——价款　　　　　　　　　349 800

　　　　　　　　——增值税　　　　　　　　　59 500

　　预计负债——未交增值税　　　　　　　　　231 100

　　贷：财务费用　　　　　　　　　　　　　　　　349 800

　　　应交税费——应交增值税(销项税额)　　　　290 600

第四年年末收款时：

借：银行存款　　　　　　　　　　　　　　　　2 000 000

　　贷：长期应收款　　　　　　　　　　　　　　　　2 000 000

同时：

借：未实现融资收益——价款　　　　　　　　　242 000

　　　　　　　　——增值税　　　　　　　　　41 100

　　预计负债——未交增值税　　　　　　　　　249 500

　　贷：财务费用　　　　　　　　　　　　　　　　242 000

　　　应交税费——应交增值税(销项税额)　　　　290 600

第五年年末收款时：

借：银行存款　　　　　　　　　　　　　　　　2 000 000

　　贷：长期应收款　　　　　　　　　　　　　　　　2 000 000

同时：

借：未实现融资收益——价款　　　　　　　　　125 700

　　　　　　　　——增值税　　　　　　　　　21 400

　　预计负债——未交增值税　　　　　　　　　269 200

　　贷：财务费用　　　　　　　　　　　　　　　　125 700

　　　应交税费——应交增值税(销项税额)　　　　290 600

(4)提供应税劳务。我国税法规定,纳税义务发生时间为提供劳务同时收讫销售款或者取得索取销售额凭据的当天。《企业会计准则》对于跨年度的劳务收入的确认按照劳务的结果能否可靠估计分两种情况处理,而劳务结果能可靠估计的标准是同时满足以下四个条件:收入金额能够可靠计量;相关经济利益很可能流入企业;交易的完工进度能够可靠确定;交易中已发生的和将发生的成本能够可靠计量。在资产负债表日,劳务的结果可以可靠估计,应采用完工百分比法确认劳务收入。劳务的结果如果不能可靠地估计,应分以下两种情况处理:一是已发生的劳务成本预计能够得到补偿,应按已经发生的劳务成本金额确认收入,并按相同金额结转成本;二是已发生的劳务成本预计不能够得到补偿的,应当将已经发生的劳务成本计入当期损益,不确认提供劳务收入。

(二)价外费用的会计核算

企业销售货物提供劳务,价外向购买方收取的各项费用,除增值税法规列举不征税的价外费用外,其他均属于增值税征税范围。在会计处理上,纳税人在销售商品收取价款之外收取的价外收费,是否确认为收入,需要依据《企业会计准则》进行职业判断,部分价外收费不确认为收入;从增值税角度,纳税人收取价外费用,应同时计算销项税额,价外费用一般为含税应转化为不含税作为销项税额计算的税基。

因为企业收取价外费用的业务情况比较复杂,应根据具体业务情况进行分析并进行会计处理。一般会计处理为:

借:银行存款

　　贷:其他业务收入/财务费用/销售费用/管理费用/其他应付款

　　　　应交税费——应交增值税(销项税额)

(三)销售返利的会计核算

术语

返利是指厂家根据一定的评判标准,以现金或实物的形式对经销商进行奖励,具有滞后兑现的特点。

销售返利如采用返回所销售商品方式,根据我国税法规定,支付销售返利方应视为销售处理,计缴增值税、所得税,借记"销售费用"科目,贷记"库存商品"、"应交税费——应交增值税(销项税额)"科目;收到销售返利方在收到实物时,冲减有关存货成本和增值税进项税额,借记"库存商品"、"应交税费——应交增值税(进项税额)"科目,贷记"主营业务成本"科目。

销售返利如采用支付货币资金形式,因为现金返利是在购货日后发生的,无法注明在同一张增值税专用发票上,因此,支付销售返利方,根据取得的《开具红字专用发票通知单》开具红字专用发票冲减主营业务收入,但不能冲减增值税,借记"主营业务收入"科目,贷记"银行存款"科目。收到销售返利方,冲减销售成本,如果对方开具红字专用发票时,应将进项税额转出,借记"银行存款",贷记"主营业务成本"、"应交税费——应交增值税(进项税额转出)"科目。

销售返利如采用冲抵货款方式,直接在开具销售发票时扣减返利,性质上类同销售折让,其会计处理与一般商品折让购销的会计处理一样。支付销售返利方收入按照扣减销售返利后的净额计入销售收入;收到销售返利方成本按照扣减销售返利后净额计入采购成本。如果将返利额另开发票,在开具发票后发生的返还费用,销售方据购买方主管税务机关出具的《开具红字专用发票通知单》开出红字发票冲销收入,并相应冲减销项税额。支付销售返利方根据《开具红字专用发票通知单》开具红字折让增值税发票,借记"主营业务收入"、"应交税费——应交增值税(销项税额)"科目,贷记"银行存款"科目。收到销售返利方,持通过税务局认证的红字折让增值税发票,抵减进项税额,借记"银行存款"科目,贷记"其他业务收入(或库存商品)"、"应交税费——应交增值税(进项税额转出)"科目。

【例 3-5】　A 公司与甲商场签订合同规定,一年内如果甲商场购买其产品金额超过 1 000 万元,按 10%的比例返利。甲商场 2010 年购买 A 公司产品金额为 1 100 万元(含税),2010 年 12 月根据合同约定,A 公司返利 110 万元。甲商场将其从主管税务机关取得的《开具红字增值税专用发票通知单》转交给 A 公司。

①税法解析:

A 公司取得购买方提供的《开具红字增值税专用发票通知单》,开具红字专用发票,A 公司当期冲减收入=1 100 000÷(1+17%)=940 170.94(元),冲减销项税额=940 170.97×17%=159 829.06(元)。甲商场收到 A 公司开具红字专用发票时,应冲减增值税进项税额。

②会计处理:

A 公司支付返利:

借:主营业务收入	940 170.94	
应交税费——应交增值税(销项税额)	159 829.06	
贷:银行存款		1 100 000

甲商场收到返利和 A 公司开具的红字专用发票:

借:银行存款	1 100 000	
贷:主营业务成本		940 170.94
应交税费——应交增值税(进项税额转出)		159 829.06

(四)售后回购的会计核算

术语

售后回购业务是指销货方在销售商品的同时,与购货方签订合同,并按照合同条款(如回购价格等内容)将售出的商品重新买回的一种交易方式。

《企业会计制度》规定,在售后回购业务中,通常情况下,所售商品所有权上的主要风险和报酬没有从销售方转移到购货方,因而不能确认相关的销售商品收入。会计按照"实质重于形式"的要求,视同融资进行账务处理。采用售后回购方式销售商品的,收到的款项应确认为负债;回购价格大于原售价的,差额应在回购期间按期计提利息,计入财务费用。有确凿证据表明售后回购交易满足销售商品收入确认条件的,销售的商品按售价确认收入,回购的商品作为购进商品处理。

《国家税务总局关于确认企业所得税收入若干问题的通知》(国税函〔2008〕875 号)规定:采用售后回购方式销售商品的,销售的商品按售价确认收入,回购的商品作为购进商品处理。有证据表明不符合销售收入确认条件的,如以销售商品方式进行融资,收到的款项应确认为负债,回购价格大于原售价的,差额应在回购期间确认为利息费用。

增值税法规对售后回购的业务如何处理没有作出具体规定,但由于企业在销售时还需要按规定开具发票,并收取价款,符合增值税销售货物的基本条件,因此在增值税的征税范围。

【例 3-6】　A 公司为增值税一般纳税企业,适用的增值税税率为 17%。2010 年 3 月 5 日,A 公司与乙公司签订协议。协议规定:销售一批商品(非应税消费品),增值税专用发票上注明销售价格为 1 100 000 元,增值税税额为187 000 元。A 公司应在 6 月 30 日将所售商品购回,回购价为 1 200 000 元,另需支付增值税 204 000 元,取得增值税专用发票并通过认证。2010 年 3 月5 日,商品已发出,货款已收到。该批商品的实际成本为 900 000 元。

①税法解析:

3 月 5 日货物发出,开具增值税发票,确认增值税收入实现,计算增值税销项税额 187 000 元。6 月 30 日,将所售商品购回,取得增值税专用发票,可抵扣进项税额为 204 000 元。

根据会计"实质重于形式"的原则和《企业会计准则》的具体规定,会计上应将此项业务确认为具有融资性质,回购价格大于原售价的,差额应在回购期间按期计提利息,计入财务费用。

每期计入财务费用=(1 200 000-1 100 000)÷4=25 000(元)

②会计处理:

3 月 5 日,发出商品:

借:银行存款　　　　　　　　　　　　　　　　　1 287 000
　　贷:其他应付款　　　　　　　　　　　　　　　　　1 100 000
　　　　应交税费——应交增值税(销项税额)　　　　　　187 000

3—6月,每月应计提利息费用:

借:财务费用　　　　　　　　　　　　　　　　　25 000

　　贷:其他应付款　　　　　　　　　　　　　　　　　25 000

6月30日,将所售商品购回:

借:其他应付款　　　　　　　　　　　　　　　1 200 000

　　应交税费——应交增值税(进项税额)　　　　204 000

　　贷:银行存款　　　　　　　　　　　　　　　　　1 404 000

(五)买一赠一的会计核算

企业以买一赠一等方式组合销售本企业商品的,不属于捐赠,应将总的销售金额按各项商品公允价值的比例来分摊确认各项的销售收入。

【例 3-7】　G 公司主要销售各种百货,为增值税一般纳税人。2010 年 5 月 1 日,G 公司开展"买一赠一"活动,每销售 1 台空调送 1 条空调被。空调每台不含税单价为 2 500 元,购进成本为 2 000 元;空调被每条不含税单价为 240 元,购进成本为 200 元。5 月份共销售空调 300 台。货款均已收到。

①税法解析:

按我国现行税法规定:

空调应税收入 $= 2\,500 \times \dfrac{2\,500}{2\,500+240} \times 300 = 684\,306.57(元)$

应纳增值税 $= 684\,306.57 \times 17\% = 116\,332.12(元)$

空调被应税收入 $= 2\,500 \times \dfrac{240}{2\,500+240} \times 300 = 65\,693.43(元)$

应纳增值税 $= 65\,693.43 \times 17\% = 11\,167.88(元)$

②会计处理:

借:银行存款　　　　　　　　　　　　　　　　877 500

　　贷:主营业务收入——空调　　　　　　　　　684 306.57

　　　　　　　　　　——空调被　　　　　　　　65 693.43

　　　　应交税费——应交增值税(销项税额)　　127 500

借:主营业务成本——空调　　　　　　　　　　600 000

　　　　　　　　——空调被　　　　　　　　　　60 000

　　贷:库存商品——空调　　　　　　　　　　　　600 000

　　　　　　　　——空调被　　　　　　　　　　　60 000

(六)混合销售的会计核算

《增值税暂行条例》规定:从事货物的生产、批发或零售的纳税人,或者年货物生产或者提供应税劳务的销售额占年应税销售额的比重在 50% 以上的纳税人的混合销售行为,视为销售货物,应当缴纳增值税。

混合销售业务的会计核算:如果能准确划分货物销售和劳务收入,应分别核算收入。

【例 3-8】 A公司为中央空调生产企业,2010年8月与乙公司签订合同,向乙公司销售一套中央空调并负责安装,不含税价款为 3 000 000 元,成本为 2 600 000 元。A公司采取预收款方式销售,2010 年 8 月收取预收款 1 000 000 元,2010 年 9 月货物发出,2010 年 10 月中央空调安装完成并验收合格,收到余款。

①税法解析:

企业销售中央空调并负责安装,为增值税的混合销售业务,应在货物发出时确认应税销售实现。

增值税销项税额＝3 000 000×17％＝510 000(元)

②会计处理:

2010 年 8 月,收到预收款:

借:银行存款　　　　　　　　　　　　　　　　　　1 000 000
　　贷:预收账款　　　　　　　　　　　　　　　　　　　1 000 000

2010 年 9 月,货物发出:

借:发出商品　　　　　　　　　　　　　　　　　　2 600 000
　　贷:库存商品　　　　　　　　　　　　　　　　　　　2 600 000

2010 年 10 月,安装合格、验收完毕,购买方付款:

借:银行存款　　　　　　　　　　　　　　　　　　2 510 000
　　预收账款　　　　　　　　　　　　　　　　　　1 000 000
　　贷:主营业务收入　　　　　　　　　　　　　　　　3 000 000
　　　　应交税费——应交增值税(销项税额)　　　　　510 000

同时,结转销售成本:

借:主营业务成本　　　　　　　　　　　　　　　　2 600 000
　　贷:库存商品　　　　　　　　　　　　　　　　　　　2 600 000

二、销售退回与折让销项税额会计核算

企业已经确认销售收入的售出商品发生销售折让和销售退回,应当在发生当期冲减当期销售商品收入。

增值税法相关法规规定,一般纳税人销售货物开具增值税专用发票后,发生销货退回或销售折让的,购买方或销售方应向主管税务机关填报《开具红字增值税专用发票申请单》,主管税务机关对一般纳税人填报的《开具红字增值

税专用发票申请单》进行审核后,出具《开具红字增值税专用发票通知单》。销售方凭《开具红字增值税专用发票通知单》开具红字专用发票,冲减销售收入和销项税额。

【例 3-9】 A 公司 2010 年 5 月 28 日销售一批货物给 D 公司,货款尚未收到,专用发票注明价款为 100 000 元,税款为 17 000 元,成本为 75 000 元,发生代垫运费为 500 元。6 月 1 日,D 公司收到货物,验收入库时发现规格有误,作退货处理,发生运费为 600 元。6 月 2 日,D 公司从主管税务机关取得《开具红字专用发票通知单》连同运输发票一起转交给 A 公司。

①税法解析:

纳税人发生销货退回的,只有在取得《开具红字专用发票通知单》后,才能开具红字专用发票,冲减销售收入和销项税额。同时,原来 A 公司代为垫付的应由购货方负担的运费改由销货方负担,以及发生的应由销货方负担的退货运费。

进项税额 $=500×7\%+600×7\%=35+42=77$(元)

②会计处理:

5 月 28 日,销售货物:

借:应收账款	117 500	
贷:主营业务收入		100 000
应交税费——增值税(销项税额)		17 000
库存现金		500
借:主营业务成本	75 000	
贷:库存商品		75 000

6 月 1 日,D 公司将该货物全部退回,重新入库:

借:库存商品	75 000	
贷:主营业务成本		75 000

6 月 2 日,收到 D 公司转来的《开具红字专用发票通知单》,开具红字专用发票:

借:应收账款	117 000	
贷:主营业务收入		100 000
应交税费——增值税(销项税额)		17 000

收到代垫运费单据:

借:销售费用	465	
应交税费——增值税(进项税额)	35	
贷:应收账款		500

收到购货方代垫退货运费单据:

借:销售费用　　　　　　　　　　　　　　　　558

　　应交税费——增值税(进项税额)　　　　　42

　　　贷:应付账款　　　　　　　　　　　　　　　　600

三、销售折扣销项税额会计核算

在财务会计中,销售折扣分为商业折扣和现金折扣两种形式。

(一)商业折扣销项税额会计核算

商业折扣即税法所称折扣销售,是指企业根据市场供需情况,或针对不同的顾客,为促进销售而在商品标价上给予的价格扣除,是企业最常用的促销方式之一,如7折销售;或购买5件,价格折扣10%;购买10件,价格折扣20%;等等。其特点为:折扣是在实现销售时同时发生的。我国税法规定,商业折扣的折扣额必须与原来的销售额在一张发票上注明,才能按折扣以后的余额计算增值税,不得将折扣额另开发票。

(二)现金折扣销项税额会计核算

现金折扣在税法上又称为销售折扣,是指为敦促顾客尽早付清货款而提供的一种价格优惠。其表示方式为:$2/10,1/20,n/30$。现金折扣的折扣额在购货方实际付现时才能确认,是企业尽快回笼货款的一种手段,属于理财行为。《企业会计准则》规定,现金折扣按扣除现金折扣前的金额确定销售商品收入金额,现金折扣在实际发生时作为财务费用扣除。《增值税暂行条例》规定销售折扣(现金折扣)不得从销售额中扣除。

【例 3-10】　G 公司在 2010 年 10 月 1 日销售一批商品 100 件,增值税发票上注明售价为 200 000 元,增值税税额为 34 000 元。G 公司为了及早收回贷款而在合同中规定符合折扣的条件为:$2/10,1/20,n/30$。

5月1日,销售实现:

借:应收账款　　　　　　　　　　　　　　234 000

　　贷:主营业务收入　　　　　　　　　　　　　200 000

　　　　应交税费——应交增值税(销项税额)　　34 000

如果买方在 10 月 9 日前付清货款,则可享受现金折扣为 4 000 元(200 000×2%),买方实际支付货款为 230 000 元。

借:银行存款　　　　　　　　　　　　　　230 000

　　财务费用　　　　　　　　　　　　　　　4 000

　　　贷:应收账款　　　　　　　　　　　　　　234 000

如果买方在 10 月 10－19 日付清货款，则可享受现金折扣为 2 000 元（200 000×1%），买方实际支付为 232 000 元。

借：银行存款　　　　　　　　　　　　　　232 000
　　财务费用　　　　　　　　　　　　　　　2 000
　　　贷：应收账款　　　　　　　　　　　　　　　234 000

如果买方在 10 月 20 日以后付款，则应按全额付款：

借：银行存款　　　　　　　　　　　　　　234 000
　　　贷：应收账款　　　　　　　　　　　　　　　234 000

四、以物易物销项税额会计核算

以物易物属于会计上的非货币性资产交换，按我国现行税法规定，对于以物易物行为，交换双方均必须按购销业务处理。

《企业会计准则——非货币性资产交换》则根据交换是否具有商业实质，进行不同的会计处理。

(一)非货币性资产交换具有商业实质

根据《企业会计准则——非货币性资产交换》规定，符合下列条件之一的，视为具有商业实质：(1)换入资产的未来现金流量在风险、时间和金额方面与换出资产显著不同；(2)换入资产与换出资产的预计未来现金流量现值不同，且其差额与换入资产和换出资产的公允价值相比是重大的。

1. 不涉及补价的情况

《企业会计准则——非货币性资产交换》规定，非货币性资产交换具有商业实质且公允价值能够可靠计量的，应当以换出资产的公允价值和应支付的相关税费作为换入资产的成本，除非有确凿证据表明换入资产的公允价值比换出资产公允价值更加可靠。

在以公允价值计量的情况下，不论是否涉及补价，只要换出资产的公允价值与其账面价值不相同，就一定会涉及损益的确认，因为非货币性资产交换损益通常是换出资产公允价值与换出资产账面价值的差额，通过非货币性资产交换予以实现。

非货币性资产交换的会计处理，视换出资产的类别不同而有所区别：

(1)换出资产为存货的，应当视同销售处理，根据《企业会计准则第 14 号——收入》按照公允价值确认销售收入，同时结转销售成本，相当于按照公允价值确认的收入和按账面价值结转的成本之间的差额，也即换出资产公允价值和换出资产账面价值的差额，在利润表中作为营业利润的构成部分予以列示。

（2）换出资产为固定资产、无形资产的，换出资产公允价值和换出资产账面价值的差额计入营业外收入或营业外支出。

（3）换出资产为长期股权投资、可供出售金融资产的，换出资产公允价值和换出资产账面价值的差额计入投资收益。

换入资产与换出资产涉及相关税费的，如换出存货视同销售计算的销项税额，换入资产作为存货应当确认的可抵扣增值税进项税额，以及换出固定资产、无形资产视同转让应纳营业税等，按照相关税收规定计算确定。

借：库存商品
　　应交税费——应交增值税（进项税额）
　　贷：主营业务收入
　　　　应交税费——应交增值税（销项税额）

同时：

借：主营业务成本
　　贷：库存商品——原材料

【例 3-11】　甲企业为设备制造厂，2010 年 2 月用一台设备（市场公允价为 100 000 万元，成本价为 60 000 元），换入钢材（市场公允价为 100 000 万元），取得增值税专用发票，且专用发票到税务部门认证。假设该交换具有商业实质。

①税法解析：

换出设备视为销售设备，应纳增值税销项税额＝100 000×17％＝17 000（元）；换入钢材符合进项税额抵扣条件，可以抵扣进项税额 17 000 元。

②会计处理：

借：原材料	100 000
应交税费——应交增值税（进项税额）	17 000
贷：主营业务收入	100 000
应交税费——应交增值税（销项税额）	17 000
借：主营业务成本	60 000
贷：库存商品	60 000

2.涉及补价的情况

《企业会计准则——非货币性资产交换》规定，在以公允价值确定换入资产成本的情况下发生补价的，支付补价方和收到补价方应当分情况处理。

（1）支付补价方：应当以换出资产的公允价值加上支付的补价（换入资产的公允价值）和应支付的相关税费作为换入资产的成本；换入资产成本与换出

资产账面价值加支付的补价、应支付的相关税费之和的差额应当计入当期损益。

(2)收到补价方:应当以换入资产的公允价值(或换出资产的公允价值减去补价)和应支付的相关税费作为换入资产的成本;换入资产成本加收到的补价之和与换出资产账面价值加应支付的相关税费之和的差额应当计入当期损益。

在涉及补价的情况下,对于支付补价方而言,作为补价的货币性资产构成换入资产所放弃对价的一部分;对于收到补价方而言,作为补价的货币性资产构成换入资产的一部分。

(二)非货币性资产交换不具有商业实质

《企业会计准则——非货币性资产交换》规定,非货币性资产交换不具有商业实质,或者虽然具有商业实质但换入资产和换出资产的公允价值均不能可靠计量的,应当以换出资产账面价值为基础确定换入资产成本,无论是否支付补价,均不确认损益。

一般来讲,如果换入资产和换出资产的公允价值都不能可靠计量时,该项非货币性资产交换通常不具有商业实质。因为在这种情况下,很难比较两项资产产生的未来现金流量在时间、风险和金额方面的差异,很难判断两项资产交换后对企业经济状况改变所起的不同效用,因而此类资产交换通常不具有商业实质。

【例 3-12】 A 公司拥有一台专有设备,该设备 2007 年 1 月购买,账面原价 3 000 000 元,已计提折旧 2 200 000 元,该专有设备是生产某种产品必需的设备。由于专有设备系当时专门制造、性质特殊,其公允价值不能可靠计量。G 公司拥有一项长期股权投资,账面价值 700 000 元,该长期股权投资在活跃市场中没有报价,其公允价值也不能可靠计量。2010 年 5 月,A、G 公司商定,以两项资产账面价值的差额为基础,A 公司以其专有设备交换 G 公司的长期股权投资,G 公司支付 A 公司 100 000 元补价。假定交易中没有涉及相关税费。两项资产均未计提减值准备。

①税法解析:

该项资产交换涉及收付货币性资产,即补价 100 000 元。对 A 公司而言,收到补价=(100 000÷800 000)×100%=12.5%<25%,因此,该项交换属于非货币性资产交换。由于两项资产的公允价值不能可靠计量,因此,A 公司、G 公司换入资产的成本均应当按照换出资产的账面价值确定。

②会计处理:

A 公司的会计处理:

```
借:固定资产清理                                          800 000
  累计折旧                                            2 200 000
    贷:固定资产——专有设备                                        3 000 000
借:长期股权投资                                          700 000
  银行存款                                              100 000
    贷:固定资产清理                                               800 000
```

G 公司的会计处理:

```
借:固定资产——专有设备                                    800 000
    贷:长期股权投资                                               700 000
      银行存款                                                 100 000
```

五、视同销售销项税额会计核算

增值税法规定了八种视同销售行为,从会计角度来看,这八种视同销售行为可以分为两类:一类是会计上确认收入,同时按我国税法规定计算增值税;另一类是会计上不确认收入,但需按我国税法规定计算增值税。

(一)将货物交付其他单位或个人代销的会计核算

根据增值税相关法规规定:将货物交付其他单位或者个人代销,为增值税的视同销售,销售实现的时间为收到代销单位的代销清单或者收到全部或部分贷款的当天。未收到代销清单及贷款的,为发出代销货物满 180 天的当天。《企业会计准则》规定,委托代销商品在收到代销清单时确认收入实现,开出增值税专用发票。

【例 3-13】 2010 年 3 月 10 日,A 公司委托 G 公司代销甲产品 200 件,不含税代销单价为 550 元,税率 17%,单位成本 400 元。3 月末收到 G 公司转来的代销清单,上列已售甲产品 120 件,价款为 66 000 元,收取增值税 11 220 元,开出增值税专用发票。代销手续费按不含税代销价的 5% 支付,已通过银行收到扣除代销手续费后的全部款项。

①税法解析:

以委托代销方式销售货物的,在收到代销清单时确认应税收入,计算增值税。从代销货款中扣除的代销手续费,不得抵减应税收入金额。

②会计处理:

3 月 10 日,发出代销商品:

```
借:委托代销商品                                          80 000
    贷:库存商品——甲                                              80 000
```

3 月末收到代销清单并结算代销手续费 = 66 000 × 5% = 3 300(元)

借:银行存款 73 920

　　销售费用 3 300

　　贷:主营业务收入 66 000

　　　　应交税费——应交增值税(销项税额) 11 220

结转代销商品成本=120×400=48 000(元)

借:主营业务成本 48 000

　　贷:委托代销商品 48 000

若 A 公司超过 180 天仍未收到 G 公司代销清单的,即使会计上不确认收入,也需要计算增值税,即 200 000×17%=34 000(元)。

其会计处理为:

借:应收账款——G公司 34 000

　　贷:应交税费——应交增值税(销项税额) 34 000

(二)销售代销货物会计核算

术语

代销是指受托方按照委托方的要求销售委托方的货物,并收取手续费的经营活动。

受托代销货物有两种代销方式:一是收取手续费方式代销;二是买断代销。

1.收取手续费方式代销货物的会计核算

收取手续费方式,即受托方按照委托方规定的价格代销货物,并根据所代销的商品数量或金额单独向委托方收取手续费的销售方式。这种代销方式涉及增值税和营业税:首先,取得代销货物时视同购进货物核算增值税进项税额,销售代销货物取得的货款则应计算增值税销项税额;其次,受托方单独在货款以外向委托方收取的手续费,属于代理行为,应交纳营业税。委托方支付手续费一般计入销售费用。

【例 3-14】　以【例 3-13】为例,受托方如何进行会计处理?

①税法解析:

受托方取得代销货物时,按价款 66 000 元核算增值税进项税额 11 220元,销售代销货物取得货款 66 000 元时核算增值税销项税额 11 220 元,受托方应纳增值税=11 220－11 220＝0(元)。受托方向委托方收取的手续费 3 300 元,则应纳营业税=3 300×5%＝165(元)。

②会计处理：

3月10日,收到代销委托方的代销货物：

借：受托代销商品——甲产品　　　　　　　　　　　110 000

　　贷：代销商品款　　　　　　　　　　　　　　　　　110 000

销售代销货物：

借：银行存款　　　　　　　　　　　　　　　　　　77 220

　　贷：应付账款——A公司　　　　　　　　　　　　　66 000

　　　　应交税费——应交增值税（销项税额）　　　　11 220

取得委托方开具的增值税专用发票：

借：应交税费——应交增值税（进项税额）　　　　　11 220

　　贷：应付账款——A公司　　　　　　　　　　　　　11 220

同时：

借：代销商品款　　　　　　　　　　　　　　　　　66 000

　　贷：受托代销商品——甲产品　　　　　　　　　　　66 000

收取手续费＝66 000×5％＝3 300（元）

借：应付账款——A公司　　　　　　　　　　　　　3 300

　　贷：其他业务收入　　　　　　　　　　　　　　　　3 300

借：其他业务成本　　　　　　　　　　　　　　　　165

　　贷：应交税费——应交营业税　　　　　　　　　　　165

支付货款给委托方：

借：应付账款——A公司　　　　　　　　　　　　　73 920

　　贷：银行存款　　　　　　　　　　　　　　　　　　73 920

2.视同买断方式代销货物的会计核算

视同买断方式代销商品,是由委托方和受托方签订协议,委托方按协议价格收取委托代销商品的货款、实际售价可由受托方自定、实际售价与协议价之间的差额归受托方所有的销售方式。如果委托方和受托方之间的协议明确标明,受托方在取得代销商品后,无论是否能够卖出,是否获利,均与委托方无关,那么委托方和受托方之间的代销商品交易,与委托方直接销售商品给受托方没有实质区别。

受托方将商品销售后,按实际售价确认销售收入,计算销项税额,根据合同向委托方开具代销清单；委托方收到代销清单时,确认收入实现,并开增值税专用发票；受托方取得专用发票,经认证确认本企业可抵扣的进项税额。

【例3-15】 2010年3月10日,A公司委托G公司代销甲产品200件,协议约定不含税代销单价为550元,税率为17％,单位成本为400元。受托方取得代销商品后,每件加价 27.5 元销售,加价部分作为代销手续费。3 月末收到 G 公司转来的代销清单,上列已售甲产品 120 件,不含税价款为 69 300 元,收取增值税为 11 781 元,开出增值税专用发票。已通过银行收付全部货款。

①税法解析:

受托方取得代销货物时,按价款 66 000 元核算增值税进项税额 11 220 元,销售代销货物取得货款 69 300 元时核算增值税销项税额＝69 300×17%＝11 781(元),受托方获得增值额再纳增值税＝(69 300－66 000)×17%＝561(元)。

②会计处理:

3 月 10 日,收到代销商品:

借:受托代销商品——甲产品　　　　　　　　　　　110 000
　　贷:代销商品款　　　　　　　　　　　　　　　　110 000

销售代销商品:

借:银行存款　　　　　　　　　　　　　　　　　　81 081
　　贷:主营业务收入　　　　　　　　　　　　　　　69 300
　　　　应交税费——应交增值税(销项税额)　　　　11 781

结转代销商品成本:

借:主营业务成本　　　　　　　　　　　　　　　　66 000
　　贷:受托代销商品——甲产品　　　　　　　　　　66 000

取得增值税专用发票:

借:代销商品款　　　　　　　　　　　　　　　　　66 000
　　应交税费——应交增值税(进项税额)　　　　　　11 220
　　　　贷:应付账款——A 公司　　　　　　　　　　77 220

支付货款给委托方:

借:应付账款——A 公司　　　　　　　　　　　　　77 220
　　贷:银行存款　　　　　　　　　　　　　　　　　77 220

(三)机构间移送货物的会计核算

设有两个以上机构并实行统一核算的纳税人,将货物从一个机构移送另一个机构(不在同一县、市)用于销售的,视同销售,在货物移送时计算缴纳增值税。这一规定包含三个基本条件:第一,两个以上机构实行统一核算;第二,两个以上机构不在同一县(市);第三,货物移送的目的是用于销售。用于销售是指售货机构发生以下情形之一的经营行为:(1)向购货方开具发票;(2)向购货方收取货款。

这种货物异地移送行为,不符合《企业会计准则》关于收入确认的条件,但是按《增值税暂行条例》规定,货物移送时调出机构按视同销售计算销项税额,调入机构按视同购进核算进项税额。

(1)货物调入方:

借:库存商品

　　应交税费——应交增值税(进项税额)

　　　　贷:其他应付款——调出方

(2)货物调出方:

借:其他应收款——调入方

　　　　贷　主营业务收入

　　　　　　应交税费——应交增值税(销项税额)

(四)企业将自产、委托加工的货物用于非增值税应税项目的会计核算

《增值税暂行条例》对非增值税应税项目的解释是:"提供非增值税应税劳务、转让无形资产、销售不动产和不动产在建工程。纳税人新建、改建、扩建、修缮、装饰不动产,均属于不动产在建工程。"

根据我国税法规定,企业发生下列情形的处置资产,除将资产转移至境外以外,由于资产所有权属在形式和实质上均不发生改变,可作为内部处置资产,不视同销售确认收入,相关资产的计税基础延续计算:

(1)将资产用于生产、制造、加工另一产品。

(2)改变资产形状、结构或性能。

(3)改变资产用途(如自建商品房转为自用或经营)。

(4)将资产在总机构及其分支机构之间转移。

(5)上述两种或两种以上情形的混合。

(6)其他不改变资产所有权属的用途。

企业将资产移送他人的下列情形,因资产所有权属已发生改变而不属于内部处置资产,应按规定视同销售确定收入:

(1)用于市场推广或销售。

(2)用于交际应酬。

(3)用于职工奖励或福利。

(4)用于股息分配。

(5)用于对外捐赠。

(6)其他改变资产所有权属的用途。

属于企业自制的资产,应按企业同类资产同期对外销售价格确定销售收入;属于企业外购的资产,可按购入时的价格确定销售收入。

　　纳税人将自产或委托加工的货物用于非增值税应税项目在税法上属于视同销售,属于内部处置资产,可以不确认收入:借记"在建工程/其他业务成本/劳务成本"科目,贷记"库存商品"、"应交税费——应交增值税(销项税额)"科目。

　　【例 3-16】　2010 年 5 月 11 日,A 公司对车间进行改建、扩建,领用本公司生产的甲产品 50 吨。领用时,该产品的生产成本为每吨 3 000 元,销售部按出厂价每吨 3 150 元(不含税)对外销售。

　　①税法解析:

　　将完工产品用于在建工程,属于视同销售,则应纳增值税 = 3 150 × 50 × 17% = 26 775(元)。

　　②会计处理:

　　借:在建工程——车间　　　　　　　　　　　　　　176 775
　　　　贷:应交税费——应交增值税(销项税额)　　　　　　　26 775
　　　　　　库存商品——甲产品　　　　　　　　　　　　　150 000

(五)将自产、委托加工的货物用于集体福利和个人消费的会计核算

　　将自产、委托加工的货物用于集体福利或个人消费的,根据我国税法规定,不属于企业内部处置资产,而属于视同销售行为,在会计上符合确认收入的要件,应确认收入计算增值税。《企业会计准则第 10 号——职工薪酬》及其指南规定:企业以其自产产品作为非货币性福利发放给职工的,应当根据受益对象,按照该产品的公允价值,计入相关资产成本或当期损益,同时确认应付职工薪酬。自产、委托商品发放给职工作为福利,其会计处理如下:

　　借:生产成本/管理费用/制造费用
　　　　贷:应付职工薪酬——非货币性福利
　　借:应付职工薪酬——非货币性福利
　　　　贷:主营业务收入
　　　　　　应交税费——应交增值税(销项税额)
　　借:主营业务成本
　　　　贷:库存商品

　　【例 3-17】　A 公司将自产的一批产品发放本单位职工作福利。成本为100 000 元,市场价格为 120 000 元。

　　①税法解析:

　　将完工产品用于职工福利,属于视同销售,则应纳增值税 = 120 000 × 17% = 20 400(元)。

②会计处理：

借：应付职工薪酬——非货币性福利 140 400
   贷：主营业务收入 120 000
      应交税费——应交增值税（销项税额） 20 400
借：主营业务成本 100 000
   贷：库存商品 100 000

（六）企业将自产、委托加工或购买的货物作为投资的会计核算

增值税视同销售将自产、委托加工或购买的货物作为投资，提供给其他单位或个体工商户，从会计角度分析，根据《企业会计准则》应确认为非货币性资产交换业务。

（1）会计将自产、委托加工或者购买的货物作为投资确认收入。《企业会计准则第 7 号——非货币性资产交换》及其指南规定：非货币性资产交换同时满足本准则规定的两个条件：其一，交换交易具有商业实质；其二，换入资产或换出资产的公允价值能够可靠计量，换出非现金资产为存货的，应当作为销售处理，按照《企业会计准则第 14 号——收入》规定处理，以其公允价值确认收入，同时结转相应的成本。企业会计处理如下：

借：长期股权投资（用于对外投资）
   贷：主营业务收入
      应交税费——应交增值税（销项税额）
同时结转成本：
借：主营业务成本
   贷：库存商品

（2）会计将自产、委托加工或者购买的货物作为投资不确认收入。根据《企业会计准则》规定：如果企业以货物资产投资的非货币性资产交换不具有商业实质，或者换入资产或换出资产的公允价值不能够可靠计量，会计上不确认为收入。

在计算所得税时，按视同销售和对外投资两项业务处理。

【例 3-18】 A公司将自产的产品作为对 D 公司的长期股权投资（非同一控制主体），产品作价 200 000 元（未提取存货跌价准备），成本 150 000 元。假设该业务具有商业实质。

①税法解析：

将完工产品用于投资，属于视同销售，则应纳增值税＝200 000×17％＝34 000（元）。

②会计处理：

借：长期股权投资　　　　　　　　　　　　　　　234 000
　　贷：主营业务收入　　　　　　　　　　　　　　　200 000
　　　　应交税费——应交增值税（销项税额）　　　　34 000

同时：

借：主营业务成本　　　　　　　　　　　　　　　150 000
　　贷：库存商品　　　　　　　　　　　　　　　　　150 000

假设上述业务不具有商业实质，则应作会计处理如下：

借：长期股权投资　　　　　　　　　　　　　　　184 000
　　贷：库存商品　　　　　　　　　　　　　　　　　150 000
　　　　应交税费——应交增值税（销项税额）　　　　34 000

(七)将自产、委托加工或购买的货物分配给股东或投资者的会计核算

将自产、委托加工或购买的货物分配给股东或投资者，属于视同销售行为，应确认收入计算增值税。从会计角度分析，《企业会计准则》对自产、委托加工或购买的货物分配给股东或投资者业务的会计处理，只要符合收入确认的要件，会计应确认为收入。其基本会计处理如下：

借：应付股利
　　贷：主营业务收入
　　　　应交税费——应交增值税（销项税额）

同时：

借：主营业务成本
　　贷：库存商品

【例 3-19】　2010 年 6 月 10 日，A 公司将自产的甲产品和委托加工收回的乙产品分配给其投资者。已知甲产品不含税公允价为 9 000 000 元，成本为 8 500 000 元；委托加工收回的乙产品委托方没有同类产品售价，委托加工成本为 7 000 000 元。

①税法解析：

将完工产品和委托加工收回的产品用于分配，属于视同销售，应纳增值税。其中，甲产品应纳增值税＝9 000 000×17％＝1 530 000（元），乙产品没有同类产品价格，按组成计税价格计算增值税＝7 000 000×（1＋10％）×17％＝7 700 000×17％＝1 309 000（元），合计 2 839 000 元。

②会计处理：

借：应付股利　　　　　　　　　　　　　　　19 539 000
　　贷：主营业务收入　　　　　　　　　　　　　　9 000 000

其他业务收入　　　　　　　　　　　　　　　　　 7 700 000

应交税费——应交增值税(销项税额)　　　　 2 839 000

同时结转成本:

借:主营业务成本　　　　　　　　　　　　　 8 500 000

　　贷:库存商品——甲产品　　　　　　　　　　 8 500 000

借:其他业务成本　　　　　　　　　　　　　 7 000 000

　　贷:库存商品——乙产品　　　　　　　　　　 7 000 000

(八)企业将自产、委托加工或购买的货物无偿赠送其他单位或者个人的会计核算

《增值税暂行条例》规定,纳税人将自产、委托加工或者购买的货物无偿赠送给其他单位或个人,为视同销售行为,应按所捐赠货物的公允价值计算增值税。按《企业会计制度》规定,由于相关的经济利益不能流入企业,不符合销售商品收入确认的条件,因此,会计上直接结转成本不确认收入,但在计算所得税时分解为按公允价值销售和捐赠两项业务处理。企业基本会计处理如下:

借:营业外支出

　　贷:库存商品

　　　应交税费——应交增值税(销项税额)

【例 3-20】[①]　2010 年 5 月,A 公司将购进的丙材料 400 千克和自产的乙产品无偿赠送给他人。已知乙产品生产成本 9 000 元,不含税售价 11 000 元;丙材料计划成本每千克 30 元,材料成本差异率为 2%。

①税法解析:

将自产或购买的货物用于捐赠,属于视同销售,应按其公允价值计算增值税。因此,乙产品销项税额 $= 11\ 000 \times 17\% = 1\ 870$(元);丙材料实际成本 $= 400 \times 30 \times (1 - 2\%) = 11\ 760$(元),丙材料销项税额 $= 11\ 760 \times 17\% = 1\ 999.20$(元),应结转成本差异 $= 400 \times 30 \times 2\% = 240$(元)。

②会计处理:

借:营业外支出　　　　　　　　　　　　　　 24 629.20

　　材料成本差异　　　　　　　　　　　　　 240

　　贷:库存商品——乙产品　　　　　　　　　　 9 000

　　　原材料——丙产品　　　　　　　　　　 12 000

　　　应交税费——应交增值税(销项税额)　　 3 869.20

①　盖地:《税务会计》(第 7 版),立信会计出版社 2009 年版。

期末调整应税所得＝[(11 000－9 000)＋(11 760－11 760)]＋ 24 629.20

＝26 629.20(元)

六、包装物销项税额会计核算

包装物的会计核算涉及包装物销售、包装物租金和包装物押金问题。

(一)包装物销售的销项税会计核算

随同货物销售的包装物,无论是否单独计价,均应按所包装货物的税率计算增值税。随同货物销售并单独计价的包装物,其收入计入"其他业务收入"科目,即借记"应收账款(银行存款)"科目,贷记"其他业务收入"、"应交税费——应交增值税(销项税额)"科目。不单独计价的包装物收入与货物销售收入一起计入"主营业务收入"科目。

【例 3-21】　2010 年 1 月 20 日,A 公司销售一批甲产品,甲产品价款320 000 元,随同该产品出售但单独计价的包装物计价 11 000 元,购买方签发了一张为期 9 个月的商业承兑汇票。

①税法解析:

连同包装物销售应纳增值税＝320 000×17％＋11 000×17％＝56 270(元)

②会计处理:

借:应收票据　　　　　　　　　　　　　　　　387 270

贷:主营业务收入——甲产品　　　　　　　　　320 000

其他业务收入——包装物　　　　　　　　　11 000

应交税费——应交增值税(销项税额)　　　　56 270

(二)包装物租金的销项税会计核算

我国税法规定,随同货物销售收取的包装物租金,属于价外费用,应按含税价计算缴纳增值税。其基本会计处理为:借记"应收账款(银行存款)"科目,贷记"其他业务收入"、"应交税费——应交增值税(销项税额)"科目。

(三)包装物押金的销项税会计核算

对于企业没收的包装物押金或者逾期未退回的包装物押金,借记"其他应付款"科目,贷记"其他业务收入"、"应交税费——应交增值税(销项税金)"科目。

【例 3-22】　2010 年 3 月 11 日,A 公司因销售一批甲产品给 G 公司而出租包装物,共收取租金 3 510 元、押金 23 400 元。按合同规定,包装物出租时间为 2 个月,过期不退还包装物则不再退还押金。4 月 20 日,A 公司收回部分包装物,退回押金 11 700 元。5 月 15 日,A 公司尚有 11 700 元上述押金未收回,该押金按规定没收。

①税法解析：

3月份，随同货物销售出租的包装物租金，可作为价外费用计算增值税 $=\dfrac{3\,510}{1+17\%}\times17\%=510$（元），收取的押金不征增值税。5月份，逾期不同退回的

包装物押金应结转收入计算增值税 $=\dfrac{11\,700}{1+17\%}\times17\%=1\,700$（元）。

②会计处理：

3月21日，收到租金和押金：

借：库存现金	3 510
贷：其他业务收入	3 000
应交税费——应交增值税（销项税额）	510
借：库存现金	23 400
贷：其他应付款——包装物押金	23 400

4月20日，退回押金：

借：其他应付款——包装物押金	11 700
贷：库存现金	11 700

5月15日，没收押金：

借：其他应付款——包装物押金	11 700
贷：其他业务收入	10 000
应交税费——应交增值税（销项税额）	1 170

七、销售固定资产销项税额会计核算

从2009年1月1日开始实施的《增值税暂行条例》属于消费型增值税，纳税人购进固定资产（除自用货物外）符合条件的可以抵扣进项税额，因而纳税人销售固定资产也应按规定计算增值税销项税额。

（一）纳税人销售自己使用过的固定资产

《关于全国实施增值税转型改革若干问题的通知》（财税〔2008〕170号）第5条规定：自2009年1月1日起，纳税人销售自己使用过的固定资产（所谓已使用过的固定资产，是指纳税人根据财务会计制度已经计提折旧的固定资产），应区分不同情形征收增值税。归纳起来，可以分为以下几种情况：

（1）按照适用税率征收增值税，包括：①销售自己使用过的2009年1月1日以后购进或者自制的固定资产；②销售自己使用过的在本地区扩大增值税抵扣范围试点以后购进或者自制的固定资产。

（2）按照4%征收率减半征收增值税，包括：①销售自己使用过的2008年

12月31日以前购进或者自制的固定资产;②销售自己使用过的在本地区扩大增值税抵扣范围试点以前购进或者自制的固定资产;③《关于部分货物适用增值税低税率和简易办法征收增值税政策的通知》(财税〔2009〕9号)规定:一般纳税人销售自己使用过的属于《增值税暂行条例》第10条规定不得抵扣且未抵扣进项税额的固定资产。

《关于增值税简易征收政策有关管理问题的通知》(国税函〔2009〕90号)规定:一般纳税人销售自己使用过的物品和旧货,适用按简易办法依4%征收率减半征收增值税政策的,按下列公式确定销售额和应纳税额:

$$销售额 = \frac{含税销售额}{1+4\%}$$

$$应纳税额 = 销售额 \times \frac{4\%}{2}$$

(3)减按2%征收率征收增值税。《关于部分货物适用增值税低税率和简易办法征收增值税政策的通知》(财税〔2009〕9号)规定:小规模纳税人(除其他个人外,下同)销售自己使用过的固定资产,减按2%征收率征收增值税。

《关于增值税简易征收政策有关管理问题的通知》(国税函〔2009〕90号)规定:小规模纳税人销售自己使用过的固定资产和旧货,按下列公式确定销售额和应纳税额:

$$销售额 = \frac{含税销售额}{1+2\%}$$

$$应纳税额 = 销售额 \times 2\%$$

企业发生销售自己使用过的固定资产,应先将固定资产净值转入"固定资产清理"借方,销售固定资产收入计入"固定资产清理"贷方,同时核算"应交税费——应交增值税(销项税额)"。

①结转固定资产成本:

借:固定资产清理

　　累计折旧

　　固定资产减值准备

　　贷:固定资产

②取得清理收入(货币、非货币性资产及减少债务):

错:银行存款/应收账款

　　库存商品/固定资产/长期股权投资等资产类账户

　　应付账款/其他应收款

　　贷:固定资产清理

　　　应交税费——应交增值税(销项税额)

③结清清理损益：

"固定资产清理"账户的余额为借方余额：

借：营业外支出——处置非流动资产损失

　　贷：固定资产清理

"固定资产清理"账户的余额为贷方余额：

借：固定资产清理

　　贷：营业外收入——处置非流动资产收益

【例3-23】 2010年7月10日，A公司将一台生产设备转让给B公司。该设备于2009年1月5日购进，购进价格为120 000元，取得专用发票注明增值税20 400元，已计提累计折旧为30 000元，评估确认的净价为93 600元（含税），双方协议以评估确认价格成交。

①税法解析：

根据《增值税法暂行条例》，企业销售自己使用过的2009年1月1日以后购进的固定资产，按照适用税率征收增值税＝93 600÷（1＋17%）×17%＝80 000×17%＝13 600（元），设备转让损益＝80 000－90 000＝－10 000（元）。

②会计处理：

购进设备时：

借：固定资产　　　　　　　　　　　　　　　　　120 000

　　应交税费——应交增值税（进项税额）　　　　　20 400

　　　贷：银行存款　　　　　　　　　　　　　　　　　140 400

每月计提折旧＝30 000÷6＝5 000（元），则每月会计处理为：

借：制造费用　　　　　　　　　　　　　　　　　　5 000

　　贷：累计折旧　　　　　　　　　　　　　　　　　　5 000

结转固定资产净值：

借：固定资产清理　　　　　　　　　　　　　　　90 000

　　累计折旧　　　　　　　　　　　　　　　　　30 000

　　贷：固定资产　　　　　　　　　　　　　　　　　120 000

销售设备时：

借：银行存款　　　　　　　　　　　　　　　　　93 600

　　贷：固定资产清理　　　　　　　　　　　　　　　80 000

　　　应交税费——应交增值税（销项税额）　　　　13 600

结转固定资产清理余额：

借：营业外支出——处置非流动资产损失　　　　　10 000

　　贷：固定资产清理　　　　　　　　　　　　　　　10 000

（二）视同销售固定资产

《关于全国实施增值税转型改革若干问题的通知》（财税〔2008〕170号）规定：纳税人发生固定资产视同销售行为，对已使用过的固定资产无法确定销售额的，以固定资产净值为销售额。固定资产净值是指纳税人按照财务会计制度计提折旧后计算的固定资产净值。纳税人发生固定资产视同销售行为，能确定销售额的以销售额为销项税额的税基。

视同销售行为的固定资产必须是已抵扣进项税额的固定资产。

【例3-24】　2010年8月10日，A公司将一条自建生产线用于向D公司投资，该生产线于2009年1月31日建成，原值为6 000 000元，已提折旧为600 000元，评估确认的净值为5 000 000元。

①税法解析：

将自建生产线用于投资，属于视同销售固定资产，则增值税＝5 000 000×17％＝850 000（元），净收益＝5 000 000－5 400 000＝－400 000（元）。

②会计处理：

借：固定资产清理　　　　　　　　　　　　　　5 400 000
　　累计折旧　　　　　　　　　　　　　　　　　600 000
　　贷：固定资产　　　　　　　　　　　　　　　　　6 000 000
借：长期股权投资　　　　　　　　　　　　　　5 850 000
　　贷：固定资产清理　　　　　　　　　　　　　　　5 000 000
　　　　应交税费——应交增值税（销项税额）　　　　850 000
借：营业外支出——处置非流动资产损失　　　　400 000
　　贷：固定资产清理　　　　　　　　　　　　　　　400 000

八、小规模纳税人会计核算

小规模纳税人购进货物的进项税额进入购货成本，销售货物的应纳增值税通过"应交税费——应交增值税"科目核算。

《增值税暂行条例》规定，小规模纳税人实行简易征收办法，征收率为3％。

【例3-25】　某工业企业为小规模纳税人，2010年3月实现销售收入10 300元。

①税法解析：

$$应纳增值税＝\frac{10\ 300}{1＋3\%}×3\%＝10\ 000×3\%＝300（元）$$

②会计处理：

借：应收账款　　　　　　　　　　　　　　　　10 300

贷：主营业外收入　　　　　　　　　　　　　　　　　　10 000
　　应交税费——应交增值税　　　　　　　　　　　　　　　300

第三节　增值税进项税额和进项税额转出会计核算

一、增值税进项税额会计核算

(一)购买货物的一般会计核算

企业外购货物(包括固定资产),符合进项税额抵扣条件时,根据增值税专用发票记载的税额确认可抵扣进项税额;当购进免税农产品时,依据购买金额和13%的扣除率,购进运输劳务时可以依据运费的7%计算可抵扣的进项税额。

> **背景材料**
>
> 增值税法通过反列举的形式,规定了增值税进项税额不允许抵扣的范围。下列项目的进项税额不得从销项税额中抵扣:(1)用于非增值税应税项目、免征增值税项目、集体福利或者个人消费的购进货物或者应税劳务。(2)非正常损失的购进货物及相关的应税劳务。(3)非正常损失的在产品、产成品所耗用的购进货物或者应税劳务。(4)国务院财政、税务主管部门规定的纳税人自用消费品。(5)本条第(1)项至第(4)项规定的货物的运输费用和销售免税货物的运输费用。(6)《增值税暂行条例实施细则》第25条规定:纳税人自用的应征消费税的摩托车、汽车、游艇,其进项税额不得从销项税额中抵扣。

企业外购货物进项税额抵扣的会计核算,借记“材料采购”、“固定资产”、“周转材料”、“管理费用”、“制造费用”、“应交税费——应税增值税(进项税额)”科目,贷记“应付账款”等科目。为反映取得增值税专用发票和发票认证抵扣的时间差异,企业可以增设“待抵扣税金——代扣增值税”科目。

【例3-26】 A公司2010年1月2日购入甲材料4 000千克,单价为6元,支付销货方代垫运杂费2 800元(运输发票上列明的运费为2 000元),已开出银行承兑汇票,材料验收入库,发票已认证。

①税法解析:

允许抵扣的进项税额＝4 000×6×17％＋2 000×7％

$$＝4 080＋140＝4 220(元)$$

原材料实际成本＝24 000＋2 800－140＝26 660(元)

②会计处理:

借:原材料——甲材料　　　　　　　　　　　　　　　　26 660

　　应交税费——应交增值税(进项税额)　　　　　　　4 220

　　贷:应付票据——银行承兑汇票　　　　　　　　　　　　30 880

【例3-27】① A公司2月6日收到银行转来的购买光明厂丙材料的托收承付结算凭证及发票,数量为5 000千克,单价为11元,支付销货方代垫运杂费650元,运输发票上注明的运费为500元。采用验单付款方式,10日材料验收入库。发票已于下月初通过认证。

①税法解析:

进项税额＝5 000×11×17％＋500×7％＝9 350＋35＝9 385(元)

材料成本＝5 000×11＋650－35＝55 615(元)

②会计处理:

2月6日,验单后付款,发票尚未认证

借:在途物资　　　　　　　　　　　　　　　　　　　55 615

　　待抵扣税金——待抵扣增值税　　　　　　　　　　9 385

　　贷:银行存款　　　　　　　　　　　　　　　　　　　　65 000

2月10日,材料验收入库:

借:原材料　　　　　　　　　　　　　　　　　　　　55 615

　　贷:在途物资　　　　　　　　　　　　　　　　　　　　55 615

3月2日,发票通过认证:

借:应交税费——应交增值税(进项税额)　　　　　　9 385

　　贷:待抵扣税金——待抵扣增值税　　　　　　　　　　9 385

(二)购进材料退出、折让的会计核算

如果购货方已付款或者货款未付但已作会计处理,而发票的抵扣联和发票联无可退还的情况下,购货方需取得当地主管税务机关开具的《开具红字专用发票通知单》送交销售方,作为销售方开具红字专用发票的合法依据。购货方在取得《开具红字专用发票通知单》后,冲减进项税金(或代扣税金)。

购进货物,如果由于质量原因,经过与销售方协商,给予一部分折让。在采用验单付款的情况下,购货方应取得《开具红字专用发票通知单》后,凭销售方红字专用发票冲减进项税额。

---

① 盖地:《税务会计》(第7版),立信会计出版社2009年版。

【例3-28】 A公司2010年8月26日收到光明厂转来的托收承付结算凭证及专用发票（未通过认证），所列材料价款为5 000元，税额为850元，A公司收到光明厂转来的托收承付结算凭证及专用发票（未通过认证），所列甲材料价款为5 000元，税额为850元，委托银行付款。9月10日材料运到，验收后因质量不符而全部退货，并取得当地主管税务机关开具的《开具红字专用发票通知单》送交销售方，代垫退货运杂费800元。9月20日，收到光明厂开来的红字增值税专用发票的发票联和税款抵扣联。21日，收到光明厂退款。

8月26日，支付货款：

借：在途物资——甲材料 5 000
 待抵扣税金——待抵扣增值税 850
 贷：银行存款 5 850

9月10日，材料验收入库：

借：应收账款——光明厂 5 800
 贷：在途物资——甲材料 5 000
 银行存款 800

9月20日，收到光明厂开具的红字增值税专用发票的发票联和税款抵扣联：

借：应收账款——光明厂 850
 贷：待抵扣税金——待抵扣增值税 850

9月21日，收到光明厂退回的款项：

借：银行存款 6 650
 贷：应收账款——光明厂 6 650

【例3-29】 沿用**【例3-28】**，A公司8月26日收到光明厂转来的托收承付结算凭证及专用发票（未通过认证），所列材料价款为5 000元，税额为850元，9月2日发票通过认证。9月10日，材料运到。验收后，1 000元甲材料质量不符退货，并取得当地主管税务机关开具的通知单送交销售方，代垫退货运杂费200元。

8月26日：

借：在途物资——甲材料 5 000
 待抵扣税金——待抵扣增值税 850
 贷：银行存款 5 850

9月2日，发票通过认证：

借：应交税费——应交增值税（进项税额） 850
 贷 待抵扣税金——待抵扣增值税 850

9月10日,材料运到。验收后,1 000元甲材料质量不符退货,并取得当地主管税务机关开具的通知单送交销售方,代垫退货运杂费200元。

借:应收账款——光明厂　　　　　　　　　　　　1 200
　　贷:在途物资——甲材料　　　　　　　　　　　　　1 000
　　　　银行存款　　　　　　　　　　　　　　　　　　200
同时:
借:原材料——甲材料　　　　　　　　　　　　　4 000
　　贷:在途物资——甲材料　　　　　　　　　　　　　4 000

(三)购进材料短缺的会计核算

材料短缺若为正常损耗,其损失应由验收入库的材料承担,其进项税额仍应予以抵扣。若由供应单位造成的短缺,对方如果决定近期内予以补货,其短缺材料的进项税额暂不抵扣,待所补材料验收入库后方可抵扣;若对方决定退赔货款,可比照销货退回处理。若属于运输单位造成的短缺或毁损,应向运输单位索赔,并将短缺材料的成本及相应的进项税额转入"待处理财产损溢"对运输途中发生的非正常损失,其进项税额不得抵扣,应与损失材料的成本一起转入"待处理财产损溢"科目。

【例3-30】　A公司2010年3月1日从G公司购进丁材料,采取验单付款,收到对方转来的托收承付结算凭证及专用发票,上列数量400千克,单价60元,税额4 080元。5日发票经过认证。10日验收入库,发现材料短缺10千克,经查属于非正常损失,由保险公司赔偿。

5月1日,取得专用发票尚未通过认证:

借:在途物资——丁材料　　　　　　　　　　　24 000
　　待抵扣税金——待抵扣增值税　　　　　　　　4 080
　　贷:银行存款　　　　　　　　　　　　　　　　　28 080
5日,发票通过认证:
借:应交税费——增值税(进项税额)　　　　　　4 080
　　贷:待抵扣税金——待抵扣增值税　　　　　　　　4 080
10日,发生短缺:
短缺材料价值＝60×10＝600(元)
短缺材料进项税额＝600×17%＝102(元)
入库材料成本＝24 000－600＝23 400(元)
可抵扣进项税额＝4 080－102＝3 978(元)
借:待处理财产损溢　　　　　　　　　　　　　　600
　　原材料——丁材料　　　　　　　　　　　　　23 400

贷:在途物资——丁材料	24 000

如果属于非正常损耗,由保险公司赔偿的会计处理为:

借:应收账款——保险公司	702
贷:待处理财产损溢	600
应交税费——应交增值税(进项税额转出)	102

(四)企业接受投资转入货物的会计核算

企业接受投资转入货物,按照增值税专用发票上注明的增值税税额,借记"应交税费——应交增值税(进项税额)"、"原材料"等科目,贷记"股本"等科目。

【例 3-31】 A 公司 2010 年 2 月 5 日,接受某企业投资转入企业生产用的原材料,价款为 100 000 元,税额为 17 000 元。取得增值税专用发票已经通过认证。

借:原材料	100 000
应交税费——应交增值税(进项税额)	17 000
贷:实收资本(股本)	117 000

(五)企业接受捐赠货物的会计核算

企业接受捐赠转入的货物,需按照接受捐赠时的资产的入账价值确认捐赠收入,并计入当期应纳税所得,依法计算缴纳企业所得税。

【例 3-32】 A 公司 2010 年 2 月 10 日接受某企业捐赠的企业生产用原材料,价款为 50 000 元,税额为 85 000 元。货物验收入库。增值税专用发票已通过认证。

借:原材料	50 000
应交税费——应交增值税(进项税额)	8 500
贷:营业外收入——接受捐赠资产价值	58 500

(六)企业外购应税劳务的会计核算

(1)外购修理、修配劳务进项税额抵扣的会计核算。企业发生修理、修配劳务业务,符合进项税额抵扣条件时,根据增值税专用发票记载的税额确认可抵扣进项税额。企业外购修理、修配劳务进项税额抵扣的会计核算,企业作如下会计处理:借记"制造费用"(设备修理费)、"管理费用"(办公车辆费、设备修理费等)、"应交税费——应交增值税(进项税额)"等科目,贷记"银行存款——应付账款"等科目。

(2)外购加工劳务进项税额抵扣的会计核算。企业发生加工劳务业务,符合进项税额抵扣条件时,根据增值税专用发票记载的税额确认可抵扣进项税额。企业作如下会计处理:借"委托加工物资"、"应交税费——应交增值税(进项税额)"等科目,贷记"银行存款——应付账款"等科目。

【例 3-33】　A 企业为农产品加工生产企业,2010 年 2 月发生下列业务:

①购进农产品,支付款项 200 000 元,取得普通发票;支付运费 10 000 元,取得运费发票,发票中记载运费 8 000 元、基金 1 000 元、其他杂费 1 000 元。

②农产品验收入库,计划成本为 220 000 元。

③委托 B 企业加工部分产品,发出材料成本 100 000 元,材料成本差异率为－2%,支付加工费 23 400 元,取得增值税专用发票,税额 3 400 元。

①购进农产品增值税和会计处理:

购进农产品进项税额＝200 000×13%＝26 000(元)

支付运费进项税额＝(10 000－1 000)×7%＝630(元)

借:材料采购 　　　　　　　　　　　　　　　　183 370
　　应交税费——应交增值税(进项税额) 　　　　26 630
　　　贷:银行存款 　　　　　　　　　　　　　　　　210 000

②材料验收入库:

借:原材料 　　　　　　　　　　　　　　　　　220 000
　　　贷:材料采购 　　　　　　　　　　　　　　　183 370
　　　　　材料成本差异 　　　　　　　　　　　　　36 630

③委托 B 企业加工产品:

材料发出时:

结转材料实际成本差异＝100 000×(－2%)＝－2 000(元)

借:委托加工物资 　　　　　　　　　　　　　　98 000
　　材料成本差异 　　　　　　　　　　　　　　　2 000
　　　贷:原材料 　　　　　　　　　　　　　　　　100 000

支付加工费并根据增值税专用发票抵扣进项税额:

借:委托加工物资 　　　　　　　　　　　　　　20 000
　　应交税费——应交增值税(进项税额) 　　　　3 400
　　　贷:银行存款 　　　　　　　　　　　　　　　　23 400

④加工产品入库:

借:库存商品 　　　　　　　　　　　　　　　　118 000
　　　贷:委托加工物资 　　　　　　　　　　　　　118 000

(七)企业购进固定资产的会计核算

纳税人购进固定资产或用于固定资产建造的材料及运费,符合增值税进项税额抵扣条件的,根据增值税专用发票记载的税额确认可抵扣进项税额;当购进运输劳务时,按照运输费用结算单据上注明的运输费用金额和7%的扣除率计算进项税额。运输费用金额是指运输费用结算单据上注明的运输费用、建设基金,不包括装卸费、保险费等其他杂费。

纳税人购进或转入固定资产或用于固定资产建造的材料及运费,借记"应交税费——应交增值税(进项税额)"科目;同时根据购进货物的用途和会计核算的特点,借记"固定资产"、"在建工程"等科目,贷记"银行存款"、"应付账款"等科目。

【例3-34】　A公司当月购进设备1台,增值税专用发票注明价款110 000元,税额18 700元;又购进厂房在建工程所用材料28 000元,专用发票注明税额4 760元。货款已付,货已入库。

则:设备入账价值为110 000元。

借:固定资产——设备　　　　　　　　　　　　　110 000

　　应交税费——应交增值税(进项税额)　　　　　 18 700

　　贷:银行存款　　　　　　　　　　　　　　　　　　　　128 700

计入在建工程成本＝28 000＋4 760＝32 760(元)

借:在建工程——厂房　　　　　　　　　　　　　 32 760

　　贷:银行存款　　　　　　　　　　　　　　　　　　　　 32 760

二、增值税进项税额转出会计核算

增值税进项税额转出业务,一般是指对于企业以前纳税期已抵扣的进项税额,因各种原因在当期转出不允许抵扣进项税额的业务内容,需要对前期已抵扣进项税额作冲减的处理,在会计上贷记"应交税费——应交增值税(进项税额转出)"科目。进项税额转出的结果是增加企业当期应交增值税。企业发生的经济事项符合进项税额转出的税法条件,依据增值税相关法规,计算进项税额转出数额,贷记"应交税费——应交增值税(进项税额转出)"科目。同时根据经济事项的内容,依据《企业会计准则》,进行相应会计处理:

借:在建工程(抵扣进项税额的货物用于不动产在建工程)

　　其他业务成本(抵扣进项税额的货物用于非应税劳务)

　　贷:原材料/库存商品/固定资产等

　　　　应交税费——应交增值税(进项税额转出)

(一)购进货物改变用途的会计核算

购进货物改变用途是指货物购进时已经计入进项税额,后因各种原因改变用途,且是属于我国税法规定的进项税额不得抵扣的情况,如购进货物用于免税项目、非应税项目、集体福利、个人消费等,需要在账务上作进项税额转出。如果购入时就作为以上免税等项目的购进货物,其进项税额在购入时直接进入资产的成本。

【例 3-35】 A 公司 2010 年 8 月购进生产、经营用原材料钢材 112 吨,单价 3 500 元,增值税专用发票上列明:价款 392 000 元,税额 66 640 元,支付运费 5 000 元,取得货运普通发票,已通过银行支付。材料已验收入库,发票已通过认证。9 月,该企业不动产基建工程从仓库中领用上月购入原料 28 吨。

2010 年 8 月:

借:原材料——钢材   396 650
    应交税费——应交增值税(进项税额)   66 990
    贷:银行存款   463 640

9 月进项税额转出额＝(66 640＋5 000×7%)×28÷112＝16 747.50(元)

原材料转入在建工程额＝(392 000＋5 000×0.93)×28÷112＝99 162.50(元)

借:在建工程   115 910
    贷:原材料——钢材   99 162.50
        应交税费——应交增值税(进项税额转出)   16 747.50

【例 3-36】 某食品生产企业,2010 年 8 月发生如下业务:(1)将外购已抵扣税额的食糖分给职工,成本价格为 50 000 元;(2)将成本价格 8 700 元的苹果用于幼儿园。

①将外购已抵扣税额的食糖分给职工:

按增值税法规规定,属于进项税额转出业务,应转出进项税额＝50 000×17%＝8 500(元)。

借:应付职工薪酬——应付福利费   58 500
    贷:原材料   50 000
        应交税费——应交增值税(进项税额转出)   8 500

②苹果用于幼儿园:

按增值税法法规定,确认为进项税额转出业务。

进项税额转出额＝8 700÷(1－13%)×13%＝1 300(元)

借:应付职工薪酬——应付福利费   10 000
    贷:原材料   8 700
        应交税费——应交增值税(进项税额转出)   1 300

【例 3-37】① 某塑料制品厂生产农用塑料薄膜和塑料餐具。4 月份,该厂购入聚氯乙烯原料一批,增值税专用发票列明:价款 265 000 元,税额 45 050

---

① 盖地:《税务会计》(第 7 版),立信会计出版社 2009 年版。

元,已付款并验收入库;购进低值易耗品,增值税专用发票列明:价款 24 000 元,税额 4 080 元,已付款并验收入库;当月支付电费 5 820 元,税额 989.40 元。5 月分,全厂产品销售收入为 806 000 元,其中农用塑料薄膜销售额为 526 000 元。

①购进原材料、低值易耗品、支付电费时:

当月全部进项税额＝45 050＋4 080＋989.40＝50 119.40(元)

借:原材料	265 000
低值易耗品	24 000
制造费用	5 820
应交税费——应交增值税(进项税额)	50 119.40
贷:银行存款	344 939.40

②生产领用或分配:

借:生产成本	294 820
贷:原材料	265 000
低值易耗品	24 000
制造费用	5 820

③产品完工,成本为 400 000 元:

借:库存商品	400 000
贷:生产成本	400 000

④销售完工产品取得不含税收入为 806 000 元,其中农用塑料薄膜销售额为 526 000 元,应纳增值税＝(806 000－526 000)×17％＝47 600(元)。

借:银行存款	853 600
贷:主营业务收入——农用薄膜	526 000
——塑料餐具	280 000
应交税费——增值税(销项税额)	47 600
借:主营业务成本	400 000
贷:库存商品	400 000

⑤当月不得抵扣进项税额＝50 119.40×526 000÷806 000＝32 708.19 (元),当月允许抵扣进项税额＝50 119.40－32 708.19＝17 411.21(元)。

借:主营业务成本——农用薄膜	32 708.19
贷:应交税费——应交增值税(进项乘客转出)	32 708.19

(二)抵扣进项税额的货物或劳务发生非正常损失

企业发生的非正常损失,在查明原因前,按照货物的实际成本与结转出的进项税额之和借记"待处理财产损溢——待处理流动财产损溢"科目,贷记"原材料/库存商品/自制半成品/生产成本/固定资产"、"应交税费——应交增值税(进项税额转出)"等科目。

【例 3-38】　A 公司外购的原材料(进项税额已作抵扣)发生非正常损失,已知其账面成本为 20 000 元,原因待查。A 公司成本核算采用计划成本法。本月材料成本差异率为 10%。

①税法解析:

该批材料的实际成本＝20 000×(1＋10%)＝22 000(元)

应转出进项税额＝22 000÷(1－13%)×13%＝3 287.36(元)

②会计处理:

借:待处理财产损溢——待处理流动财产损溢　　　　25 287.36

　　贷:原材料　　　　　　　　　　　　　　　　　　　 20 000

　　　　材料成本差异　　　　　　　　　　　　　　　　 2 000

　　　　应交税费——应交增值税(进项税额转出)　　 3 287.36

三、固定资产进项税额转出会计核算

根据《增值税暂行条例实施细则》第 27 条"已抵扣进项税额的购进货物或者应税劳务,发生条例第十条规定的情形的,应当将该项购进货物或者应税劳务的进项税额从当期的进项税额中扣减"的规定,如果货物为固定资产,则进项税额转出的业务情形为:

(1)《关于全国实施增值税转型改革若干问题的通知》(财税〔2008〕170号)第 5 条规定:"纳税人已抵扣进项税额的固定资产发生条例第 10 条(一)至(三)项所列情形的,应在当月不得抵扣的进项税额。"根据上述法规规定,纳税人外购已抵扣进项税额的固定资产发生下列业务,作进项税额转出处理:①用于非增值税项目、免征增值税项目、集体福利或者个人消费的购进货物(固定资产);②非正常损失的购进货物(固定资产);③非正常损失的在产品、产成品所耗用的购进货物(固定资产)。

(2)进项税额转出数额的确定。《关于全国实施增值税转型改革若干问题的通知》(财税〔2008〕170 号)第 5 条规定:上述业务发生在当月按下列公式计算不得抵扣的进项税额:

不得抵扣的进项税额＝固定资产净值×适用税率

所称固定资产净值,是指纳税人按照企业会计制度计提折扣后计算的固定资产净值。

企业固定资产发生的经济事项符合"进项税额转出"的税法条件,依据增值税相关法规规定,计算进项税额转出数额,贷记"应交税费——应交增值税

（进项税额转出）"科目。同时根据经济事项的内容，依据《企业会计准则》，进行相应会计处理。

【例 3-39】① 2010 年 5 月，A 公司部分在 2009 年购入已抵扣进项税额的固定资产的用途改变（见表 3-9）。

表 3-9 固定资产用途改变

单位：元

固定资产名称	改变后用途	原　值	已提折旧	已提减值	固定资产净值	
					会　计	税　收
外购生产设备 1	用于职工浴池	50 000	5 000		45 000	45 000
外购设备 2	保管不当丢失	18 000	6 000	4 000	8 000	12 000
外购运输车辆	对外承揽运输业务	150 000	30 000		120 000	120 000

上述业务的增值税和会计处理如下：

①生产设备用于职工浴池：已抵扣进项税额的固定资产用于职工福利，确认为进项税额转出。

进项税额转出额＝45 000×17％＝7 650（元）

企业会计处理为：

借：固定资产——锅炉（用于职工福利）　　　　　52 650
　　累计折旧　　　　　　　　　　　　　　　　　5 000
　　　贷：固定资产——生产用　　　　　　　　　　50 000
　　　　应交税费——应交增值税（进项税额转出）　7 650

②设备丢失：已抵扣进项税额的固定资产发生非正常损失，确认为进项税额转出。

进项税额转出额＝12 000×17％＝2 040（元）

企业会计处理为：

借：固定资产清理　　　　　　　　　　　　　　10 040
　　累计折旧　　　　　　　　　　　　　　　　　6 000
　　固定资产减值准备　　　　　　　　　　　　　4 000
　　　贷：固定资产　　　　　　　　　　　　　　18 000
　　　　应交税费——应交增值税（进项税额转出）　2 040
借：待处理财产损溢　　　　　　　　　　　　　10 040
　　　贷：固定资产清理　　　　　　　　　　　　10 040

---

① 张炜《纳税会计》，中国财政经济出版社 2009 年版。

③车辆用于对外承揽运输业务：已抵扣进项税额的固定资产用于营业税项目，确认为进项税转出。

进项税额转出额＝120 000×17％＝20 400(元)

企业会计处理为：

借：固定资产——运输用(用于对外运输)　　　　　110 400

　　累计折旧　　　　　　　　　　　　　　　　　30 000

　　贷：固定资产——生产用车　　　　　　　　　　　　120 000

　　　　应交税费——应交增值税(进项税额转出)　　　　　　20 040

第四节　增值税减免税会计核算

现行《增值税暂行条例》第15条规定下列项目免征增值税：

(1)农业生产者销售的自产农产品。

(2)避孕药品和用具。

(3)古旧图书。

(4)直接用于科学研究、科学试验和教学的进口仪器、设备。

(5)外国政府、国际组织无偿援助的进口物资和设备。

(6)由残疾人组织的直接进口供残疾人专用的物品。

(7)销售自己使用过的物品。所称自己使用过的物品，是指其他个人自己使用过的物品。

一、增值税直接减免税业务会计核算

(一)企业部分产品(商品)免税会计核算

月末，按照免税主营业务收入和适用税率计算销项税额，然后减去按照我国税法规定方法计算的应分摊的进项税额，其差额即为当月销售免税货物应免征的税额。

(1)结转免税产品(商品)应分摊的税额：

借：主营业务成本(应分摊的进项税额)

　　贷：应交税费——应交增值税(进项税额转出)

(2)结转免税产品(商品)销项税额时：

借：主营业务收入

　　贷：应交税费——应交增值税(销项税额)

(3)结转免交增值税额时：

借：应交税费——应交增值税（减免税款）
　　贷：营业外收入

(二)企业全部产品(商品)免税会计核算

企业取得的全部收入计入"主营业务收入"科目，然后根据适用的税率计算免交的增值税额。

(1)计算免交税额时：

借：主营业务收入
　　贷：应交税费——应交增值税（销项税额）

(2)结转免交税额时：

借：应交税费——应交增值税（减免税款）
　　贷：营业外收入

【例 3-40】 A 公司(增值税一般纳税人)下属子公司销售一批免税产品，价款 120 000 元(含税)。货款已用银行存款收讫。该货物适用的增值税税率为 17%。

收到货款时：

借：银行存款　　　　　　　　　　　　　　　　102 564
　　贷：主营业务收入　　　　　　　　　　　　　　　102 564

计算免交增值税：

借：主营业务收入　　　　　　　　　　　　　　　17 436
　　贷：应交税费——应交增值税（销项税额）　　　　　17 436

核算免交增值税：

借：应交税费——应交增值税（减免税款）　　　　　17 436
　　贷：营业外收入　　　　　　　　　　　　　　　　17 436

二、增值税即征即退会计核算

企业符合增值税即征即退的条件，向税务部门提出申请，经税务部门审核批准后，收到退税款。会计处理为：

借：银行存款
　　贷：营业外收入——政府补助

【例 3-41】 某软件开发企业为增值税一般纳税人，2010 年 12 月，该企业销售自行开发生产的 A 软件产品，销售额为 200 万元。该企业当月增值税纳税申报资料显示，当月增值税销项税额为 34 万元，进项税额为 10 万元，应纳增值税税额为 24 万元。

①税法解析：

根据增值税相关法规规定,自 2006 年 6 月 24 日起至 2010 年年底以前,对增值税一般纳税人销售其自行开发的软件产品,按 17% 的法定税率征收增值税后,对其增值税实际税负超过 3% 的部分实行即征即退。该企业增值税实际税负率 = (24÷200)×100% = 12%。企业实际税负超过 3%,符合增值税法即征即退的有关规定。

企业应收到退税款 = (12%−3%)×200 = 18(万元)

②会计处理:

借:银行存款　　　　　　　　　　　　　　　　　　180 000

　　贷:营业外收入——政府补助　　　　　　　　　　　　　180 000

三、增值税先征后退会计核算

增值税先征后退政策由财政部驻各地财政监察专员办事处及相关财政机关分别按照现行有关规定办理。《关于资源综合利用及其他产品增值税政策的通知》(财税〔2008〕156 号)规定,对销售自产的综合利用生物柴油实行增值税先征后退政策。《关于再生资源增值税政策的通知》(财税〔2008〕157 号)规定:在 2010 年年底以前,对符合条件的增值税一般纳税人销售再生资源缴纳的增值税实行先征后退政策。

(1)适用退税政策的纳税人范围。适用退税政策的增值税一般纳税人应当同时满足以下条件:按照《再生资源回收管理办法》(商务部令〔2007〕8 号)第 7 条、第 8 条规定应当向有关部门备案的,已经按照有关规定备案;有固定的再生资源仓储、整理、加工场地;通过金融机构结算的再生资源销售额占全部再生资源销售额的比重不低于 80%。自 2007 年 1 月 1 日起,未因违反《洗钱法》、《中华人民共和国环境保护法》、《税收征管法》、《中华人民共和国发票管理办法》或者《再生资源回收管理办法》受到刑事处罚或者县级以上工商、商务、环保、税务、公安机关相应的行政处罚(警告和罚款除外)。

(2)退税比例。对符合退税条件的纳税人 2009 年销售再生资源实现的增值税,按 70% 的比例退回给纳税人;对其 2010 年销售再生资源实现的增值税,按 50% 的比例退回给纳税人。

企业符合增值税即征即退条件的,向财政部驻各地财政监察专员办事处及相关财政机关提出申请,经相关部门审核批准后,收到退税款。会计处理为:

借:银行存款

　　贷:营业外收入——政府补助

【例 3-42】 某企业 2009 年 12 月将 2008 年 1 月购置的办公设备出售,取得收入 50 000 元,固定资产原值为 150 000 元,累计折旧 50 000 元。

该企业销售自己使用过的固定资产,在增值税征税范围,适用小规模纳税人销售自己使用过的固定资产,减按 2%征收率征收增值税。

销售额＝含税销售额÷(1＋3%)＝50 000÷(1＋3%)＝48 544(元)

应纳税额＝销售额×2%＝48 544×2%＝971(元)

企业减按 2%缴纳增值税税额,其中 1%的部分 485 元,形成企业所得税收入范围内的政府补助收入。

结转固定资产成本的会计处理如下:

借:固定资产清理　　　　　　　　　　　　　　　　100 000

　累计折旧　　　　　　　　　　　　　　　　　　　50 000

　　贷:固定资产　　　　　　　　　　　　　　　　　　　150 000

取得固定资产清理收入,计算税额。会计处理如下:

借:银行存款　　　　　　　　　　　　　　　　　　50 000

　　贷:固定资产清理　　　　　　　　　　　　　　　　　48 544

　　　　应交税费——应交增值税(销项税额)　　　　　　　971

　　　　营业外收入——政府补助　　　　　　　　　　　　485

上述业务确认的减税形成的政府补助收入 485 元,在会计核算中可以简并在"固定资产清理"的贷方,并转入"营业外收入"或"营业外支出"。会计处理如下:

借:银行存款　　　　　　　　　　　　　　　　　500 000

　　贷:固定资产清理　　　　　　　　　　　　　　　　49 029

　　　　应交税费——应交增值税(销项税额)　　　　　　　971

结转清理损失的会计处理为:

借:营业外支出——非流动资产处置损失　　　　　　51 456

　　贷:固定资产清理　　　　　　　　　　　　　　　　51 456

四、增值税出口退税会计核算

目前我国的出口货物税收政策主要有以下三种形式:出口免税并退税、出口免税不退税、出口不免税也不退税。企业适用不同出口增值税的税收政策,其会计处理也不尽相同。

(一)出口免税并退税

1."免、抵、退"税

实行"免、抵、退"税办法的"免"税,是指对生产企业出口自产货物,免征本企业生产销售环节增值税;"抵"税,是指生产企业出口自产货物所耗用的原材料、零部件、燃料、动力等所含应予退还的进项税额,抵顶内销货物的应纳税额;"退"税,是指生产企业出口的自产货物在当月内应抵顶的进项税额大于应纳税额时,对未抵顶完的部分予以退税。

2."免、抵、退"税的计算

(1)计算当期应纳税额:

$$
\begin{array}{l}当期应纳\\税额\end{array} = \begin{array}{l}当期内销货物的\\销项税额\end{array} - \left(\begin{array}{l}当期进项\\税额\end{array} - \begin{array}{l}当期免、抵、退税不得\\免征和抵扣税额\end{array} \right) - \begin{array}{l}上期留抵\\税额\end{array}
$$

其中:

$$
\begin{array}{l}当期免、抵、退税不\\得免征和抵扣税额\end{array} = \begin{array}{l}出口货物\\离岸价\end{array} \begin{array}{l}外汇人民\\币牌价\end{array} \times \left(\begin{array}{l}出口货物\\征税率\end{array} - \begin{array}{l}出口货物\\退税率\end{array} \right) - \begin{array}{l}免、抵、退税不得免征\\和抵扣税额抵减额\end{array}
$$

$$
\begin{array}{l}免抵退税不得免征\\和抵扣税额抵减额\end{array} = \begin{array}{l}免税购进\\原材料价格\end{array} \times \left(\begin{array}{l}出品货物\\征税率\end{array} - \begin{array}{l}出口货物\\退税率\end{array} \right)
$$

如果当期没有免税购进原材料价格,上述公式中的免、抵、退税不得免征和抵扣税额抵减额,以及后面公式中的免抵税额抵减额就不用计算。

(2)计算免抵退税额:

$$
\begin{array}{l}免、抵、退\\税额\end{array} = \begin{array}{l}出口货物\\离岸价\end{array} \times \begin{array}{l}外汇人民币\\牌价\end{array} \times \begin{array}{l}出口货物\\退税率\end{array} - \begin{array}{l}免、抵、退税额\\抵减额\end{array}
$$

其中:

$$免、抵、退税额抵减额 = 免税购进原材料价格 \times 出口货物退税率$$

(3)比较确定当期免抵税额:

①如当期应纳税额>0,则无退税额。

②如当期应纳税额<0,当期期末留抵税额≤当期免、抵、退税额,则当期应退税额=当期期末留抵税额,当期免、抵税额=当期免、抵、退税额-当期应退税额。

③如当期应纳税额<0,当期期末留抵税额>当期免、抵、退税额,则当期应退税额=当期免、抵、退税额,当期免、抵税额=0。

3."免、抵、退"税的会计核算

按当期《生产企业出口货物"免、抵、退"税汇总申报表》上的申报数分别以下三种情况进行会计处理:

(1)申报的应退税额=0,申报的应免、抵税额>0时,作如下会计处理:

借:应交税费——应交增值税(出口抵减内销产品应纳税额,即申报的应免、抵税额)

贷:应交税费——应交增值税(出口退税)

(2)申报的应退税额>0,且免、抵税额>0时,作如下会计处理:

借:应收账款——应收出口退税款——增值税(申报的应退税额)

应交税费——应交增值税(出口抵减内销产品应纳税额,即申报的应免抵税额)

贷:应交税费——应交增值税(出口退税)

(3)申报的应退税额>0,申报的免、抵税额=0时,作如下会计处理:

借:应收账款——应收出口退税款——增值税(申报的应退税额)

贷:应交税费——应交增值税(出口退税)

企业在收到出口退税时作如下会计处理:

借:银行存款

贷:应收账款——应收出口退税款——增值税

【例 3-23】 某有进出口经营权的 A 企业为增值税一般纳税人,按照免、抵、退税办法办理出口退税,所生产产品的增值税征税率为 17%,出口退税率为 15%。该企业 2010 年 11 月从国内累计采购生产所需原材料等取得的增值税专用发票注明的价款为 100 万元,进项税额 17 万元,进项发票已通过认证,材料均已验收入库。本月内销产品含增值税的销售额为 58.5 万元,已收存银行,自营出口货物销售额折合人民币 41.5 万元。期初留底税额为 2 万元。

根据上述资料和规定公式计算有关数据,同时进行会计处理(见表3-10)。

①购进货物进项税额:

借:原材料　　　　　　　　　　　　　　　　　　1 000 000

　　应交税费——应交增值税(进项税额)　　　　　170 000

　　贷:银行存款/应付账款　　　　　　　　　　　　　1 170 000

②计算结转当期免、抵、退税不得免征和抵扣税额=415 000×(17%-15%)=8 300(元)。

借:生产成本/主营业务成本　　　　　　　　　　8 300

　　贷:应交税费——应交增值税(进项税额转出)　　　8 300

③货物境内实现销售:

借:银行存款　　　　　　　　　　　　　　　　　585 000

　　贷:主营业务收入——内销收入　　　　　　　　　500 000

　　　　应交税费——应交增值税(销项税额)　　　　85 000

④境外销售货物:

借:应收外汇账款　　　　　　　　　　　　　　　415 000

　　贷:主营业务收入——外销收入　　　　　　　　　415 000

⑤计算和确定本期应退税额:

当期应纳税额=500 000×17%-(170 000-8 300)-20 000=-96 700(元)

出口货物免、抵、退税额＝415 000×15％＝62 250(元)

从计算结果可以看出,应纳税额为负数,反映的是未抵税额,说明企业出口货物准予抵扣和退税的进项税额,没有在内销货物应纳税额中得到全部抵减,未抵减的部分需要退税。但由于当期未抵税额＞当期免、抵、退税额,只能按免、抵、退税额退税。上述业务会计处理为:

借:应收出口退税款　　　　　　　　　　　　　　62 250

　　贷:应交税费——应交增值税(出口退税)　　　　　　62 250

表 3-10　应交税费——应交增值税

单位:万元

年		摘　要	借　　方					贷　　方				借或贷	余　额
月	日		进项税额	已交税金	减免税款	出口抵减内销产品应纳税额	转出未交增值税	销项税额	出口退税	进项税额转出	转出多交增值税		
		月初余额										借	2
			17					8.5	6.225	0.83		借	3.445
合　计													

其中,3.445万元结转到下期抵扣,免抵税额为0万元。

【例3-44】　假设【例3-43】中的购进货物的进项税额为80 000元,其他资料不变。计算和确定本期应退税额。

当期应纳税额＝85 000－(80 000－8 300)－20 000＝－6 700(元)

当期免、抵、退税额＝415 000×15％＝62 250(元)

当期应退税额为6 700元,则:

当期免、抵税额＝62 250－6 700＝55 550(元)

企业退税的会计处理如下(见表3-11):

借:其他应收款——应收出口退税款　　　　　　　　6 700

　　应交税费——应交增值税(出口抵减内销产品应纳税额)

　　　　　　　　　　　　　　　　　　　　　　　55 550

　　贷:应交税费——应交增值税(出口退税)　　　　　　62 250

表 3-11　应交税费——应交增值税

单位:万元

年 月 日	摘要	借方					贷方				借或贷	余额
		进项税额	已交税金	减免税款	出口抵减内销产品应纳税额	转出未交增值税	销项税额	出口退税	进项税额转出	转出多交增值税		
	月初余额										借	2
		8		5.555		8.5	6.225	0.83				0
合计												

【例 3-45】　假设【例 3-43】中的当期进项税额为 30 000 元,其他资料不变。根据上述资料和规定公式计算有关数据,同时进行会计处理(见表 3-12)。

表 3-12　应交税费——应交增值税

单位:万元

年 月 日	摘要	借方					贷方				借或贷	余额
		进项税额	已交税金	减免税款	出口抵减内销产品应纳税额	转出未交增值税	销项税额	出口退税	进项税额转出	转出多交增值税		
	月初余额										借	2
		3		6.225	4.33	8.5	6.225	0.83				0
合计												

当期应纳税额＝85 000－(30 000－8 300)－20 000＝43 300(元)

由于当期应纳税额＞0,所以当期应退税为 0 元,免抵退税额＝415 000×

$15\% = 62\ 250(元)$。

借:应交税费——应交增值税(出口抵减内销产品应纳税额)

                    62 250

    贷:应交税费——应交增值税(出口退税)   62 250

借:应交税费——未交增值税   43 300

    贷:应交税费——应交增值税(转出未交增值税)   43 300

(二)出口免税不退税

1. 出口免税不退税的政策适用范围

出口免税是指对货物在出口环节不征增值税、消费税,这是把货物在出口环节与出口前的销售环节都视为一个征税环节。出口不退税是指对这些货物出口不退还出口前所负担税款,出口退税率为零适用这一政策。

出口免税主要适用于生产性企业的小规模纳税人自营出口货物、来料加工货物、间接出口货物和一些特定的商品等。在会计核算上要区分一般贸易出口免税、来料加工贸易免税和间接出口免税三种不同的情况。

2. 出口免税不退税的政策具体操作

(1)将出口收入计入主营业务收入,不计算应收退税款。

(2)因为是出口免税,应将该出口商品用国内采购材料的进项税额进行进项转出,计入主营业务成本。

如果该企业是生产企业,除了有出口免税收入之外,还有内销收入等,需按一定的比例将出口免税耗用的国内采购材料的进项税额计算并转出。

【例 3-46】 A 企业为一定生产性企业,2010 年 10 月出口甲商品,取得出口收入 10 万美元,没有内销收入,当月可抵扣进项税额为 5 万元。假设甲商品为免税商品,汇率比例是:1 美元=6.6 元人民币,A 企业该月无留抵税额。

①计算出口销售收入:

借:应收账款   660 000

    贷:主营业务收入——外销收入   660 000

②将进项税额转入主营业务成本:

借:主营业务成本   50 000

    贷:应交税费——应交增值税(进项税额转出)   50 000

如果该企业除了有出口免税收入之外,还有出口退税收入、内销收入等,需按一定的比例将出口免税耗用的国内采购材料的进项税额计算并转出。

(三)出口不免税也不退税

1. 出口不免税也不退税政策的适用范围

出口不免税也不退税,表现为退税率为零。出口退税率为零主要适用于一些国家限制出口的商品。根据《国家税务总局关于出口货物退(免)税若干问题的通知》(国税发〔2006〕102号)规定,出口企业出口的下列货物,除另有规定外,视同内销货物计提销项税额或征收增值税:(1)国家明确规定不予退(免)增值税的货物;(2)出口企业未在规定期限内申报退(免)税的货物;(3)出口企业虽已申报退(免)税但未在规定期限内向税务机关补齐有关凭证的货物;(4)出口企业未在规定期限内申报开具《代理出口货物证明》的货物;(5)生产企业出口的除四类视同自产产品以外的其他外购货物。

2. 出口不免税也不退税政策的具体操作

出口退税率为零的货物视同内销,具体操作如下:

(1)将出口收入计入主营业务收入,同时根据下列公式计算销项税额:

①一般纳税人以一般贸易方式出口上述货物计算销项税额公式:

$$\frac{销项}{税额} = \frac{出口货物}{离岸价格} \times \frac{外汇人民币}{牌价} \div \left(1 + \frac{法定增值税}{税率}\right) \times \frac{法定增值税}{税率}$$

②一般纳税人以进料加工复出口贸易方式出口上述货物,以及小规模纳税人出口上述货物计算应纳税额公式:

$$\frac{应纳}{税额} = \left(\frac{出口货物}{离岸价格} \times \frac{外汇人民币}{牌价}\right) \div (1 + 征收率) \times 征收率$$

(2)该货物的进项税额不需作转出,可以直接进行抵扣。

应计提销项税额的出口货物,如果生产企业已按规定计算免、抵、退税不得免征和抵扣税额并已转入成本科目的,可以从成本科目转入进项税额科目。外贸企业如果已按规定计算征税率与退税率之差,并已转入成本科目的,可将征税率与退税率之差及转入应收出口退税的金额转入进项税额科目。

【例3-47】 A公司为一生产性企业,2008年10月出口甲商品,取得出品收入100 000美元,没有内销收入,当月可抵扣进项税额为5万元。假设甲商品为退税率是零的商品,汇率比例是:1美元=6.8元人民币,增值税税率为17%,A公司该月无留抵税额。

①计算出口收入及销项税额:

销项税额先换算成不含税的收入=100 000×6.8÷(1+17%)

=581 197(元)

销项税额=581 197×17%=98 803(元)

借:应收账款　　　　　　　　　　　　　　　　680 000
　　贷:主营业务收入——出口收入　　　　　　　　581 197
　　　　应交税费——应交增值税(销项税额)　　　　98 803

②将销项税额与可抵扣进项税额相减计算该月应纳增值税税额,如表 3-13 所示。

表 3-13　应交税费——应交增值税

单位:万元

年		摘　要	借　方					贷　方				借或贷	余　额
月	日		进项税额	已交税金	减免税款	出口抵减内销产品应纳税额	转出未交增值税	销项税额	出口退税	进项税额转出	转出多交增值税		
			5				4.880 3	9.880 3					0
合　计													

借:应交税费——未交增值税　　　　　　　　　　48 803
　　贷:应交税费——应交增值税(转出未交增值税)　　48 803

第五节　增值税余额结转与增值税查补会计核算

一、增值税缴纳与余额结转

(一)"应交税费——应交增值税"账簿期末的具体分析

"应交税费——应交增值税"多栏式账簿(见表 3-14),反映企业纳税申报期(一个月)增值税款的形成。

(1)"应交税费——应交增值税"期末借方余额。"应交税费——应交增值税"期末借方余额,反映企业当期留抵额。

表 3-14 应交税费——应交增值税

单位:万元

年 月 日	摘要	借方					贷方				借或贷	余额
		进项税额	已交税金	减免税款	出口抵减内销产品应纳税额	转出未交增值税	销项税额	出口退税	进项税额转出	转出多交增值税		
合 计												

【例 3-48】 A 企业以一个月为纳税期限,2010 年 12 月 31 日"应交税费——应交增值税"期末合计数情况如表 3-15 所示。

表 3-15 应交税费——应交增值税

单位:万元

年 月 日	摘要	借方					贷方				借或贷	余额
		进项税额	已交税金	减免税款	出口抵减内销产品应纳税额	转出未交增值税	销项税额	出口退税	进项税额转出	转出多交增值税		
合 计		400					300				借	100

企业本期出现借方余额为 100 万元,为留作下期抵扣进项税额。企业无须作会计处理。

【例 3-49】 A 企业以小于一个月为纳税期限,2010 年 12 月 31 日"应交

税费——应交增值税"期末合计数情况如表 3-16 所示。

表 3-16　应交税费——应交增值税

单位:万元

年		摘　要	借　方					贷　方				借或贷	余　额
月	日		进项税额	已交税金	减免税款	出口抵减内销产品应纳税额	转出未交增值税	销项税额	出口退税	进项税额转出	转出多交增值税		
合　计			400	50				300				借	150

企业本期出现借方为 150 万元,为留作下期抵扣进项税额。企业无须作会计处理。

(2)"应交税费——应交增值税"期末余额为零。

"应交税费——应交增值税"期末余额为零,为以下几种业务情形:

①企业以小于一个月为纳税期限,已预交税额大于应交税额,形成"转出多交增值税"。

【例 3-50】　假设 A 企业以 10 日为一个纳税期限,2010 年 12 月 31 日"应交税费——应交增值税"期末合计数情况如表 3-17 所示。

表 3-17　应交税费——应交增值税

单位:万元

年		摘　要	借　方					贷　方				借或贷	余　额
月	日		进项税额	已交税金	减免税款	出口抵减内销产品应纳税额	转出未交增值税	销项税额	出口退税	进项税额转出	转出多交增值税		

续 表

年		摘 要	借 方		贷 方		借或贷	余 额
月	日							
合 计			100	80	150		30	0

上述数据反映企业当期应纳增值税额＝150－100＝50(万元)

多交增值税税额＝80－50＝30(万元)

多交增值税税额30万元作下期退税或抵补下期应交增值税处理。

②企业以小于一个月为纳税期限,已预交税额小于应交税额,应补交税款形成"转出未交增值税"。

【例3-51】 假设A企业以10日为一个纳税期限,2010年12月31日"应交税费——应交增值税"期末合计数情况如表3-18所示。

表3-18 应交税费——应交增值税

单位:万元

年		摘 要	借 方					贷 方				借或贷	余 额
月	日		进项税额	已交税金	减免税款	出口抵减内销产品应纳税额	转出未交增值税	销项税额	出口退税	进项税额转出	转出多交增值税		
合 计			200	80			20	300					0

上述数据反映企业当期应纳增值税税额＝300－200＝100(万元)

应补交增值税税额＝100－80＝20(万元)

补交增值税税额20万元作下期会计处理。

③企业以一个月为纳税期限,形成"转出未交增值税"。

企业以一个月为纳税期限,形成"转出未交增值税",反映纳税人纳税申报期应交纳增值税税额。

【例3-52】　假设 A 企业以一个纳税期限，2010 年 12 月 31 日"应交税费——应交增值税"期末合计数情况如表 3-19 所示。

表 3-19　应交税费——应交增值税

单位：万元

年 月　日	摘　要	借　方					贷　方				借或贷	余　额
		进项税额	已交税金	减免税款	出口抵减内销产品应纳税额	转出未交增值税	销项税额	出口退税	进项税额转出	转出多交增值税		
合　计		200				100	300					0

上述数据反映企业当期应纳增值税＝300－200＝100（万元）

形成"转出未交增值税"，反映纳税人纳税申报期应交增值税税额为 100 万元。

（二）应交税费——未交增值税

"应交税费——未交增值税"反映企业税款缴纳的状况。如果纳税人以一个月为纳税期限，则贷方反映企业纳税期限终了应交的增值税；借方反映在纳税申报表已交的上期增值税款；纳税申报期限终了（15 日后），如果出现贷方余额，为欠税额。

（1）"应交税费——未交增值税"账户具体核算内容如表 3-20 所示。

表 3-20　应交税费——应交增值税

借　方	贷　方
1. 期初数反映企业上期多缴纳税款	1. 期初数反映企业上期应纳税款，即纳税申报期应申报缴纳税款的金额
2. 本期发生额反映纳税申报期企业实际缴纳增值税款的金额	2. 本期发生额反映企业多缴税款的返还金额

（2）"应交税费——未交增值税"与"应交税费——应交增值税"产生对应关系。

【例 3-53】 承【例 3-52】，企业在 2011 年 1 月 10 日缴纳增值税 100 万元。2010 年 12 月 31 日，企业会计处理：

借：应交税费——应交增值税（转出未交增值税）　　　1 000 000
　　贷：应交税费——未交增值税　　　　　　　　　　　　　　1 000 000
2010 年 1 月 10 日，缴纳增值税会计处理：
借：应交税费——未交增值税　　　　　　　　　　　1 000 000
　　贷：银行存款　　　　　　　　　　　　　　　　　　　　　1 000 000

二、增值税查补税款会计核算

税务部门对企业进行增值税检查，或者企业对缴纳增值税的情况进行自查，通过检查确定纳税人以前期少缴税款应补增值税，或者多缴税款应退增值税，需要通过"应交税费——增值税检查调整"进行核算。应补增值税贷记"应交税费——增值税检查调整"科目，应退增值税借记"应交税费——增值税检查调整"科目。具体核算内容如表 3-21 所示。

表 3-21　应交税费——增值税检查调整

借　方	贷　方
①调增进项税额 ②调减销项税额 ③调减进项税额转出	④调减进项税额 ⑤调增销项税额 ⑥调增进项税额转出
借方余额：⑦转入"应交税费——应交增值税（进项税额）"借方	贷方余额：⑧分不同情况处理

根据国家税务总局《增值税日常稽查办法》规定：增值税一般纳税人在税务机关对其增值税纳税情况进行检查后，凡涉及增值税涉税账务调整的，应设立"应交税费——增值税检查调整"专门账户。凡检查后应调减账面进项税额或调增销项税额和进项税额转出的数额，借记有关科目，贷记本科目；凡检查后应调增账面进项税额或调减销项税额和进项税额转出的数额，借记本科目，贷记有关科目；全部调账事项入账后，应结出本账户的余额，并对该余额进行处理。处理之后，本账户无余额。若为借方余额⑦转入"应交税费——应交增值税（进项税额）"；若为贷方余额⑧，则需分不同情况处理："应交税费——应

交增值税"无余额时,贷方余额⑧全部转入"应交税费——未交增值税"贷方;"应交增值税"有借方余额且大于或等于⑧时,将⑧转入"应交税费——应交增值税"贷方;"应交税费——应交增值税"有借方余额且小于⑧时,将⑧转入"应交税费——应交增值税"贷方后的余额再转入"应交税费——未交增值税"贷方。

【例 3-54】　A 企业为增值税一般纳税人。2010 年 12 月,增值税纳税资料:当期销项税额为 236 000 元,当期进项税额为 247 000 元。"应交税费——应交增值税"账户的借方余额为 11 000 元。

2011 年 1 月 20 日税务机关对其检查时,查阅相关凭证,发现有如下问题:

①12 月 3 日,发出产品(非消费税应税产品)一批用于捐赠,成本价为80 000 元,市场价为 100 000 元,企业会计处理:

借:营业外支出　　　　　　　　　　　　　　　80 000
　　贷:库存商品　　　　　　　　　　　　　　　　80 000

②12 月 24 日,为基建工程购入材料 35 100 元,企业会计处理:

借:在建工程　　　　　　　　　　　　　　　　30 000
　　应交税费——应交增值税(进项税额)　　　　　5 100
　　贷:银行存款　　　　　　　　　　　　　　　　35 100

根据以上业务,进行检查调整相关会计处理。

①捐赠产品视同销售行为:

应纳税额 = 100 000×17% = 17 000(元)

借:营业外支出　　　　　　　　　　　　　　　17 000
　　贷:应交税费——增值税检查调整　　　　　　　17 000

②购进材料用于非应税项目,不得抵扣进项税额:

借:在建工程　　　　　　　　　　　　　　　　5 100
　　贷:应交税费——增值税检查调整　　　　　　　5 100

③确定补缴税金:

当期应补税额 = 236 000 − 247 000 + 17 000 + 5 100
　　　　　　 = 11 100(元)

借:应交税费——增值税检查调整　　　　　　　22 100
　　贷:应交税费——未交增值税　　　　　　　　　11 100
　　　　　　　　——应交增值税　　　　　　　　　11 000

第六节 增值税纳税申报

一、增值税纳税期限和纳税申报时间

(一)增值税纳税期限

增值税的纳税期限分别为 1 日、3 日、5 日、10 日、15 日、1 个月或者 1 个季度。纳税人的具体纳税期限,由主管税务机关根据纳税人应纳税额的大小分别核定;不能按照固定期限纳税的,可以按次纳税。以 1 个季度为纳税期限的规定仅适用于小规模纳税人。小规模纳税人的具体纳税期限,由主管税务机关根据其应纳税额的大小分别核定。

(二)增值税纳税申报时间

纳税人以 1 个月或者 1 个季度为 1 个纳税期的,自期满之日起 15 日内申报纳税;以 1 日、3 日、5 日、10 日或者 15 日为 1 个纳税期的,自期满之日起 5 日内预缴税款,于次月 1 日起 15 日内申报纳税并结清上月应纳税款。

纳税人应按月进行纳税申报,申报期为次月 1 日起至 15 日止,遇最后一日为法定节假日的,顺延 1 日;在每月 1 日至 15 日内有连续 3 日以上法定休假日的,按休假日天数顺延。

二、增值税纳税申报表的构成及填报

根据《关于调整增值税纳税申报有关事项的通知》(国税函〔208〕1075号)及《增值税一般纳税人纳税申报办法》(国税发〔2003〕53 号),增值税纳税申报表分为适用于一般纳税人和小规模纳税人的申报表;适用于一般纳税人的申报表,包括一张主表和四张附表。增值税纳税申报表的表样及填报要求如下。

(一)《增值税纳税申报表》(适用于增值税一般纳税人)

(1)《增值税纳税申报表》(适用于增值税一般纳税人)构成如表 3-22所示。

表3-22　增值税纳税申报表(适用于增值税一般纳税人)

根据《中华人民共和国增值税暂行条例》第22条和第23条的规定制定本表。纳税人不论有无销售额,均应按主管税务机关核定的纳税期限按期填报本表,并于次月1日起15日内,向当地税务机关申报。

税款所属时间: 年 月 日至 年 月 日　填表日期: 年 月 日　金额单位:元(至角分)

纳税人识别号					
纳税人名称	(公章)		法定代表人姓名		
开户银行及账号					

| 所属行业 | | 注册地址 | | 营业地址 | |
| 企业登记注册类型 | | | | 电话号码 | |

项　目	栏次	一般货物及劳务		即征即退货物及劳务	
		本月数	本年累计	本月数	本年累计
销售额 (一)按适用税率征税货物及劳务销售额	1				
其中:应税货物销售额	2				
应税劳务销售额	3				
纳税检查调整销售额	4				
(二)按简易征收办法征收货物销售额	5				
其中:纳税检查调整销售额	6				
(三)免、抵、退办法出口货物销售额	7			—	—
(四)免税货物及劳务销售额	8			—	—
其中:免税货物销售额	9			—	—
免税劳务销售额	10			—	—

续 表

项 目		栏 次	一般货物及劳务		即征即退货物及劳务	
			本月数	本年累计	本月数	本年累计
	销项税额	11		—		—
	进项税额	12		—		—
	上期留抵税额	13		—		—
	进项税额转出	14		—		—
	免、抵、退货物应退税额	15		—		—
	按适用税率计算的纳税检查应补缴税额	16		—		—
税 款 计 算	应抵扣税额合计	17＝12＋13－14 －15＋16		—		—
	实际抵扣税额	18（如 17＜11,则为 17,否则为 11）		—		—
	应纳税额	19＝11－18				
	期末留抵税额	20＝17－18		—		—
	按简易征收办法计算的应纳税额	21				
	按简易征收办法计算的纳税检查应补缴税额	22				
	应纳税额减征额	23				
	应纳税额合计	24＝19＋21－23				

续表

项　目	栏　次	一般货物及劳务		即征即退货物及劳务	
		本月数	本年累计	本月数	本年累计
期初未缴税额（多缴为负数）	25			—	—
实收出口开具专用缴款书退税额	26			—	—
本期已缴税额	27=28+29+30+31			—	—
（1）分次预缴税额	28		—	—	—
（2）出口开具专用缴款书预缴税额	29			—	—
（3）本期缴纳上期应纳税额	30			—	—
（4）本期缴纳欠缴税额	31			—	—
期末未缴税额（多缴为负数）	32=24+25+26−27				
其中：欠缴税额（≥0）	33=25+26−27			—	—
本期应补（退）税额	34=24−28−29			—	—
即征即退实际退税额	35	—			
期初未缴查补税额	36			—	—
本期入库查补税额	37			—	—
期末未缴查补税额	38=16+22+36−37				

税款缴纳

授权声明：如果你已委托代理人申报，请填写以下资料：为代理一切税务事宜，现授权（地址）　　　为本纳税人的代理申报人，任何与本申报表有关的往来文件，都可寄予此人。授权人签字：

申报人声明：此纳税申报表是根据《中华人民共和国增值税暂行条例》的规定填报的，我相信它是真实的、可靠的、完整的。声明人签字：

以下由税务机关填写

收到日期：　　　　接收人：　　　　主管税务机关盖章：

（2）增值税纳税申报表（适用于增值税一般纳税人）填报。

第 1 项"**按适用税率征税货物及劳务销售额**"栏数据，填写纳税人本期按适用税率缴纳增值税的应税货物和应税劳务的销售额（销货退回的销售额用负数表示）。包括在财务上不作销售但按我国税法规定应交纳增值税的视同销售货物和价外费用销售额，外贸企业作价销售进料加工复出口的货物、税务、财政、审计部门检查按适用税率计算调整的销售额。"一般货物及劳务"的"本月数"栏数据与"即征即退货物及劳务"的"本月数"栏数据之和，应等于"附表一"第 7 栏的"小计"中"销售额"数。"本年累计"栏数据，应为年度内各月数之和。

第 2 项"**应税货物销售额**"栏数据，填写纳税人本期按适用税率缴纳增值税的应税货物的销售额（销货退回的销售额用负数表示）。包括在财务上不作销售但按我国税法规定应交纳增值税的视同销售货物和价外费用销售额，以及外贸企业作价销售进料加工复出口的货物。"一般货物及劳务"的"本月数"栏数据与"即征即退货物及劳务"的"本月数"栏数据之和，应等于"附表一"第 5 栏的"应税货物"中 17％税率"销售额"与 13％税率"销售额"的合计数。"本年累计"栏数据，应为年度内各月数之和。

第 3 项"**应税劳务销售额**"栏数据，填写纳税人本期按适用税率缴纳增值税的应税劳务的销售额。"一般货物及劳务"的"本月数"栏数据与"即征即退货物及劳务"的"本月数"栏数据之和，应等于"附表一"第 5 栏"应税劳务"中的"销售额"数。"本年累计"栏数据，应为年度内各月数之和。

第 4 项"**纳税检查调整销售额**"栏数据，填写纳税人本期因税务、财政、审计部门检查，并按适用税率计算调整的应税货物和应税劳务的销售额。但享受即征即退税收优惠政策的货物及劳务经税务稽查发现偷税的，不得填入"即征即退货物及劳务"部分，而应将本部分销售额在"一般货物及劳务"栏中反映。"一般货物及劳务"的"本月数"栏数据与"即征即退货物及劳务"的"本月数"栏数据之和，应等于"附表一"第 6 栏的"小计"中的"销售额"数。"本年累计"栏数据，应为年度内各月数之和。

第 5 项"**按简易征收办法征税货物销售额**"栏数据，填写纳税人本期按简易征收办法征收增值税货物的销售额（销货退回的销售额用负数表示）。包括税务、财政、审计部门检查，并按简易征收办法计算调整的销售额。"一般货物及劳务"的"本月数"栏数据与"即征即退货物及劳务"的"本月数"栏数据之和，应等于"附表一"第 14 栏的"小计"中的"销售额"数。"本年累计"栏数据，应为年度内各月数之和。

第 6 项"**纳税检查调整销售额**"栏数据，填写纳税人本期因税务、财政、审计部门检查,并按简易征收办法计算调整的销售额,但享受即征即退税收优惠政策的货物及劳务经税务稽查发现偷税的,不得填入"即征即退货物及劳务"部分,而应将本部分销售额在"一般货物及劳务"栏中反映。"一般货物及劳务"的"本月数"栏数据与"即征即退货物及劳务"的"本月数"栏数据之和,应等于"附表一"第13栏的"小计"中的"销售额"数。"本年累计"栏数据,应为年度内各月数之和。

第7项"免、抵、退办法出口货物销售额"栏数据,填写纳税人本期执行免、抵、退办法出口货物的销售额(销货退回的销售额用负数表示)。"本年累计"栏数据,应为年度内各月数之和。

第8项"免税货物及劳务销售额"栏数据,填写纳税人本期按照我国税法规定直接免征增值税的货物及劳务的销售额及适用零税率的货物及劳务的销售额(销货退回的销售额用负数表示),但不包括适用免、抵、退办法出口货物的销售额。"一般货物及劳务"的"本月数"栏数据,应等于"附表一"第18栏的"小计"中的"销售额"数。"本年累计"栏数据,应为年度内各月数之和。

第9项"免税货物销售额"栏数据,填写纳税人本期按照我国税法规定直接免征增值税货物的销售额及适用零税率货物的销售额(销货退回的销售额用负数表示),但不包括适用免、抵、退办法出口货物的销售额。"一般货物及劳务"的"本月数"栏数据,应等于"附表一"第18栏的"免税货物"中的"销售额"数。"本年累计"栏数据,应为年度内各月数之和。

第10项"免税劳务销售额"栏数据,填写纳税人本期按照我国税法规定直接免征增值税劳务的销售额及适用零税率劳务的销售额(销货退回的销售额用负数表示)。"一般货物及劳务"的"本月数"栏数据,应等于"附表一"第18栏的"免税劳务"中的"销售额"数。"本年累计"栏数据,应为年度内各月数之和。

第11项"销项税额"栏数据,填写纳税人本期按适用税率计征的销项税额。该数据应与"应交税金——应交增值税"明细科目贷方"销项税额"专栏本期发生数一致。"一般货物及劳务"的"本月数"栏数据与"即征即退货物及劳务"的"本月数"栏数据之和,应等于"附表一"第7栏的"小计"中的"销项税额"数。"本年累计"栏数据,应为年度内各月数之和。

第12项"进项税额"栏数据,填写纳税人本期申报抵扣的进项税额。该数据应与"应交税金——应交增值税"明细科目借方"进项税额"专栏本期发生数一致。"一般货物及劳务"的"本月数"栏数据与"即征即退货物及劳务"的"本月数"栏数据之和,应等于"附表二"第12栏中的"税额"数。"本年累计"栏数据,应为年度内各月数之和。

第13项"上期留抵税额"栏数据,为纳税人前一申报期的"期末留抵税额"数,该数据应与"应交税金——应交增值税"明细科目借方月初余额一致。

第14项"进项税额转出"栏数据,填写纳税人已经抵扣但按我国税法规定应作进项税额转出的进项税额总数,但不包括销售折扣、折让、销货退回等应负数冲减当期进项税额的数额。该数据应与"应交税金——应交增值税"明细科目贷方"进项税额转出"专栏本期发生数一致。"一般货物及劳务"的"本月数"栏数据与"即征即退货物及劳务"的"本月数"栏数据之和,应等于"附表二"第13栏中的"税额"数。"本年累计"栏数据,应为年度内各月数之和。

第15项"免、抵、退货物应退税额"栏数据,填写退税机关按照出口货物免、抵、退办法审批的应退税额。"本年累计"栏数据,应为年度内各月数之和。

第16项"按适用税率计算的纳税检查应补缴税额"栏数据,填写税务、财政、审计部门检查按适用税率计算的纳税检查应补缴税额。"本年累计"栏数据,应为年度内各月数之和。

第17项"应抵扣税额合计"栏数据,填写纳税人本期应抵扣进项税额的合计数。

第18项"实际抵扣税额"栏数据,填写纳税人本期实际抵扣的进项税额。"本年累计"栏数据,应为年度内各月数之和。

第19项"按适用税率计算的应纳税额"栏数据,填写纳税人本期按适用税率计算并应交纳的增值税额。"本年累计"栏数据,应为年度内各月数之和。

第20项"期末留抵税额"栏数据,为纳税人在本期销项税额中尚未抵扣完,留待下期继续抵扣的进项税额。该数据应与"应交税金——应交增值税"明细科目借方月末余额一致。

第21项"按简易征收办法计算的应纳税额"栏数据,填写纳税人本期按简易征收办法计算并应交纳的增值税税额,但不包括按简易征收办法计算的纳税检查应补缴税额。"一般货物及劳务"的"本月数"栏数据与"即征即退货物及劳务"的"本月数"栏数据之和,应等于"附表二"第12栏的"小计"中的"应纳税额"数。"本年累计"栏数据,应为年度内各月数之和。

第22项"按简易征收办法计算的纳税检查应补缴税额"栏数据,填写纳税人本期因税务、财政、审计部门检查并按简易征收办法计算的纳税检查应补缴税额。"一般货物及劳务"的"本月数"栏数据与"即征即退货物及劳务"的"本月数"栏数据之和,应等于"附表一"第13栏的"小计"中的"应纳税额"数。"本年累计"栏数据,应为年度内各月数之和。

第23项"应纳税额减征额"栏数据,填写纳税人本期按照我国税法规定减征的增值税应纳税额。"本年累计"栏数据,应为年度内各月数之和。

第 24 项"应纳税额合计"栏数据,填写纳税人本期应交增值税的合计数。"本年累计"栏数据,应为年度内各月数之和。

第 25 项"期初未缴税额(多缴为负数)"栏数据,为纳税人前一申报期的"期末缴税额(多缴为负数)"。

第 26 项"实收出口开具专用缴款书退税额"栏数据,填写纳税人本期实际收到税务机关退回的,因开具《出口货物税收专用缴款书》而多缴的增值税款。该数据应根据"应交税金——未交增值税"明细科目贷方本期发生额中"收到税务机关退回的多缴增值税款"数据填列。"本年累计"栏数据,为年度内各月数之和。

第 27 项"本期已缴税额"栏数据,是指纳税人本期实际缴纳的增值税税额,但不包括本期入库的查补税款。"本年累计"栏数据,为年度内各月数之和。

第 28 项"(1)分次预缴税额"栏数据,填写纳税人本期分次预缴的增值税税额。

第 29 项"(2)出口开具专用缴款书预缴税额"栏数据,填写纳税人本期销售出口货物而开具专用缴款书向主管税务机关预缴的增值税税额。

第 30 项"(3)本期缴纳上期应纳税额"栏数据,填写纳税人本期上缴上期应交未缴的增值税税额,包括缴纳上期按简易征收办法计提的应交未缴的增值税税额。"本年累计"栏数据,为年度内各月数之和。

第 31 项"(4)本期缴纳欠缴税额"栏数据,填写纳税人本期实际缴纳的增值税欠税额,但不包括缴纳入库的查补增值税税额。"本年累计"栏数据,为年度内各月数之和。

第 32 项"期末未缴税额(多缴为负数)"栏数据,为纳税人本期期末应交未缴的增值税税额,但不包括纳税检查应交未缴的税额。"本年累计"栏与"本月数"栏数据相同。

第 33 项,"欠缴税额(≥0)"栏数据,为纳税人按照我国税法规定已形成欠税的数额。

第 34 项"本期应补(退)税额"栏数据,为纳税人本期应纳税额中应补缴或应退回的数额。

第 35 项"即征即退实际退税额"栏数据,填写纳税人本期因符合增值税即征即退优惠政策规定,而实际收到的税务机关返还的增值税税额。"本年累计"栏数据,为年度内各月数之和。

第 36 项"期初未缴查补税额"栏数据,为纳税人前一申报期的"期末未缴查补税额"。该数据与本表第 25 项"期初未缴税额(多缴为负数)"栏数据之和,应与"应交税金——未交增值税"明细科目期初余额一致。"本年累计"栏数据应填写纳税人上年度末的"期末未缴查补税额"数。

第 37 项"本期入库查补税额"栏数据,填写纳税人本期因税务、财政、审计部门检查而实际入库的增值税款,包括:(1)按适用税率计算并实际缴纳的查补增值税款;(2)按简易征收办法计算并实际缴纳的查补增值税款。"本年累计"栏数据,为年度内各月数之和。

第 38 项"期末未缴查补税额"栏数据,为纳税人纳税检查本期期末应交未缴的增值税税额。该数据与本表第 32 项"期末未缴税额(多缴为负数)"栏数据之和,应与"应交税金——应交增值税"明细科目期初余额一致。"本年累计"栏与"本月数"栏数据相同。

(二)附列资料表

附列资料表主要有以下四个:

(1)《本期销售情况明细》(附表一)如表 3-23 所示。

表 3-23　本期销售情况明细

税款所属时间:　　　年　　　月

纳税人名称:(公章):　　　　填表日期:　年　月　日　　　　金额单位:元至角分

一、按适用税率征收增值税货物及劳务的销售额和销项税额明细

项　目	栏　次	应税货物						应税劳务			小　计		
		17%(税率)			13%(税率)								
		份数	销售额	销项税额	份数	销售额	销项税额	份数	销售额	销项税额	份数	销售额	销项税额
防伪税控系统开具的增值税专用发票	1												
非防伪税控系统开具的增值税专用发票	2	—	—	—	—	—	—	—	—	—	—	—	—
开具普通发票	3												
未开具发票	4	—		—			—			—			—
小　计	5=1+2+3+4	—											
纳税检查调整	6												
合　计	7=5+6												

续　表

二、按简易征收办法征收增值税货物的销售额和应纳税额明细

项　目	栏　次	6%（征收率）份数	销售额	应纳税额	4%（征收率）份数	销售额	应纳税额	小　计 份数	销售额	应纳税额
防伪税控系统开具的增值税专用发票	8									
非防伪税控系统开具的增值税专用发票	9	—	—		—	—				
开具普通发票	10									
未开具发票	11	—			—					
小　计	12＝8＋9＋10＋11	—			—					
纳税检查调整	13	—			—					
合　计	14＝12＋13	—			—					

三、免征增值税货物及劳务销售额明细

项　目	栏　次	6%（征收率）份数	销售额	应纳税额	4%（征收率）份数	销售额	应纳税额	小　计 份数	销售额	应纳税额
防伪税控系统开具的增值税专用发票	15				—	—	—			
开具普通发票	16		—			—				—
未开具发票	17	—			—					—
合　计	18＝15＋16＋17	—			—					

（2）《本期进项税额明细》（附表二）如表3-24所示。

表 3-24 本期进项税额明细

税款所属时间： 年 月

纳税人名称(公章)： 填表日期：年 月 金额单位:元至角分

一、申报抵扣的进项税额

项 目	栏 次	税 额
(一)认证相符的防伪税控增值税专用发票	1	
其中:本期认证相符且本期申报抵扣	2	
前期认证相符且本期申报抵扣	3	
(二)非防伪税控增值税专用发票及其他扣税凭证	4	
其中:海关进口增值税专用缴款书	5	
农产品收购发票或者销售发票	6	
废旧物资发票	7	
运输费用结算单据	8	
6%征收率	9	— — —
4%征收率	10	— — —
(三)外贸企业进项税额抵扣证明	11	— — —
当期申报抵扣进项税额合计	12	

二、进项税额转出额

项 目	栏 次	税 额
本期进项税额转出额	13	
其中:免税货物用	14	
非应税项目用、集体福利、个人消费	15	
非正常损失	16	
按简易征收办法征税货物用	17	
免、抵-退税办法出口货物不得抵扣进项税额	18	
纳税检查调减进项税额	19	
未经认证已抵扣的进项税额	20	
红字专用发票通知单注明的进项税额	21	

三、待抵扣进项税额

项 目	栏 次	税 额
(一)认证相符的防伪税控增值税专用发票	22	— — —
期初已认证相符但未申报抵扣	23	
本期认证相符且本期未申报抵扣	24	
期末已认证相符但未申报抵扣	25	
其中:按照税法规定不允许抵扣	26	

续 表

(二)非防伪税控增值税专用发票及其他扣税凭证	27			
其中:海关进口增值税专用缴款书	28			
农产品收购发票或者销售发票	29			
废旧物资发票	30			
运输费用结算单据	31			
6%征收率	32	—	—	—
4%征收率	33	—	—	—
	34			
四、其他				
本期认证相符的全部防伪税控增值税专用发票	35			
期初已征税款挂账额	36	—	—	—
期初已征税款余额	37	—	—	—
代扣代缴税额	38	—	—	—

注:第 1 栏=第 2 栏+第 3 栏=第 23 栏+第 35 栏-第 25 栏;第 2 栏=第 35 栏-第
24 栏;第 3 栏=第 23 栏+第 24 栏-第 25 栏;第 4 栏=第 5 栏至第 10 栏之和;第
12 栏=第 1 栏+第 4 栏+第 11 栏;第 13 栏=第 14 栏至第 21 栏之和;第 27 栏=
第 28 栏至第 34 栏之和。

(3)《防伪税控增值税专用发票申报抵扣明细》(附表三)如表 3-25 所示。

表 3-25　防伪税控增值税专用发票申报抵扣明细

申报抵扣所属期:　年　月

纳税人识别号:

纳税人名称(公章)　　　　　填表日期:　年　月　日

类　别	序　号	发票代码	发票号码	开票日期	金　额	税　额	销货方纳税人识别号
本期认证相符且本期申报抵扣							
	小　计	—	—	—			
前期认证相符且本期申报抵扣							
	小　计	—	—	—			
	合　计	—	—	—			

注:本表"金额""合计"栏数据应与"附表二"第 1 栏中"金额"项数据相等;本表"税额"
"合计"栏数据应与"附表二"第 1 栏中"税额"项数据相等。

(4)《固定资产进项税额抵扣情况表》(附表四)如表 3-26 所示。

表 3-26 固定资产进项税额抵扣情况

纳税人识别号： 纳税人名称(公章)：

填表日期： 年 月 日 金额单位：元至角分

项 目	当期申报抵扣的固定资产进项税额	当期申报抵扣的固定资产进项税额累计
增值税专用发票		
海关进口增值税专用缴款书		
合 计		

(三)《增值税纳税申报表》(适用小规模纳税人)

《增值税纳税申报表》如表 3-27 所示。

表 3-27 增值税纳税申报表(适用小规模纳税人)

纳税人识别号：☐☐☐☐☐☐☐☐☐☐☐☐☐☐☐☐☐

纳税人名称(公章)： 金额单位：元(列至角分)

税款所属期： 年 月 日至 年 月 日 填表日期： 年 月 日

<table>
<tr><th colspan="2">项 目</th><th>栏 次</th><th>本期数</th><th>本年累计</th></tr>
<tr><td rowspan="9">一、
计税
依据</td><td>(一)应征增值税货物及劳务不含税销售额</td><td>1</td><td></td><td></td></tr>
<tr><td>其中:税务机关代开的增值税专用发票不含税销售额</td><td>2</td><td></td><td></td></tr>
<tr><td>税控器具开具的普通发票不含税销售额</td><td>3</td><td></td><td></td></tr>
<tr><td>(二)销售使用过的应征固定资产不含税销售额</td><td>4</td><td>—</td><td>—</td></tr>
<tr><td>其中:税控器具开具的普通发票不含税销售额</td><td>5</td><td>—</td><td>—</td></tr>
<tr><td>(三)免税货物及劳务销售额</td><td>6</td><td></td><td></td></tr>
<tr><td>其中:税控器具开具的普通发票销售额</td><td>7</td><td></td><td></td></tr>
<tr><td>(四)出口免税货物销售额</td><td>8</td><td></td><td></td></tr>
<tr><td>其中 税控器具开具的普通发票销售额</td><td>9</td><td></td><td></td></tr>
<tr><td rowspan="5">二、
税款
计算</td><td>本期应纳税额</td><td>10</td><td></td><td></td></tr>
<tr><td>本期应纳税额减征额</td><td>11</td><td></td><td></td></tr>
<tr><td>应纳税额合计</td><td>12=
10—11</td><td></td><td></td></tr>
<tr><td>本期预缴税额</td><td>13</td><td></td><td></td></tr>
<tr><td>本期应补(退)税额</td><td>14=
12—13</td><td></td><td></td></tr>
</table>

续　表

纳税人或代理人声明:此纳税申报表是根据国家税收法律的规定填报的,我确定它是真实的、可靠的、完整的。	如纳税人填报,由纳税人填写以下各栏:
	办税人员(签章):　　　　　财务负责人(签章):
	法定代表人(签章):　　　　　联系电话:
	如委托代理人填报,由代理人填写以下各栏:
	代理人名称:　　　经办人(签章):　　　联系电话:
	代理人(公章):

本章小结

本章首先介绍了增值税会计科目与账户设置;然后重点介绍了增值税一般纳税人销项税额、进项税额、进项税额转出等项目的会计核算;接着针对不同类型的减免税介绍了其增值税的会计核算;并介绍了增值税的科目结转和查补税款的处理;最后简要说明增值税征管要素的规定和增值税纳税申报表的填制方法。

复习思考题

一、思考题

1. 增值税会计科目和账户应如何设置?

2. 视同销售的会计处理涉及哪些科目?

3. 简述以物易物等几种特殊交易的会计处理。

4. 企业如何结转应交增值税?查补增值税款如何进行会计处理?

二、业务题

1. F市A企业(一般纳税人工业企业,产品适用增值税税率17%)于2010年10月发生以下业务:

(1)10月1日购进原材料一批,取得增值税专用发票上注明价款为100万元、税金为17万元、支付购货款运费为2万元(含建设基金)。款项已付,取得增值税专用发票。

(2)10月2日进口材料一批,海关完税价格为150万元,材料关税税率为20%,由海关代征进口增值税。各项税款已付,取得增值税专用发票。材料已入库。

(3)10月5日销售货物一批,取得销售收入300万元,已办妥委托收款手续。另随后货物销售的单独计价包装物已收款1.17万元(含税价)。

(4)10月12日将自产货物一批分配给股东,货物售价10万元,成本8万元。

(5)10月15日修建职工餐厅领用产品5万元,成本4万元。

(6)10月20日以自产货物发放职工福利,货物售价3万元,成本2万元。

(7)企业销售产品一批,售价30万元,款项已收,货物发出。没收逾期包装物押金1.17万元。

(8)A企业上月末增值税无欠缴、无留抵。

要求:请为A企业作出本月会计账务处理。

2.红发厂以A产品100件,成本8 000元,售价10 000元,兑换详发厂甲材料500千克,价款10 000元,双方都为对方开具增值税专用发票。若该笔交换具有商业实质。

要求:根据以上业务进行增值税会计处理。

第四章　消费税会计

学习导航

1. 重点掌握消费税对于委托加工环节的会计处理。
2. 一般掌握消费税会计科目与账户设置。
3. 理解消费税纳税申报表的填写。

消费税是对消费品和消费行为征收的一种流转税。我国目前只对消费品征收消费税，且只选择少数消费品征税。具体范围包括：烟、酒及酒精、化妆品、成品油、贵重首饰及珠宝玉石、鞭炮、焰火、汽车轮胎、摩托车、汽车、高尔夫球及球具、高档手表、游艇、木制一次性筷子、实木地板等 14 个税目的商品。税率形式采用比例税率、定额税率和复合税率三种形式。现行消费税的法律依据是《消费税暂行条例》(中华人民共和国国务院令〔2008〕第 539 号)(以下简称《消费税暂行条例》)和《中华人民共和国消费税暂行条例实施细则》(财政部国家税务总局令〔2008〕51 号)(以下简称《消费税暂行条例实施细则》)。

第一节　消费税会计科目与账户设置

一、消费税会计科目设置

消费税纳税人的会计核算，通过设置"应交税费——应交消费税"会计科目，记录和反映纳税人应交税款和已交税款。具体核算内容如表 4-1 所示。

表 4-1　应交税费——应交消费税

借　方	贷　方
1. 本期可抵扣消费税 2. 已缴上期消费税款	应交纳的消费税
余额：1. 多缴纳的消费税 2. 待抵扣的消费税	余额：尚未缴纳的消费税

消费税税款的形成一般在"营业税金及附加"会计科目中归集。基本会计处理为：

借：营业税金及附加

    贷：应交税费——应交消费税

借：应交税费——应交消费税

    贷：银行存款

二、消费税会计账户设置

消费税的纳税义务人以"应交税费——应交消费税"会计科目进行账户的设置，反映企业当期消费税的形成和上期消费税的税款缴纳。具体账户形式一般为三栏式，如表 4-2 所示。

表 4-2　应交税费——应交消费税

日期	凭证号	摘要	借　方		贷　方	借或贷	余额
			待抵扣消费税	实际缴纳消费税	应缴纳消费税		
…							
…							
合计							

第二节　消费税会计核算

一、销售应税消费品消费税会计核算

（一）销售应税消费品基本会计核算

《消费税暂行条例》第 5 条规定：消费税实行从价定率、从量定额，或者从价定率和从量定额复合计税（以下简称复合计税）的办法计算应纳税额。

实行从价定率办法计算的应纳税额＝销售额×比例税率

实行从量定额办法计算的应纳税额＝销售数量×定额税率

实行复合计税办法计算的应纳税额＝销售额×比例税率＋销售数量

×定额税率

纳税人应根据原始凭证，即发票"记账凭证联"、出库单、收款凭证（银行转账单）及合同等，在增值税、消费税相关法规规定的纳税义务实现时间，计算税款。其基本会计处理为：

借：银行存款/应收账款/应收票据

    贷：主营业务收入/其他业务收入

　　　　　　应交税费——应交增值税（销项税额）

　　借：主营业务成本/其他业务成本

　　　　贷：库存商品

　　借：营业税金及附加

　　　　贷：应交税费——应交消费税

　　借：营业税金及附加

　　　　贷：应交税费——应交消费税

　　【例4-1】　A公司生产并销售应税化妆品，出厂价为210 000元（不含税）。款项已收。

　　①税法解析：

　　生产化妆品应纳增值税销项税额＝210 000×17％＝35 700（元）

　　消费税＝210 000×30％＝63 000（元）

　　②会计处理：

借：银行存款	245 700	
贷：主营业务收入		210 000
应交税费——应交增值税（销项税额）		35 700
借：营业税金及附加	63 000	
贷：应交税费——应交消费税		63 000
借：应交税费——应交消费税	63 000	
贷：银行存款		63 000

　　（二）包装物销售会计处理

　　企业随同产品出售但单独计价的包装物，按规定应交纳消费税，借记"其他业务成本"科目，贷记"应交税费——应交消费税"科目。

　　企业没收的包装物押金，或者因逾期未退还包装物而没收的押金，按规定应交纳消费税，借记"其他应付款"科目，贷记"应交税费——应交消费税"科目，差额贷记"其他业务收入"科目。

　　【例4-2】　A公司2010年6月没收逾期未退还的包装物押金23 400元。原所包装产品消费税税率为30％，增值税税率为17％。

借：其他应付款	23 400	
贷：其他业务收入		20 000
应交税费——应交增值税（销项税额）		3 400
借：其他业务成本	6 000	
贷：应交税费——应交消费税		6 000

二、委托加工应税消费品消费税会计核算

(一)受托方加工应税消费品会计核算

根据《消费税暂行条例》第8条及《消费税暂行条例实施细则》第18条与第19条规定,实行从价定率和复合计税办法计算税额的委托加工消费税税基的基本构成如下:

(1)委托加工的应税消费品,按照受托方的同类消费品的销售价格计算纳税。

(2)没有同类消费品销售价格的,按照组成计税价格计算纳税。

实行从价定率办法计算纳税的组成计税价格计算公式为:

$$组成计税价格 = \frac{材料成本 + 加工费}{1 - 比例税率}$$

实行复合计税办法计算纳税的组成计税价格计算公式为:

$$组成计税价格 = \frac{材料成本 + 加工费 + 委托加工数量 \times 定额税率}{1 - 比例税率}$$

纳税人接受委托加工产品取得收入,属于提供增值税加工劳务取得货币,征增值税;留归企业的剩余原材料,属于提供增值税劳务取得货物,也在增值税的征税范围。在委托方收回委托加工应税消费品时,应收代缴消费税。

生产加工应税消费品,受托方会计处理如下:

借:生产成本——受托加工产品
　　贷:原材料/应付工资/制造费用

加工应税消费品完工的会计处理如下:

借:受托加工物资
　　贷:生产成本

加工应税消费品交给委托方,收取加工收入并代收消费税的会计处理如下:

借:银行存款
　　贷:主营业务收入/其他业务收入
　　　　应交税费——应交增值税(销项税额)
　　　　应交税费——代收代缴消费税

受托方结转成本的会计处理如下:

借:主营业务成本/其他业务成本
　　贷:受托加工物资

缴纳消费税的会计处理如下:

借:应交税费——代收代缴消费税

    贷:银行存款

【例 4-3】[①] A 公司接受委托加工一批化妆品,接受材料的成本为 72 000 元,本月底发出加工完成的化妆品,加工成本为 38 000 元。收取加工收入 45 000 元(不含税),开具增值税专用发票,并代收消费税。

①税法解析:

增值税销项税额＝45 000×17％＝7 650(元)

代收代缴消费税＝(72 000＋45 000)÷(1－30％)×30％＝50 142(元)

②会计处理:

收到材料:账外记载 72 000 元。

生产加工应税消费品:

借:生产成本——受托加工产品   38 000

    贷:原材料/应付工资/制造费用   38 000

加工应税消费品完工:

借:受托加工物资   38 000

    贷:生产成本   38 000

加工应税消费品移交委托方:

借:银行存款   102 792

    贷:主营业务收入/其他业务收入   45 000

        应交税费——应交增值税(销项税额)   7 650

        应交税费——代收代缴消费税   50 142

受托方结转成本:

借:主营业务成本/其他业务成本   38 000

    贷:受托加工物资   38 000

(二)委托方加工应税消费品会计核算

按我国现行税法规定,委托方支付加工费,取得增值税专用发票,并将发票进行认证,根据增值税专用发票记载的税额确认可抵扣进项税额。委托加工应税消费品应纳消费税,由受托方代收代缴;委托方将收回的已缴消费税的消费品用于连续生产应税消费品,在生产领用环节可以进行消费税的抵扣;委托方将收回的已缴消费税的消费品用于其他用途,不再缴纳消费税。

委托方收回后直接销售的,按如下方式进行会计处理:

---

① 张炜:《纳税会计》,中国财政经济出版社 2009 年版。

发出权料：

借：委毛加工物资

 贷：原材料

取得增值税专用发票并认证，支付加工费用，则代收代缴消费税：

借：委托加工物资

 应交税费——应交增值税（进项税额）

  贷：银行存款/应付账款

结转委托加工物资的会计处理：

借：原材料/库存商品等

  贷：委托加工物资

委托方收回应税消费品后用于连续生产应税消费品的，由受托方代收代缴的消费税准予按规定抵扣，委托方应作如下会计分录：

借：应交税费——应交消费税（或代扣税金——代扣消费税）

  贷：应付账款（银行存款等科目）

【例 4-4】① 2010 年 8 月，A 公司下属 B 卷烟厂（子公司）委托 D 厂加工烟丝，卷烟厂和 D 厂均为一般纳税人。3 日，购进烟叶，不含税价格 55 000 元，取得增值税专用发票并通过认证，5 日，卷烟厂提供烟叶给 D 厂 55 000 元；10 日，A 厂收取加工费 20 000 元，增值税 3 400 元；12 日，支付代收代缴消费税（烟丝收回后直接销售）；15 日，收回烟丝验收入库；16 日，销售烟丝，不含税售价 120 000 元。

卷烟厂：

3 日，购进烟叶：

借：原权料——烟叶   55 000

 应交税费——应交增值税（进项税额）   7 150

  贷：银行存款   62 150

5 日，发出材料：

借：委托加工物资——烟丝   55 000

  贷：原材料——烟叶   55 000

10 日，支付加工费，取得增值税专用发票并通过认证：

借：委托加工物资——烟丝   20 000

 应交税费——应交增值税（进项税额）   3 400

  贷：银行存款   23 400

---

① 盖地：《税务会计》（第 6 版），立信出版社 2008 年版。

12 日,支付代收代缴消费税(烟丝收回后直接销售):

借:委托加工物资——烟丝　　　　　　　　　　　32 143
　　贷:银行存款　　　　　　　　　　　　　　　　　　32 143

15 日,收回烟丝验收入库:

借:自制半成品——烟丝　　　　　　　　　　　　107 143
　　贷:委托加工物资——烟丝　　　　　　　　　　　　107 143

16 日,销售烟丝 :

借:银行存款　　　　　　　　　　　　　　　　　140 400
　　贷:其他业务收入　　　　　　　　　　　　　　　　120 000
　　　　应交税费——应交增值税(销项税额)　　　　　20 400

则:

卷烟厂应纳增值税税额＝20 400－7 150－3 400＝9 850(元)

应纳消费税税额为 32 143 元。

三、自产自用应税消费品消费税会计核算

(一)以自产的应税消费品用于投资的消费税会计核算

企业以自产的应税消费品对外投资时,基本会计处理为:借记"长期股权投资"科目,贷记"主营业务收入"、"应交税费——应交增值税(销项税额)"科目;借记"营业税金及附加"科目,贷记"应交税费——应交消费税"科目。

【例 4-5】 A 公司 7 月份以自产的化妆品向某公司投资。双方协议,该批化妆品作价 150 000 元(税务机关已认可),实际成本为 120 000 元,属于非货币性资产交换。

应纳增值税税额＝150 000×17％＝25 500(元)

应纳消费税税额＝150 000×30％＝45 000(元)

借:长期股权投资　　　　　　　　　　　　　　175 500
　　贷:主营业务收入　　　　　　　　　　　　　　　150 000
　　　　应交税费——应交增值税(销项税额)　　　　　25 500

借:营业税金及附加　　　　　　　　　　　　　　45 000
　　贷:应交税费——应交消费税　　　　　　　　　　　45 000

借:主营业务成本　　　　　　　　　　　　　　　120 000
　　贷:库存商品　　　　　　　　　　　　　　　　　120 000

7 月份已纳增值税 300 000 元,消费税 100 000 元。

借:应交税费——应交增值税(已交税金)　　　　　25 500
　　　　　　　——应交消费税　　　　　　　　　　　45 000
　　贷:银行存款　　　　　　　　　　　　　　　　　70 500

(二)以自产的应税消费品用于在建工程、职工福利的消费税会计核算

将生产的应税消费品用于在建工程,属于内部处置资产,会计上不作销售收入处理。但我国税法规定属于消费税应税范围的消费品应纳消费税。因此,其基本会计处理为:借记"在建工程"科目,贷记"产成品"、"应交税费——应交增值税(销项税额)"、"应交税费——应交消费税"科目。

【例 4-6】 A 公司将自己生产的一批化妆品作为福利发给职工,另一批用于广告宣传,让客户免费使用。(作为福利的化妆品成本为 20 000 元,市场价为 24 000 元;用于广告的化妆品成本为 10 000 元,无同类商品市场售价,成本利润率为 5%。)

应纳增值税税额 = 24 000×17% + 10 000×(1+5%)÷(1−30%)×17%

$\qquad\qquad$ = 6 630(元)

应纳消费税税额 = 24 000×30% + 10 000×(1+5%)÷(1−30%)×30%

$\qquad\qquad$ = 11 700(元)

借:应付职工薪酬		28 080
贷:主营业务收入		24 000
应交税费——应交增值税(销项税额)		4 080
借:销售费用		17 050
贷:库存商品		10 000
应交税费——应交增值税(销项税额)		2 550
——应交消费税		4 500
借:营业税金及附加		7 200
贷:应交税费——应交消费税		7 200
借:主营业务成本		20 000
贷 库存商品		20 000
借:应交税费——应交增值税(已交税金)		
或未交增值税		6 630
——应交消费税		11 700
贷:银行存款		18 330

(三)以生产的应税消费品换取生产资料、消费资料或抵偿债务的会计核算

以生产的应税消费品换取生产资料、消费资料属于《企业会计准则》所列的非货币性交换。

(1)非货币性资产交换具有商业实质且换入资产或换出资产的公允价值能够可靠计量的会计处理。

企业基本会计处理如下：

借：库存商品

应交税费——应交增值税（进项税额）

　　贷：主营业务收入

应交税费——应交增值税（销项税额）

借：主营业务成本

　　贷：库存商品/原材料

借：营业税金及附加

　　贷：应交税费——应交消费税

【例 4-7】　A 公司用一批自产化妆品和另一公司（非关联企业）换入生产化妆品的原料,该批化妆品市场公允价值为 100 万元,成本价为 50 万元；换入原材料,取得增值税专用发票,且专用发票到税务部门认证,消费税税率为 30％。假设企业货物性资产交换具有商业实质。

借：原材料　　　　　　　　　　　　　　　　1 000 000

应交税费——应交增值税（进项税额）　　170 000

　　贷：主营业务收入　　　　　　　　　　　　　1 000 000

应交税费——应交增值税（销项税额）　　　170 000

借：主营业务成本　　　　　　　　　　　　　500 000

　　贷：库存商品　　　　　　　　　　　　　　　500 000

借：营业税金及附加　　　　　　　　　　　　300 000

　　贷：应交税费——应交消费税　　　　　　　　300 000

（2）非货币性资产交换不具有商业实质或者换入资产或换出资产的公允价值不能够可靠计量的会计处理。

企业基本会计处理如下：

借：库存商品

应交税费——应交增值税（进项税额）（如果符合增值税进项税额抵扣条件）

　　贷：库存商品

应交税费——应交增值税（销项税额）

　　　　　　　　——应交消费税

【例 4-8】　假设【例 4-7】中交易不具有商业实质。

其会计处理如下：

借：原材料　　　　　　　　　　　　　　　　80 000

应交税费——应交增值税（进项税额）　　17 000

　　贷：库存商品　　　　　　　　　　　　　　　50 000

应交税费——应交增值税（销项税额）	17 000
——应交消费税	30 000

应税消费品进行债务重组,应按应付账款的账面余额,借记"应付账款"科目;按用于清偿债务的应税消费品的公允价值,贷记"主营业务收入"或"其他业务收入"科目;按应支付的相关税费和其他费用,贷记"应交税费——应交增值税（销项税额）"、"（银行存款）"等科目;按其差额,贷记"营业外收入——债务重组利得"科目。

结转成本,借记"主营业务成本"等科目,贷记"库存商品"科目。

记录消费税应纳税额,借记"营业税金及附加"科目,贷记"应交税费——应交消费税"科目。

【例 4-9】 A公司将本企业生产的化妆品用于抵偿所欠D公司的债务60 000元。该产品的公允价值为 58 500 元,该批化妆品的成本为 40 000 元。化妆品消费税税率为 30％。

借:应付账款——D公司	60 000
贷:主营业务收入	50 000
应交税费——应交增值税（销项税额）	8 500
营业外收入——债务重组利得	1 500
借:营业税金及附加	15 000
贷:应交税费——应交消费税	15 000
借:主营业务成本	40 000
贷:库存商品	40 000

四、进出口应税消费品消费税会计核算

根据《消费税暂行条例》第 9 条和《消费税暂行条例实施细则》第 20 条的规定,进口的应税消费品,按照组成计税价格计算纳税。

实行从价定率办法计算纳税的组成计税价格计算公式为:

$$组成计税价格 = \frac{关税完税价格 + 关税}{1 - 消费税比例税率}$$

实行复合计税办法计算纳税的组成计税价格计算公式为:

$$组成计税价格 = \left(\frac{关税完税}{价格} + 关税 + \frac{进口}{数量} \times \frac{消费税}{定额税率} \right) + \left(1 - \frac{消费税}{比例税率} \right)$$

(一)进口应税消费品消费税的会计核算

进口消费税和增值税由海关征收。纳税人进口应税消费品在进口环节缴纳的增值税和消费税,应按照相关法规规定进行计算。其缴纳的消费税应计

入进口消费品的成本。

进口应税消费品,纳税人计算并缴纳增值税和消费税,取得海关完税证明,确认具备进项税额抵扣条件。其基本会计处理为:

借:在途物资(库存商品等)

应交税费——应交增值税(进项税额)

贷:银行存款

【例4-10】　A公司从国外进口成套化妆品一批,经海关审定的完税价格为50 000元,关税税率为50%,消费税税率为30%,增值税税率为17%。款项已支付,化妆品以验收入库。

应纳关税＝50 000×50%＝25 000(元)

消费税计税价格＝(50 000＋25 000)÷(1−30%)＝107 142.86(元)

应纳增值税＝107 142.86×17%＝18 214.29(元)

其会计处理为:

借:库存商品　　　　　　　　　　　　　　107 142.86

应交税费——应交增值税(进项税额)　　 18 214.29

贷:银行存款　　　　　　　　　　　　 125 357.15

(二)出口应税消费品消费税的会计核算

企业出口应税消费品,应区别不同情况处理,具体如下:

(1)有出口经营权的生产性企业自营出口自产的应税消费品,免税不退税,可以不计算应纳消费税。

(2)有出口经营权的外贸企业购进应税消费品直接出口,以及外贸企业受其他企业委托代理出口应税消费品。

其会计处理为:

申请退税时:

借:其他应税款——应收出口退税

贷:主营业务成本

实际收到退税款时:

借:银行存款

贷:其他应收款——应收出口退税

【例4-11】　某外贸公司从A公司购进化妆品一批出口,出厂价为110 000元,工厂已转来发票及出口货物专用缴款书。外贸公司报关出口后,凭全套退税单据申报退税。

申请退税时:

借:其他应收款——应收出口退税   33 000

 贷:主营业务成本   33 000

实际收到退税款时:

借:银行存款   33 000

 贷:其他应收款——应收出口退税   33 000

第三节　消费税缴纳会计核算与纳税申报

一、消费税缴纳会计核算

消费税纳税人在纳税期限终了,根据"应交税费——应交消费税"期末合计数,计算当期应纳消费税,在次月1—15日纳税申报期进行消费税的纳税申报和应纳消费税的缴纳,同时进行会计处理。

【例4-12】　某企业2010年3月"应交税费——应交消费税"账簿期末合计数如表4-3所示。

表4-3　应交税费——应交消费税

单位:元

日期	凭证号	摘要	借　方		贷　方	借或贷	余额
			可抵扣消费税	已交消费税	应交消费税		
...							
...							
合计			400 000	2 000 000	3 000 000		600 000

当期应纳消费税＝3 000 000－400 000－2 000 000＝600 000(元)

假设企业4月5日进行了纳税申报和税款缴纳。则会计处理为:

借:应交税费——应交消费税   600 000

 贷:银行存款   600 000

二、消费税纳税期限及申报期限

(一)消费税纳税期限

消费税的纳税期限分别为1日、3日、5日、10日、15日、1个月或者1个季度。纳税人的具体纳税期限,由主管税务机关根据纳税人应纳税额的大小分别核定;不能按照固定期限纳税的,可以按次纳税。

(二)消费税纳税申报期限

纳税人以1个月或者1个季度为1个纳税期的,自期满之日起15日内申报纳税;以1日、3日、5日、10日或者15日为1个纳税期的,自期满之日起5日内预缴税款,于次月1日起5日内申报纳税并结清上月应纳税款。纳税人进口应税消费品,应当自海关填发海关进口消费税专用缴款书之日起15日内缴纳税款。

(三)消费税纳税地点

纳税人销售的应税消费品,以及自产自用的应税消费品,除国务院财政、税务主管部门另有规定外,应当向纳税人机构所在地或者居住地的主管税务机关申报纳税。

委托加工的应税消费品,除受托方为个人外,由受托方向机构所在地或者居住地的主管税务机关解缴消费税款。进口的应税消费品,应当向报关海关申报纳税。

三、消费税纳税申报表及填报

消费税纳税申报表是按照不同应税消费品进行设置的,消费税纳税申报表的构成及填报的具体要求如下。

(一)成品油消费税纳税申报表构成及填报

(1)成品油消费税纳税申报表构成如表4-4所示。

表4-4 成品油消费税纳税申报表

税款所属期: 年 月 日 至 年 月 日

纳税人名称(公章): 纳税人识别号: □□□□□□□□□□□□□□□

填表日期: 年 月 日　　　　　　　　计量单位:升;金额单位:元(列至角分)

应税消费品名称 项目	适用税率（元/升）	销售数量	应纳税额
含铅汽油	1.4		
无铅汽油	1		
柴 油	0.8		
石脑油	1		
溶剂油	1		
润滑油	1		
燃料油	0.8		
航空煤油	0.8		—
合 计	—	—	

本期减(免)税额：	声明
期初留抵税额：	此纳税申报表是根据国家税收法律的规
本期准予扣除税额：	定填报的,我确定它是真实的、可靠的、完
本期应抵扣税额：	整的。
期初未缴税额：	声明人签字：_____
期末留抵税额：	(如果你已委托代理人申报,请填写)
本期实际抵扣税额：	授权声明
本期缴纳前期应纳税额：	为代理一切税务事宜,现授权_____
本期预缴税额：	(地址)_____为本纳税人的代理申报
本期应补(退)税额：	人,任何与本申报表有关的往来文件,都可寄予此人。
期末未缴税额：	授权人签字：_____

以下由税务机关填写

受理人(签字)：　　　　　　　　　　　　　受理日期：　年　月　日
受理税务机关(公章)：

　　(2)成品油消费税纳税申报表填报。本表仅限成品油消费品纳税人使用。

　　"销售数量"为《消费税暂行条例》、《消费税暂行条例实施细则》及其他法规、规章规定的当期应当申报纳税消费税的成品油类应税消费品的销售数量。生产企业用自产汽油生产的乙醇汽油,销售数量为当期销售的乙醇汽油所耗用的汽油数量。

　　根据《消费税暂行条例》规定,本表"应纳税额"计算公式为：

$$应纳税额＝销售数量×适用税率$$

　　"期初留抵税额"数值等于上期"期末留抵税额"。"本期准予扣除税额"按本表附件一的本期准予扣除税款合计金额填写。"本期应抵扣税额"计算公式为：

$$本期应抵扣税额＝期初留抵税额＋本期准予抵扣税额$$

　　"本期减(免)税额"是指按我国税法规定对应税消费品减免的税额,不含暂缓征收的项目。根据《财政税国家税务总局关于调整和完善消费税政策的通知》(财部〔2006〕33 号)中"航空煤油暂缓征收消费税"的规定,航空煤油暂不申报消费税。

　　"期初未缴税额"填写本期期初应交的消费税额,多缴为负数。其数值等于上期"期末未缴税额"。"期末留抵税额"计算公式如下,其值＞0时按实际数值填写,≤0时填写0。

$$期末留抵税额 = 本期应抵扣税额 - 应纳税额（合计栏金额） + 本期减（免）税额$$

"本期实际抵扣税额"计算公式为:

$$本期实际抵扣税额 = 本期应抵扣税额 - 期末留抵税额$$

"本期缴纳前期应纳税额"填写本期实际入库的前期消费税税额。"本期预缴税额"填写纳税申报前已预先缴纳入库的本期消费税税额。

"本期应补（退）税额"计算公式如下,多缴为负数:

$$本期应补（退）税额 = 应纳税额（合计栏金额） - 本期减（免）税额 - 本期实际抵扣税额 - 本期预缴税额$$

"期末未缴税额"计算公式如下,多缴为负数:

$$期末未缴税额 = 期初未缴税额 + 本期应补（退）税额 - 本期缴纳前期应纳税额$$

本表为A4竖式,所有数字小数点后保留两位。一式两份,一份纳税人留存,一份税务机关留存。

（二）小汽车消费税纳税申报表构成及填报

（1）小汽车消费税纳税申报表构成如表4-5所示。

表 4-5 小汽车消费税纳税申报表

税款所属期: 年 月 日 至 年 月 日

纳税人名称（公章）: 纳税人识别号:

填表日期: 年 月 日

单位:辆、元(列至角分)

应税消费品名称 项目	适用税率	销售数量	销售额	应纳税额
气缸容量≤1.0升	1%			
1.0升＜气缸容量≤1.5升	3%			
1.5升＜气缸容量≤2.0升	5%			
2.0升＜气缸容量≤2.5升	9%			
2.5升＜气缸容量≤3.0升	12%			
3.0升＜气缸容量≤4.0升	25%			
气缸容量＞4.0升	40%			
中轻型商用客车	5%			
合 计	—			

续 表

	声 明
本期准予扣除税额：	此纳税申报表是根据国家税收法律的规定填报的,我确定它是真实的、可靠的、完整的。
本期减(免)税额：	经办人(签章)：
期初未缴税额：	财务负责人(签章)： 联系电话：
本期缴纳前期应纳税额：	(如果你已委托代理人申报,请填写) 授权声明
本期预缴税额：	为代理一切税务事宜,现授权_____ (地址)_____
本期应补(退)税额：	为本纳税人的代理申报人,任何与本申报表有关的往来文件,都可寄予此人。
期末未缴税额：	授权人签章：_____

以下由税务机关填写

受理人(签字)： 受理日期： 年 月 日
受理税务机关(公章)：

(2)小汽车消费税纳税申报表填报。本表仅限小汽车消费税纳税人使用。纳税人生产的改装、改制车辆,应按照《财政税国家税务总局关于调整和完善消费税政策的通知》(财部〔2006〕33号)中规定的适用税目、税率填写本表。

"销售数量"为《消费税暂行条例》、《消费税暂行条例实施细则》及其他法规、规章规定的当期应申报缴纳消费税的小汽车类应税消费品销售(不含出口免税)数量。"销售额"为《消费税暂行条例》、《消费税暂行条例实施细则》及其他法规、规章制度的当期应申报缴纳消费税的小汽车应税消费品销售(不含出口免税)收入。

根据《消费税暂行条例》的规定,本表"应纳税额"计算公式如下:

应纳税额＝销售额×比例税率

"本期减(免)税额"不含出口退(免)税额。"期初未缴税额"填写本期期初累计应交未缴的消费税额,多缴为负数。其数值等于上期"期末未缴税额"。"本期缴纳前期应纳税额"填写本期实际缴纳入库的前期消费税税额。"本期预缴税额"填写纳税申报前已预先缴纳入库的本期消费税税额。

"本期应补(退)税额"计算公式如下,多缴为负数:

$$\frac{\text{本期应补(退)}}{\text{税额}} = \frac{\text{应纳税额}}{\text{(合计栏金额)}} - \frac{\text{本期减(免)}}{\text{税额}} - \frac{\text{本期预缴}}{\text{税额}}$$

"期末未缴税额"计算公式如下,多缴为负数:

$$\frac{\text{期末未缴}}{\text{税额}} = \frac{\text{期初未缴}}{\text{税额}} + \frac{\text{本期应补}}{\text{(退)税额}} - \frac{\text{本期缴纳前期}}{\text{应纳税额}}$$

本表为 A4 竖式,所有数字小数点后保留两位。一式两份,一份纳税人留存,一份税务机关留存。

(三)酒及酒精消费税纳税申报表构成及填报

(1)酒及酒精消费税纳税申报表构成如表 4-6 所示。

表 4-6 酒及酒精消费税纳税申报表

税款所属期: 年 月 日 至 年 月 日

纳税人名称(公章): 纳税人识别号: □□□□□□□□□□□□□□□

填表日期: 年 月 日　　　　　　　　　　计量单位:升;金额单位:元(列至角分)

项　目 应税消费品名称	适用税率		销售数量 (C)	销售额 (D)	应纳税额 (E)=(C×A+D×B)
	定额税率 (A)	比例税率 (B)			
1　粮食白酒	0.5 元/斤	20%			
2　薯类白酒	0.5 元/斤	20%			
3　啤　酒	250 元/吨	—			
4　啤　酒	250 元/吨	—			
5　黄　酒	240 元/吨	—			
6　其他酒	—	10%			
7　酒　精	—	5%			
8　合　计					
9　本期减(免)税额					
10　本期准予扣除税额					
11　上期结转抵减税额					
12　结转下期抵减税额 12 栏=8 行 E-9 栏-10 栏-11 栏。如 12 栏≥0,则 12 栏为 0;如 12 栏<0,则 12 栏为|第 12 栏|					
13　期初未缴税额					

声　明

此纳税申报表是根据国家税收法律的规定填报的,我确定它是真实的、可靠的、完整的。

经办人(签章):

财务负责人(签章):

联系电话:

续　表

13	期初未缴税额
14	本期缴纳前期应纳税额
15	本期预缴税额
16	本期应补(退)税额 16 栏＝8 行 E－9 栏－(10 栏＋11 栏－12 栏)－15 栏
17	期末未缴税额 17 栏＝12＝13 栏＋16 栏－14 栏

(如果你已委托代理人申报,请填写)

授权声明

为代理一切税务事宜,现授权_____

(地址)_____

为本纳税人的代理申报人,任何与本申报表有关的往来文件,都可寄予此人。

授权人签章:_____

以下由税务机关填写

受理人(签字):　　　　　　　　　　受理日期:　年　月　日

受理税务机关(公章):

(2)酒及酒精消费税纳税申报表填报。本表仅限酒及酒精消费税纳税人使用。

"销售数量"为《消费税暂行条例》、《消费税暂行条例实施细则》及其他法规、规章规定的当期应申报缴纳消费税的酒及酒精销售(不含出口免税)数量。计量单位:粮食白酒和薯类白酒为斤(如果实际销售商品按照体积标注计量单位,应按 500 毫升为 1 斤换算),啤酒、黄酒、其他酒和酒精为吨。"销售额"为《消费税暂行条例》、《消费税暂行条例实施细则》及其他法规、规章规定的当期应申报缴纳消费税的酒及酒精销售(不含出口免税)收入。

根据《消费税暂行条例》和《财政部国家税务总局关于调整酒类产品消费税政策的通知》(财税〔2001〕84 号)的规定,本表"应纳税额"计算公式如下:

①粮食白酒、薯类白酒:

$$应纳税额＝销售数量×定额税率＋销售额×比例税率$$

②啤酒、黄酒:

$$应纳税额＝销售数量×定额税率$$

③其他酒、酒精:

$$应纳税额＝销售额×比例税率$$

"本期准予抵减税额"按本表附件一的本期准予抵减税款合计金额填写。"本期减(免)税额"不含出口退(免)税额。"期初未缴税额"填写本期期初累计应交未缴的消费税额,多缴为负数。其数值等于上期"期末未缴税额"。"本期缴纳前期应纳税额"填写本期实际缴纳入库的前期消费税额。"本期预缴税额"填写纳税申报前已预先缴纳入库的本期消费税额。

"本期应补(退)税额"计算公式如下,多缴为负数:

$$本期应补(退) \atop 税额 = 应纳税额 \atop (合计栏金额) - 本期准予 \atop 抵减税额 - 本期减(免) \atop 税额 - 本期预缴 \atop 税额$$

"期末未缴税额"计算公式如下,多缴为负数:

$$期末未缴 \atop 税额 = 期初未缴 \atop 税额 + 本期应补(退) \atop 税额 - 本期缴纳前期 \atop 应纳税额$$

本表为 A4 竖式,所有数字小数点后保留两位。一式两份:一份纳税人留存;一份税务机关留存。

(四)烟类应税消费品消费税纳税申报表构成及填报

(1)烟类应税消费品消费税纳税申报表构成如表 4-7 所示。

表 4-7　烟类应税消费品消费税纳税申报表

税款所属期:　年　月　日至　年　月　日

纳税人名称(公章):　　纳税人识别号:□□□□□□□□□□□□□

填表日期:　年　月　日　　　　　　　计量单位:升;金额单位:元(列至角分)

应税消费品 项目 名称		适用税率		销售数量 (A)	销售额 (B)	应纳税额 $(C)=(A×M+B×N)$
		定额税率 (M)	比例税率 (N)			
1	卷　烟	30 元/万支	45%			
2	卷　烟	30 元/万支	30%			
3	雪茄烟	—	25%			
4	烟　丝	—	30%			
5	合　计	—	—	—	—	
6	本期减(免)税额					
7	本期准予扣除税额					
8	上期结转抵减税额					
9	结转下期抵减税额 9 栏＝5 行 C－6 栏－7 栏－8 栏。如 9 栏≥0,则 9 栏为 0;如 9 栏<0,则 9 栏为|第 9 栏|			声　明 　此纳税申报表是根据国家税收法律的规定填报的,我确定它是真实的、可靠的、完整的。		
10	期初未缴税额			经办人(签章):		
11	本期缴纳前期应纳税额			财务负责人(签章): 　联系电话:		

续 表

12	本期预缴税额	(如果你已委托代理人申报,请填写) 授权声明 为代理一切税务事宜,现授权_____
13	本期应补(退)税额 5 行 C－6 栏－(7 栏＋8 栏－9 栏)－12 栏	(地址)_____ 为本纳税人的代理申报人,任何与本申报
14	期末未缴税额 14 栏＝10 栏＋13 栏－ 11 栏	表有关的往来文件,都可寄予此人。 授权人签章:_____

以下由税务机关填写

受理人(签字):　　　　　　　　　　　　　　　受理日期: 年　 月　 日

受理税务机关(公章):

　　(2)烟类应税消费品消费税纳税申报表填报。本表仅限烟类消费税纳税
人使用。

　　"销售数量"为《消费税暂行条例》、《消费税暂行条例实施细则》及其他法
规、规章制度的当期应申报缴纳消费税的烟类应税消费品销售(不含出口免
税)数量。"销售额"为《消费税暂行条例》、《消费税暂行条例实施细则》及其他
法规、规章制定的当期应申报缴纳消费税的烟类应税消费品销售(不含出口免
税)收入。

　　根据《消费税暂行条例》和《财政部国家税务总局关于调整烟类产品消费
税政策的通知》(财税〔2001〕91 号)的规定,本表"应纳税额"计算公式如下:

　　①卷烟:

$$应纳税额＝销售数量×定额税率＋销售额×比例税率$$

　　②雪茄烟、烟丝:

$$应纳税额＝销售额×比例税率$$

　　"本期减(免)税额"不含出口退(免)税额。此栏填列对象为取得购货方
"准予免税购进出口卷烟证明"的销货方。"本期准予扣除税额"按本表附件一
的本期准予扣除税款合计金额填写。"上期结转抵减税额"的取值:为上期本
申请表"结转下期抵减税额"栏数值。"结转下期抵减税额"的取值:根据以下
数值"A"来判断,A＝应纳税额合计－本期减(免)税额－本期准予抵减税额－
上期结转抵减税额。如果≥0,"结转下期抵减税额"的取值为 0;如果<0,则
"结转下期抵减税额"的取值为 $|A|$。

　　"期初未缴税额"填写本期期初累计应交未缴的消费税额,多缴为负数。
其数值等于上期"期末未缴税额"。"本期缴纳前期应纳税额"填写本期实际缴

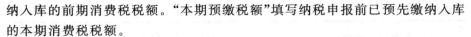

纳入库的前期消费税税额。"本期预缴税额"填写纳税申报前已预先缴纳入库的本期消费税税额。

"本期应补(退)税额"计算公式如下,多缴为负数:

$$
\begin{matrix} 本期应补 \\ (退)税额 \end{matrix} = \begin{matrix} 应纳税额 \\ (合计栏金额) \end{matrix} - \begin{matrix} 本期减 \\ (免)税额 \end{matrix} - \left(\begin{matrix} 本期准予 \\ 扣除税额 \end{matrix} + \begin{matrix} 上期结转 \\ 抵减税额 \end{matrix} - \begin{matrix} 结转下期 \\ 抵减税额 \end{matrix} \right) - \begin{matrix} 本期预 \\ 缴税额 \end{matrix}
$$

"期末未缴税额"计算公式如下,多缴为负数:

$$
\begin{matrix} 期末未缴 \\ 税额 \end{matrix} = \begin{matrix} 期初未缴 \\ 税额 \end{matrix} + \begin{matrix} 本期应补(退) \\ 税额 \end{matrix} - \begin{matrix} 本期缴纳前期 \\ 应纳税额 \end{matrix}
$$

本表为 A4 竖式,所有数字小数点后保留两位。一式两份:一份纳税人留存;一份税务机关留存。

(五)其他应税消费品纳税申报表构成及填报

(1)其他应税消费品纳税申报表构成如表 4-8 所示。

表 4-8　其他应税消费品消费税纳税申报表

税款所属期：　年　月　日至　年　月　日

纳税人名称(公章)：　　纳税人识别号：

填表日期：　年　月　日　　　　　　　　计量单位:升;金额单位:元(列至角分)

项　目 应税消费品名称	适用税率	销售数量	销售额	应纳税额
合　计	—	—	—	

本期准予抵减税额： 本期减(免)税额： 期初未缴税额：	声　明 此纳税申报表是根据国家税收法律的规定填报的,我确定它是真实的、可靠的、完整的。 经办人(签章)： 财务负责人(签章)： 联系电话：

续　表

本期缴纳前期应纳税额：	（如果你已委托代理人申报，请填写） 授权声明 　为代理一切税务事宜，现授权_____
本期预缴税额：	（地址）_____
本期应补（退）税额：	为本纳税人的代理申报人，任何与本申报 表有关的往来文件，都可寄予此人。
期末未缴税额：	授权人签章：_____

以下由税务机关填写

受理人（签字）：　　　　　　　　　　　受理日期：　年　月　日

受理税务机关（公章）：

　　（2）其他应税消费品纳税申报表填报。本表限化妆品、贵重首饰及珠宝玉石、鞭炮焰火、汽车轮胎、摩托车、高尔夫球及球具、高档手表、游艇、木制一次性筷子、实木地板等消费税纳税人使用。

　　"应税消费品名称"和"适用税率"如表4-9所示。化妆品，30％；贵重首饰及珠宝玉石，10％；金银首饰（铂金首饰、钻石及钻石饰品），5％；鞭炮焰火，15％；汽车轮胎（除子午线轮胎外），3％；汽车轮胎（限子午线轮胎），3％（免税）；摩托车（排量＞250毫升），10％；摩托车（排量≤250毫升），3％；高尔夫球及球具，10％；高档手表，20％；游艇，10％；木制一次性筷子，5％；实木地板，5％。

　　"销售数量"为《消费税暂行条例》、《消费税暂行条例实施细则》及其他法规、规章制定的当期应申报缴纳消费税的应税消费品销售（不含出口免税）数量。计量单位是：汽车轮胎为套；摩托车为辆；高档手表为只；游艇为艘；实木地板为平方米；木制一次性筷子为万双；化妆品、贵重首饰及珠宝玉石（含金银首饰、铂金首饰、钻石及钻石饰品）、鞭炮焰火、高尔夫球及球具按照纳税人实际使用的计量单位填写并在本栏中注明。"销售额"为《消费税暂行条例》、《消费税暂行条例实施细则》及其他法规、规章规定的当期应申报缴纳消费税的应税消费品销售（不含出口免税）收入。

　　根据《消费税暂行条例》的规定，本表"应纳税额"计算公式如下：

$$应纳税额＝销售额×适用税率$$

　　"本期准予扣除税额"按本表附件一的本期准予扣除税款合计金额填写。"本期减（免）税额"不含出口退（免）税额。"期初未缴税额"填写本期期初累计应交未缴的消费税税额，多缴为负数。其数值等于上期"期末未缴税额"。"本

期缴纳前期应纳税额"填写本期实际缴纳入库的前期消费税税额。"本期预缴税额"填写纳税申报前已预先缴纳入库的本期消费税。

"本期应补(退)税额"计算公式如下,多缴为负数:

$$\text{本期应补(退)税额} = \text{应纳税额(合计栏金额)} - \text{本期准予扣除税额} - \text{本期减(免)税额} - \text{本期预缴税额}$$

"期末未缴税额"计算公式如下,多缴为负数:

$$\text{期末未缴税额} = \text{期初未缴税额} + \text{本期应补(退)税额} - \text{本期缴纳前期应纳税额}$$

本表为 A4 竖式,所有数字小数点后保留两位。一式两份:一份纳税人留存;一份税务机关留存。

本章小结

本章首先介绍消费税会计科目与账户设置;介绍消费税会计核算的基本内容;接着分不同行业,侧重介绍不同行业营业税会计处理方法,并简要说明消费税纳税申报填写方法。要求重点掌握自产自用、委托加工、进口应税消费品会计处理方法。

复习思考题

一、思考题

1. 简述消费税的账户设置。
2. 自产自用应税消费品如何进行会计处理?
3. 委托加工应税消费品如何进行会计处理?
4. 进口应税消费品如何进行会计处理?

二、业务题

甲化妆品厂(增值税一般纳税人)3月初增值税留抵税额20 000元,2010年3月发生下列业务:

(1)1 日,购买香水精 1 千克,增值税发票注明价款 8 000 元,增值税 1 360 元。

（2）2 日，外购酒精 8 000 千克，价款 40 000 元，增值税 6 800 元。同时支付运输公司酒精运杂费 250 元，其中运费 200 元，建设基金 20 元，装卸保管费 30 元。

（3）3 日，将上述酒精和香水精送到乙化妆品厂（增值税一般纳税人）加工成 10 000 千克香水 A。

（4）24 日支付乙化妆品厂加工费 2 000 元和辅料费 1 000 元（均含增值税并取得增值税发票）。

（5）支付相应的乙化妆品厂代缴消费税。产品验收入库前，已计划好在 27 日，将收回香水的 50％直接批发销售给其他商业单位，款尚未收到，每千克单位价格 80 元（不含增值税），10％赠送客户试用，5％发给职工用作福利。

（6）25 日，委托加工商品入库。

（7）27 日，销售 50％香水 A，10％香水 A 赠送客户试用，5％香水 A 用于职工福利。

（8）将 25％香水 A 进一步调香调色制成香水 B，以每千克 100 元的价格（不含增值税）对外销售 2 000 千克。剩余的 10％留在仓库。

（9）4 月初，按时向税务机关上缴本月应交增值税和消费税。其他税金暂不作考虑。

要求：根据以上业务进行会计处理。

第五章　营业税会计

学习导航

1. 重点掌握营业税会计核算。

2. 一般掌握营业税会计科目与账户设置。

3. 理解营业税纳税申报表的填写。

营业税是对在我国境内提供应税劳务、转让无形资产或销售不动产的单位和个人，就其营业额、转让额或销售额征收的一种税。

2008 年 11 月 5 日国务院第 34 次常务会议修订通过《中华人民共和国营业税暂行条例》(以下简称《营业税暂行条例》)，2008 年 12 月 15 日财政部、国家税务总局发布了《中华人民共和国营业税暂行条例实施细则》(以下简称《营业税暂行条例实施细则》)，均于 2009 年 1 月 1 日正式实施。

背景资料

营业税是世界各国普遍开征的一个税种。西方最早实行营业税的国家是法国，1791 年开征。营业税在我国的历史更长，远在西周时，就有对"商贾虞衡"征收的"关市之赋"，这其实就是营业税的雏形。后来，汉朝对商人征收的"算缗钱"(缗：古代串铜钱用的绳)，明朝征收的门摊、课铁，清朝征收的铺间房税、牙税、当税等，都属于营业税性质。南京国民党政府成立后，于 1928 年 7 月制定《营业税办法大纲》，但因税率�过高，实施不久就停征了。1931 年 6 月，修改制定了《营业税法》，并明确营业税为地方收入。

与其他流转税相比，营业税具有征税范围灵活、按行业设计税目税率、计算简单、容易征管的特点，其会计核算也相对简单，但是由于营业税涉及范围广泛，不同行业的会计核算存在较大差异。

第一节 营业税会计科目与账户设置

一、营业税会计科目设置

营业税会计核算涉及的会计科目主要有：

(1)"应交税费——应交营业税"。其借方反映企业实际缴纳的营业税税额；贷方反映企业提供应税劳务按规定应交纳的营业税；余额在借方则表示多缴应退还的营业税税额，余额在贷方表示企业应交而未缴的营业税税额。

(2)"营业税金及附加"。该科目核算企业经营活动(包括主营业务和其他经营业务)发生的营业税，其借方反映企业按规定计算的应纳营业税税额；贷方反映期末结转到"本年利润"的税额；该科目期末没有余额。

(3)"固定资产清理"。该科目核算非房地产企业销售不动产应纳营业税，其借方反映企业销售不动产按规定计算的应纳营业税税额；贷方反映销售不动产取得的收入；期末余额转入"营业外收入"或"营业外支出"。

二、营业税会计账户设置

营业税会计核算账户为"应交税费——应交营业税"。该账户采用三栏式结构(见表 5-1)，贷方发生额，反映纳税人当期计提的营业税或者扣缴义务人代扣的营业税；借方发生额，反映纳税人预缴的营业税和实际缴纳的营业税；纳税期满后·该账户贷方余额反映欠缴的营业税，借方余额为多缴的营业税。

表 5-1　应交税费——应交营业税

年		摘　要	借　方	贷　方	借或贷	余　额
月	日					

第二节 营业税会计核算

一、营业税基本会计核算

(一)应交营业税的会计核算

应交营业税是指企业提供劳务、转让无形资产、销售不动产，按照我国税法规定计算的应交纳营业税税额。

(1)由企业主营业务收入负担的营业税的会计分录为：

借:营业税金及附加

　　贷:应交税费——应交营业税

(2)由企业其他经营业务收入负担的营业税的会计分录为：

借:营业税金及附加

　　贷:应交税费——应交营业税

(3)非房地产开发企业销售不动产的会计分录为：

借:固定资产清理

　　贷:应交税费——应交营业税

(4)企业按我国税法规定代扣营业税的会计分录为：

借:应付账款

　　贷:应交税费——应交营业税

(二)缴纳营业税的会计核算

企业预缴营业税的会计分录为：

借:应交税费——应交营业税

　　贷:银行存款/库存现金

(三)营业税期末清算的会计核算

营业税的纳税期限分为 5 日、10 日、15 日、1 个月或者 1 个季度 5 种,月份中间预交营业税的,期末清算营业税,多退少补。

(1)多计的营业税用红字冲销或作相反分录:

借:应交税费——应交营业税

　　贷:营业税金及附加/其他业务成本

(2)退回多交或减免的营业税:

借:银行存款

　　贷:营业税金及附加

(3)少计营业税,应用蓝字补充登记:

借:营业税金及附加/其他业务成本

　　贷:应交税费——应交营业税

(4)补交营业税:

借:应交税费——应交营业税

　　贷:银行存款/库存现金

二、建筑业营业税会计核算

建筑业是指建筑安装工程作业等,包括建筑、安装、修缮、装饰工程作业和其他工程作业,诸如代办电信工程、水利工程、道路修建、疏浚、钻井(打井)拆除建筑物、平整土地、搭脚手架、爆破等工程作业。

纳税人将自建建筑物对外销售或者赠送的,其自建行为应按"建筑业"税目计算缴纳营业税。

术语

自建行为,单位或者个人自己新建建筑物后销售,其所发生的自建行为视为提供建筑劳务,按建筑业征收营业税。

建筑业计税依据是指承包建筑安装工程和修缮业务取得的全部收入,实为工程决算收入。其常见价外费用为提前竣工奖、赶工奖、优质工程奖、临时设施费等。纳税人提供建筑业劳务(不含装饰劳务)的,其营业额应当包括工程所用原材料、设备及其他物资和动力价款在内,但不包括建设方提供的设备的价款。从事安装业务的,如果安装设备价值作为安装工程产值的,营业额包括设备价款在内。纳税人采用包清工的方式提供装饰劳务的,按其向客户实际收取的人工费、管理费和辅助材料费为营业额,不包括客户自行采购的材料和设备价款。纳税人将建筑工程分包给其他单位的,以其取得的全部价款和价外费用扣除其支付给其他单位的分包款后的余额为营业额。自建行为和捐赠行为,由税务机关确定营业额。

纳税人提供建筑业劳务,采取预收款方式的,在收到预收款的当天确认纳税义务发生。纳税人自建建筑物对外销售,其建筑业应税劳务的纳税义务发生时间为该建筑物并收讫营业收入款项或取得索取营业收入款项凭据的当天。纳税人将自建建筑物对外赠与,其建筑业应税劳务的纳税义务发生时间为该建筑物产权转移的当天。

纳税人发生建筑业营业税征收范围的业务时,应根据原始凭证(包括所开具的建筑业营业税发票、银行转账单等收款凭证、向其他单位支付分包款所取得的建筑业发票及合同等)和建筑业营业税纳税义务实现时间的税法规定,计算税款;同时依据国家统一会计制度的规定,将形成的税款,借记"营业税金及附加"科目,贷记"应交税费——应交营业税"科目。

纳税人提供建筑劳务,取得甲方预付材料或工程款时,借记"银行存款"、"工程物资"科目,贷记"预收账款"科目;当期按收到的预收款计算缴纳营业税,借记"应交税费——应交营业税"科目,贷记"银行存款"科目;收入实现时,按预收款应计提的营业税,借记"营业税金及附加"科目,贷记"应交税费——应交营业税"科目。

建筑业务实行转包或分包的,总承包人为扣缴义务人的,应按规定代扣代缴营业税。代扣营业税金时,借记"应付账款——应付分包款项"科目,贷记"应交税费——应交营业税"科目。分包人应纳营业税由总承包人作为扣缴义务人,在支付工程款时扣缴的营业税,借记"在建工程"或者"应付账款"科目,贷记"应交税费——应交营业税"科目。

【例 5-1】　F 公司 2009 年 5 月份承包甲公司一项工程,工期 10 个月,已按期完工交付。F 公司取得工程总承包收入 3 000 万元,其中:装修工程 500 万元,分包给乙公司承建,支付分包工程款 500 万元。F 公司完成该工程累计发生合同成本 2 200 万元,其中材料成本 1 800 万元。另外,该工程由甲公司提供原材料 1 200 万元。F 公司还取得机械作业收入 35 万元。

上述款项均以银行存款收支。请计算 F 公司应纳营业税税额,并作出相应会计分录。

①税法解析:

按现行税法规定,建筑企业实行转包或分包的,总承包人为扣缴义务人的,应按规定代扣代缴营业税＝500×3％＝15(万元)。纳税人提供建筑业劳务的,其营业额应当包括工程所用原材料、设备及其他物资和动力价款在内,因此,F 公司应纳营业税＝(3 000－500)×3％＝75(万元)。机械作业也是提供建筑劳务,应纳营业税＝35×3％＝1.05(万元)。

②会计处理:

收到甲公司预付材料:

借:工程物资　　　　　　　　　　　　　　　　12 000 000
　　贷:预收账款　　　　　　　　　　　　　　　　　12 000 000

F 公司完成该工程发生工程成本:

借:工程施工——合同成本　　　　　　　　　　22 000 000
　　贷:银行存款——工程物资　　　　　　　　　　　22 000 000

收到甲公司一次性结算的工程款:

借:银行存款　　　　　　　　　　　　　　　　18 000 000
　　预收账款　　　　　　　　　　　　　　　　12 000 000
　　贷:工程结算　　　　　　　　　　　　　　　　　30 000 000

分包工程完工验收,与乙公司结算工程款:

借:工程施工——合同成本　　　　　　　　　　5 000 000
　　贷:应付账款——乙公司　　　　　　　　　　　　5 000 000

确认收入与成本：

借：三营业务成本   27 000 000

  二程施工——合同毛利   3 000 000

   贷：主营业务收入   30 000 000

确认机械作业收入：

借：银行存款   350 000

   贷：其他业务收入   350 000

应交营业税税额＝75＋1.05＝76.05（万元）

借：营业税金及附加   750 000

  其他业务成本   10 500

   贷：应交税费——应交营业税   760 500

代扣营业税：

借：应付账款——乙公司   150 000

   贷：应交税费——应交营业税   150 000

支付分包工程款：

借：应付账款——乙公司   4 850 000

   贷：银行存款   4 850 000

工程完工，对冲工程结算与工程施工：

借：工程结算   30 000 000

   贷：工程施工——合同成本   25 000 000

      ——合同毛利   5 000 000

三、金融保险业营业税会计核算

  金融保险业分为金融和保险两部分。金融是指经营货币资金融通的业务，包括贷款、金融租赁、金融商品转让、金融经纪业务和其他金融业务。保险是指以通过契约形式集中起来的资金，用来补偿被保险人的经济利益的业务。但是按现行营业税法规规定，金融机构往来利息收入、保险公司摊回的分保费用、金融机构的出纳长款收入、保险企业取得的追偿款等项目不征营业税。

  金融业计税依据，一般包括从事金融业务的纳税人取得的全部收入。从金融业务的性质看，营业额主要有两种情况：一是全额收入，包括全额利息收入（包括罚息、加息、结算罚款）和手续费收入；二是差额收入，包括差额利息收入或差价收入。自 2003 年 1 月 1 日起贷款业务纳税义务发生时间明确规定：(1)纳税人发放贷款后，其贷款利息自结息日起，逾期未满 90 天（含 90 天）的应收未收利息，应以取得利息收入权利的当天为其纳税义务发生时间；(2)原有的应收未收贷款利息逾期 90 天(不含 90 天)以上的,该笔贷款新发生的应收未收利息,无论该贷款本金是否逾期,其纳税义务发生时间均为实际收到利息的当天;(3)对纳税人发生的已缴纳营业税的应收未收利息,若在 90 天(不含 90 天)以后仍未收回的,可冲减当期应税营业额。

纳税人发生金融保险业营业税征收范围的业务时,应根据原始凭证(包括所开具的金融保险业营业税发票、境外保险费支付凭证、合同及结息单据等)和金融保险业营业税纳税义务实现时间的税法规定,计算税款;同时依据金融保险业会计制度的规定,将形成的税款,借记"营业税金及附加"科目,贷记"应交税费——应交营业税"科目。

扣缴义务人按应代扣代缴的营业税,贷记"应交税费——应交营业税"科目,其对应借方科目为"应付账款——应付委托贷款利息"等。

【例 5-2】 C 银行分理处第一季度结息时,一季度各项贷款利息收入资料如下:前期已交营业税的应收未收利息 10 000 元,90 天后仍未收回;本期按时收到的贷款利息收入 40 000 元;逾期未满 90 天的应收未收利息 32 000 元;逾期 90 天以上的应收未收利息 13 000 元;本期实际收到逾期 90 天以上的贷款利息 12 800 元;同期发生金融机构拆借资金业务收入 35 000 元;转贷外汇业务发生贷款利息收入 200 000 元,借款利息支出 88 000 元;发生手续费收入 60 000 元。

①税法解析:

按现行税法规定,贷款利息收入的确认同时遵循权责发生制和收付实现制,即自结息日起,逾期未满 90 天(含 90 天)的应收未收利息,应以取得利息收入权利的当天确认收入计算纳税额=(40 000+32 000)×5%=3 600(元);原有的应收未收贷款利息逾期 90 天(不含 90 天)以上的,该笔贷款新发生的应收未收利息,无论该贷款本金是否逾期,在实际收到利息时计算纳税额为 12 800×5%=640(元);对纳税人发生的已缴纳营业税的应收未收利息,若在 90 天(不含 90 天)以后仍未收回的,可冲减当期应税营业额=10 000+13 000=23 000(元)。外汇转贷业务以差额利息收入计算纳税额=(200 000−88 000)×5%=5 600(元)。手续费收入全额纳税为:60 000×5%=3 000(元)。金融机构拆借资金利息收入免税。

②会计处理:

逾期 90 天以上未收到的利息冲减本期收入=10 000+13 000=23 000(元)

借:应收利息　　　　　　　　　　　　　　　　　23 000

　　贷:利息收入　　　　　　　　　　　　　　　　　　23 000

确认利息收入=40 000+32 000+12 800=84 800(元)

借:吸收存款　　　　　　　　　　　　　　　　　52 800
　　应收利息　　　　　　　　　　　　　　　　　32 000
　　　贷:利息收入　　　　　　　　　　　　　　　　　　84 800

同期发生金融机构拆借资金业务收入 35 000 元,确认收入但无须缴纳营业税:

借:吸收存款　　　　　　　　　　　　　　　　　35 000
　　贷:利息收入——拆出资金利息收入　　　　　　　35 000

转贷外汇业务:

借:吸收存款　　　　　　　　　　　　　　　　　200 000
　　贷:利息收入　　　　　　　　　　　　　　　　　　200 000

借:利息支出　　　　　　　　　　　　　　　　　88 000
　　贷:吸收存款　　　　　　　　　　　　　　　　　　88 000

取得手续费收入 60 000 元:

借:吸收存款　　　　　　　　　　　　　　　　　60 000
　　贷:手续费及佣金收入　　　　　　　　　　　　　60 000

计算应交营业税税额＝3 600＋640＋5 600＋3 000＝12 840(元)

借:营业税金及附加　　　　　　　　　　　　　　12 840
　　贷:应交税费——应交营业税　　　　　　　　　　12 840

【例 5-3】[①]　C 银行 2010 年 1 月 1 日用自有资金向甲公司发放了一笔贷款 20 000 000 元,贷款合同年利率为 8％,期限 5 年。同时,接受乙企业委托,将乙企业闲置资金 1 000 000 元贷给丙公司,并按合同约定,依利息收入的 10％提取手续费,贷款合同年利率为 5％,期限 2 年。上述两笔贷款实际利率均等于合同利率,利率按年收取。已知城市维护建设税税率 7％和教育费附加率 3％。

①税法解析:

根据营业税法相关规定,银行自有资金对外贷款,在合同规定期限内,每年贷款利息收入均为:20 000 000×8％＝1 600 000(元);开展委托贷款业务,其履行营业税扣缴义务营业额为:1 000 000×5％＝50 000(元),依合同约定提取的手续费收入为:50 000×10％＝5 000(元)。2010 年应纳营业税为:1 600 000×5％＋5 000×5％＝80 000＋250＝80 250(元),应纳城市维护建设税和教育费附加为:80 250×7％＋80 250×3％＝5 617.5＋2 407.5＝8 025(元)。2010 年应扣缴营业税为:50 000×5％＝2 500(元),应扣缴城市维护建

---

① 张炜:《纳税会计》,中国财政经济出版社 2009 年版。

设税和教育费附加为:2 500×7‰＋2 500×3‰＝175＋75＝250(元)。

②会计处理:

发放贷款:

借:贷款——本金(甲公司) 　　　　　　　　 20 000 000

　　贷:存放中央银行款项 　　　　　　　　　　　　 20 000 000

借:委托贷款——本金(丙公司) 　　　　　　　 1 000 000

　　贷:吸收存款 　　　　　　　　　　　　　　　　　 1 000 000

确认贷款利息收入:

借:应收利息 　　　　　　　　　　　　　　　 1 650 000

　　贷:利息收入 　　　　　　　　　　　　　　　　　 1 600 000

　　　应付账款——应付委托贷款利息(乙企业) 　　 50 000

收到利息:

借:吸收存款 　　　　　　　　　　　　　　　 1 650 000

　　贷:应收利息 　　　　　　　　　　　　　　　　　 1 650 000

确认手续费收入:

借:应付账款——应付委托贷款利息(乙企业) 　　 5 000

　　贷:手续费及佣金收入 　　　　　　　　　　　　　 5 000

借:营业税金及附加 　　　　　　　　　　　　 88 275

　　应付账款——应付委托贷款利息(乙企业) 　　　 2 750

　　贷:应交税费——应交营业税 　　　　　　　　　　 82 750

　　　　　　　　——应交城市维护建设税 　　　　　 5 792.50

　　　　　　　　——应交教育费附加 　　　　　　　 2 482.50

支付委托贷款利息＝50 000－5 000－2 500－250＝42 250(元)

借:应付账款——应付委托贷款利息(乙企业) 　　 42 250

　　贷:吸收存款 　　　　　　　　　　　　　　　　　 42 250

实际缴纳营业税:

借:应交税费——应交营业税 　　　　　　　　 82 750

　　　　　　——应交城市维护建设税 　　　　 5 792.50

　　　　　　——应交教育费附加 　　　　　　 2 482.50

　　贷:吸收存款 　　　　　　　　　　　　　　　　　 91 025

四、转让无形资产营业税会计核算

转让无形资产是指转让不具有实物形态,但能带来经济利益的资产的所
有权或使用权的行为,包括:转让土地使用权、商标权、专利权、非专利技术、著

作权和商誉。以无形资产投资入股,参与接受方的利润分配、共同承担投资风险的行为,不征收营业税。对投资后转让其股权的收入不征营业税。

纳税人转让无形资产,以向对方收取的全部价款和价外费用为计税营业额。纳税人转让其受让或抵债所得的土地使用权,以全部收入减去土地使用权的受让原价或抵债时该项土地使用权作价后的余额为计税营业额。

纳税人发生转让无形资产业务时,应根据原始凭证和转让无形资产营业税纳税义务实现时间的税法规定计算税款,计入"应交税费——应交营业税"贷方。

纳税人转让无形资产可分为两类:一是转让无形资产使用权,即出租无形资产,其租金收入计入"其他业务收入"科目,相应的营业税金则计入"营业税金及附加"科目;二是转让无形资产所有权,即出售无形资产,除房地产开发企业出售其开发的商品性土地外,其出售净损益通过"营业外收支"科目核算,相应的营业税金,应计入"营业外支出"科目。

单位或者个人将土地使用权无偿赠送其他单位或者个人,视同转让土地使用权计算缴纳营业税,借记"营业外支出"科目,贷记"应交税费——应交营业税"科目。

【例 5-4】　A 公司 2010 年 3 月份将其拥有的一项专利权转让,取得转让收入 2 000 000 元。该专利权的账面余额 1 500 000 元,已计提减值准备 10 000 元。

①税法解析:

转让无形资产收入全额缴纳营业税＝2 000 000×5％＝100 000(元)

城市维护建设税＝100 000×7％＝7 000(元)

教育费附加＝100 000×3％＝3 000(元)

转让资产净收益＝2 000 000－(1 500 000－10 000)－100 000－7 000－3 000

　　　　　　　＝400 000(元)

②会计处理:

借:银行存款	2 000 000
无形资产减值准备	10 000
贷:无形资产	1 500 000
应交税费——应交营业税	100 000
——应交城市维护建设税	7 000
——应交教育费附加	3 000
营业外收入	400 000

【例 5-5】　2010 年 7 月,A 公司以其拥有的一专利权交换 B 公司的 10 辆

货车。A公司该项专利的账面余额为250万元,其公允价值为300万元;B公司的货车购于2009年2月1日,购置原价350万元,购置时已抵扣进项税额59.5万元,至2010年6月止已提折旧60万元,计提减值准备10万元,交换时公允价值280万元。同时,B公司支付A公司补价20万元,并按公允价值向A公司开具增值税专用发票。

①税法解析:

$(20 \div 300) \times 100\% = 6.67\% < 25\%$,则A公司、B公司的交换属于非货物性资产交换。

按我国现行税法规定,A公司、B公司的资产交换行为对双方而言都是有偿转让资产行为,应该缴纳相关流转税和所得税。

对A公司来说,用无形资产交换属于转让无形资产,则:

应纳营业税$= 300 \times 5\% = 15$(万元)

城市维护建设税$= 15 \times 7\% = 1.05$(万元)

教育费附加$= 15 \times 3\% = 0.45$(万元)

转让净收益$= 20 + (300 - 250) = 70$(万元)

换入固定资产价值$= 300 + 15 + 1.0 + 0.455 = 316.5$(万元)

对B公司来说,用固定资产交换属于销售使用过的固定资产,因货车购置时已按规定抵扣进项税额,所以转让时应按公允价值计算,则:

缴纳增值税$= 280 \times 17\% = 47.6$(万元)

城市维护建设税$= 47.6 \times 7\% = 3.332$(万元)

教育费附加$= 47.6 \times 3\% = 1.428$(万元)

转让净收益$= 280 - (350 - 60 - 10) = 0$(元)

换入无形资产价值$= 300 + 47.6 + 3.332 + 1.428 = 352.36$(万元)

②A公司会计处理:

借:固定资产——货车	3 165 000
银行存款	200 000
贷:无形资产	2 500 000
应交税费——应交营业税	150 000
——应交城市维护建设税	10 500
——应交教育费附加	4 500
营业外收入——非货币性资产交换收益	700 000

③B公司会计处理:

将货车净值转入"固定资产清理":

借:固定资产清理　　　　　　　　　　　　2 800 000
　累计折旧　　　　　　　　　　　　　　　　600 000
　固定资产减值准备　　　　　　　　　　　　100 000
　贷:固定资产　　　　　　　　　　　　　　　　　3 500 000
换入专利权:
借:无形资产　　　　　　　　　　　　　　3 523 600
　贷:固定资产清理　　　　　　　　　　　　　　2 800 000
　　应交税费——应交增值税(销项税额)　　　　476 000
　　　　——应交城市维护建设税　　　　　　　　33 320
　　　　——应交教育费附加　　　　　　　　　　14 280
　　银行存款　　　　　　　　　　　　　　　　　200 000

五、销售不动产营业税会计核算

销售不动产是指有偿转让不动产所有权的行为,包括销售建筑物(构筑物)和其他土地附着物。单位或者个人将不动产无偿赠送其他单位或者个人,视同销售不动产。纳税人以不动产投资入股,参与接受投资方利润分配、共同承担投资风险的行为,不需计算缴纳营业税。对投资后转让其股权的收入不征营业税。

纳税人销售不动产,以向购买方收取的全部价款和价外费用为计税营业额。单位和个人销售或转让其购置的不动产,以全部收入减去不动产或土地使用权的购置原价后的余额为营业额。单位和个人转让抵债所得的不动产,以全部收入减去抵债时该项不动产作价后的余额为营业额。

纳税人发生销售不动产时,应根据原始凭证和销售不动产营业税纳税人义务实现时间的税法规定计算税款,计入"应交税费——应交营业税"贷方。纳税人出售其作为固定资产核算的不动产时,计提的营业税通过"固定资产清理"账户核算,计提营业税时,借记"固定资产清理"科目,贷记"应交税费——应交营业税"科目。纳税人销售在建不动产应计提的营业税,借记"在建工程"等科目,贷记"应交税费——应交营业税"科目。纳税人缴纳营业税时,借记"应交税费——应交营业税"科目,贷记"银行存款"科目。

【例 5-6】　2010 年 5 月,A 公司"应收账款"账户有一笔 300 万元应收账款,因债务人 D 公司资金周转困难已经逾期。6 月份,通过债务重组,A 公司收到债务人 D 公司用于抵债的房屋一栋,该房屋账面原价 400 万元,已提折旧 150 万元。在债务重组过程中,支付印花税、契税、过户费等有关税费 16 万元。债务重组后,A 公司当月将房屋转让,取得转让收入 320 万元。

①税法解析：

纳税人转让抵债所得的不动产，以全部转让收入减去抵债时该项不动产作价后的余额为营业额，则：

应纳营业税＝(320－300)×5%＝1(万元)

城市维护建设税＝1×7%＝0.07(万元)

教育费附加＝1×3%＝0.03(万元)

按产权转移书据计算印花税＝320×0.5‰＝0.16(万元)

转让净收益＝320－300－16－1－0.07－0.03－0.16＝2.74(万元)

②会计处理：

债务重组后取得房屋所有权入账：

借:固定资产——房屋	3 160 000	
贷:应收账款——D公司		3 000 000
银行存款		160 000

转让房屋：

借:固定资产清理	3 160 000	
贷:固定资产		3 160 000

取得转让收入：

借:银行存款	3 200 000	
贷:固定资产清理		3 200 000

计算相关税费：

借:固定资产清理	12 600	
贷:应交税费——应交营业税		10 000
——应交城市维护建设税		700
——应交教育费附加		300
——应交印花税		1 600

结转转让净收益2.74万元：

借:固定资产清理	27 400	
贷:营业外收入		27 400

【例5-7】　F公司主要从事建筑安装业务。2010年7月,F公司当月自建完成的一栋房屋出售,其建筑成本为6 000万元,建筑业同类应税劳务收入为8 000万元,房屋售价为10 000万元。同月,公司还将一栋7月份完工的自建别墅作为奖励,奖给为公司作出突出贡献的人员,并已过户给员工个人。该别墅账面成本为600万元,同类别墅应税建筑劳务收入为800万元,售价为1 000万元。

①税法解析：

纳税人自己新建建筑物后销售，其自建行为视为提供建筑劳务，按建筑业缴纳营业税，即自建行为需缴纳建筑业和销售不动产两笔营业税。而纳税人将不动产捐赠给其他单位或个人的，视同销售不动产，因而将别墅奖励给个人应该也视为销售行为。

自建房屋销售应纳营业税＝8 000×3％＋10 000×5％

$$＝240＋500＝740（万元）$$

城市维护建设税＝740×7％＝51.8（万元）

教育费附加＝740×3％＝22.2（万元）

印花税＝10 000×0.5‰＝5（万元）

自建别墅用于奖励应纳营业税＝800×3％＋1 000×5％

$$＝24＋50＝74（万元）$$

城市维护建设税＝74×7％＝5.18（万元）

教育费附加＝74×3％＝2.22（万元）

印花税＝1 000×0.5‰＝0.5（万元）

②自建房屋销售会计处理：

自建房屋完工交付：

借：固定资产	60 000 000
贷：在建工程	60 000 000

出售房屋：

借：固定资产清理	60 000 000
贷：固定资产	60 000 000

取得房屋销售收入：

借：银行存款	100 000 000
贷：固定资产清理	100 000 000

计算相关税费：

借：固定资产清理	8 190 000
贷：应交税费——应交营业税	7 400 000
——应交城市维护建设税	518 000
——应交教育费附加	222 000
——应交印花税	50 000

实现销售净收益＝10 000－6 000－819＝3 181（万元）

借：固定资产清理	31 810 000
贷：营业外收入	31 810 000

③自建别墅奖励给个人会计处理：

别墅完工：

借：固定资产	6 000 000
贷：在建工程	6 000 000

用于奖励：

借：管理费用	6 819 000
贷：固定资产	6 000 000
应交税费——应交营业税	740 000
——应交城市维护建设税	51 800
——应交教育费附加	22 200
——应交印花税	5 000

期末调增应税所得＝1 000－681.9＝318.1(万元)

六、房地产业营业税会计核算

房地产开发企业是经营房地产买卖的企业,以销售房地产为主,取得的经营收入应按销售不动产缴纳营业税。房地产开发企业出售其开发的商品房和商品性土地(为转让、出租而开发的土地),属于销售开发产品,取得的收入通过"主营业务收入"科目核算,相应计提的营业税金通过"营业税金及附加"科目核算。房地产开发企业以预收款方式销售其开发产品时,应依我国税法规定计算缴纳营业税,但不进行计提营业税的会计核算,实际缴纳营业税时,借记"应交税费——应交营业税"科目,贷记"银行存款"科目;待预售的开发产品销售实现时,按应纳营业税,借记"营业税金及附加"科目,贷记"应交税费——应交营业税"、"银行存款"等科目。

【例5-8】　E公司主要从事房地产开发,2010年3月,公司预售商品房一批,按总售价5 000万元的30%收取预收款,共计1 500万元,余款在10月份交房时结清。(不考虑城市维护建设税和教育费附加及其他因素)

①税法解析：

采取预收款方式销售不动产,在收到预收款时需预交营业税＝1 500×5%＝75(万元)

交付房产时确认收入,应纳营业税＝1 500×5%＝250(万元)

结清房款时应补交营业税＝250－75＝175(万元)

②会计处理：

收到预收款：

借:银行存款   15 000 000

  贷:预收账款   15 000 000

上缴预收款应交营业税 75 万元:

借:应交税费——应交营业税   750 000

    贷:银行存款   750 000

交付商品房,确认收入:

借:预收账款   15 000 000

    应收账款   35 000 000

    贷:主营业务收入   50 000 000

计算应交营业税＝5 000×5％＝250(万元)

借:营业税金及附加   2 500 000

    贷:应交税费——应交营业税   2 500 000

结清房款,补交营业税 175 万元:

借:应交税费——应交营业税   1 750 000

    贷:银行存款   1 750 000

【例 5-9】 E 房地产开发企业按合同要求,2010 年 5 月将开发完成的商品房用地(2008 年 5 月购入土地,购置成本为 30 000 000 元)转让给甲房地产公司进行继续开发,转让价格为 38 000 000 元,款项已存入银行。

①税法解析:

该房地产开发企业转让其购置土地使用权的应税营业额＝(38 000 000－30 000 000)×5％＝400 000(元)

城市维护建设税＝400 000×7％＝28 000(元)

教育费附加＝400 000×3％＝12 000(元)

②会计处理:

取得转让土地使用权收入:

借:银行存款   38 000 000

    贷:主营业务收入——土地转让收入   38 000 000

计缴相关税金:

借:营业税金及附加   440 000

    贷:应交税费——应交营业税   400 000

            ——应交城市维护建设税   28 000

            ——应交教育费附加   12 000

实际缴纳相关税金:

借：应交税费——应交营业税　　　　　　　　400 000

　　　　　——应交城市维护建设税　　　　 28 000

　　　　　——应交教育费附加　　　　　　 12 000

　　贷：银行存款　　　　　　　　　　　　 440 000

第三节　营业税纳税申报

一、营业税纳税申报期限

营业税的纳税期限分别为 5 日、10 日、15 日、1 个月或者 1 个季度。纳税人的具体纳税期限，由主管税务机关根据纳税人应纳税额的大小分别核定；不能按照固定期限纳税的，可以按次纳税。银行、财务公司、信托投资公司、信用社、外国企业常驻代表机构的纳税期限为 1 个季度。

纳税人以 1 个月或者 1 季度为一个纳税期的，自期满之日起 15 日内申报纳税；以 5 日、10 日或者 15 日为一个纳税期的，自期满之日起 5 日内预缴税款，于次月 1 日起 15 日内申报纳税并结清上月应纳税款。纳税人应按月进行纳税申报，申报期为次月 1 日起至 15 日止，遇最后 1 日为法定节假日的，顺延 1 日；在每月 1 日至 15 日内有连续 3 日以上法定休假日的，按休假日天数顺延。扣缴义务人的解缴税款期限，比照上述规定执行。

二、营业税纳税申报表

(一)营业税纳税申报表

(1)营业税纳税申报表构成如表 5-2 所示。

表5-2 营业税纳税申报表（适用于查账征收的营业税纳税人）

纳税人识别号：
纳税人名称：（公章）
税款所属时间，自 年 月 日至 年 月 日　　填表日期： 年 月 日　　　　　　　　　　　　　　　金额单位：元（列至角分）

税目	营业额			免税收入	税率(%)	本期税款计算		期初欠缴税额	前期多缴税额	税款缴纳				本期应缴税额计算		
	应税收入	应税减除项目金额	应税营业额			本期应纳税额				本期已缴税款						
						小计	免(减)税额			小计	本期已缴税额	本期被扣缴税额	本期已缴欠缴税额	小计	本期应缴税额	本期期末欠缴税额
	2	3	4=2-3	5	6	7=8+9	8=(4-5)×7　9=5×7	10	11	12=13+14+15	13	14	15	16=17+18	17=8-13-14	18=10-11-15
交通运输业																
建筑业																
邮电通讯业																
服务业																
娱乐业																
金融保险业																
文化体育业																
销售不动产																
转让无形资产																
合计																
代扣代缴项目																
总计																

续 表

纳税人或代理人声明：
此纳税申报表是根据国家税收收法律的规定填报的，我确定它是真实的、可靠的、完整的。

如纳税人填报，由纳税人填写以下各栏：

办税人员（签章）：　　财务负责人（签章）：　　法定代表人（签章）：　　联系电话：

如委托代理人填报，由代理人填写以下各栏：

代理人名称：　　经办人（签章）：　　联系电话：　　代理人（公章）：

以下由税务机关填写：

受理人：　　受理日期：　　年　月　日　　受理税务机关（签章）：

注：本表为 A3 横式一式三份，一份纳税人留存，一份主管税务机关留存，一份征收部门留存。

(2)营业税纳税申报表的填报。根据国家税务总局发布的《营业税纳税申报表》填表说明,其主要项目及栏次的填列办法如下:

"纳税人识别号"栏,填写税务登记证号码。"纳税人名称"栏,填写纳税人单位名称全称,并加盖公章。"税款所属时间"栏,按具体的起止年、月、日填写纳税人申报的营业税应纳税额的所属时间。"填表日期"填写纳税人填写本表的具体日期。

"娱乐业"行业区分不同的娱乐业税率填报申报事项。"代扣代缴项目"行应填报纳税人本期按照现行规定发生代扣代缴行为所应申报的事项,分不同税率填报。

表 5-2 中所有栏次数据均不包括本期纳税人经税务机关、财政、审计部门检查以及纳税人自查发生的相关数据。

第 2 栏"应税收入"填写纳税人本期因提供营业税应税劳务、转让无形资产或者销售不动产所取得的全部价款和价外费用(包括免税收入),分营业税税目填报,该栏数据为各相应税目营业税纳税申报表中"应税收入"栏的"合计"数。纳税人提供营业税应税劳务、转让无形资产或者销售不动产发生退款或因财务会计核算办法改变冲减营业额时,不在本栏次调减,在第 11 栏"前期多缴税额"栏次内直接调减税额。

第 3 栏"应税减除项目金额"应填写纳税人本期提供营业税应税劳务、转让无形资产或者销售不动产所取得的应税收入中按规定可扣除的项目金额,分营业税税目填报,该栏数据为相应税目营业税纳税申报表中"应税减除项目金额"栏(或"应税减除项目金额"栏中"小计"项)的"合计"数。

第 5 栏"免税收入"应填写纳税人本期提供营业税应税劳务、转让无形资产或者销售不动产所取得的应税收入中不需税务机关审批可直接免缴税款的应税收入或已经税务机关批准的免税项目应税收入,分营业税税目填报,该栏数据为相应税目营业税纳税申报表中"免税收入"栏的"合计"数。

第 10 栏"期初欠缴税额"填写截至本期(不含本期),纳税人经过纳税申报或报告、批准延期缴纳、税务机关核定等确定应纳税额后,超过法律、法规规定或者税务机关依照法律、法规规定确定的税款缴纳期限未缴纳的税款,分营业税税目填报,该栏数据为相应税目营业税纳税申报表中"期初欠缴税额"栏的"合计"数。

第 11 栏"前期多缴税额"填写纳税人截至本期(不含本期)多缴纳的营业税额,分营业税税目填报,该栏数据为相应税目营业税纳税申报表中"前期多缴税额"栏的"合计"数。

第 13 栏"已缴本期应纳税额"填写纳税人已缴的本期应纳营业税税额。

该栏数据为相应税目营业税纳税申报表中"已缴本期应纳税额"栏的"合计"数。

第14栏"本期已被扣缴税额"填写纳税人本期发生纳税义务,按现行税法规定被扣缴义务人扣缴的营业税税额。该栏数据为相应税目营业税纳税申报表中"本期已被扣缴税额"栏的"合计"数。

第15栏"本期已缴欠缴税额"填写纳税人本期缴纳的前期欠税,包括本期缴纳的前期经过纳税申报或报告、批准延期缴纳、税务机关核定等确定应纳税额后,超过法律、法规规定或者税务机关依照法律、法规规定确定的税款缴纳期限未缴纳的税款。该栏数据为相应税目营业税纳税申报表中"本期已缴欠缴税额"栏的"合计"数。

(二)交通运输业营业税纳税申报表的构成与填报

(1)交通运输业营业税纳税申报表构成如表5-3所示。

表5-3 交通运输业营业税纳税申报表（适用于交通运输业营业税纳税人）

纳税人识别号：

纳税人名称：（公章）

税款所属时间：自 年 月 日 至 年 月 日　　　填表日期： 年 月 日

金额单位：元（列至角分）

应税项目	营业额							本期税款计算					本期已缴税额			本期应缴税额计算			税款缴纳
	应税收入 小计	应税减除项目金额 小计	支付合作运费金额	其他减除项目金额	应税营业额	免税收入	税率（%）	本期应纳税额 小计	本期应纳税额	免（减）税额	期初欠缴税额	前期多缴税额	本期已缴税额 小计	已缴本期应纳税额	本期已缴欠缴税额	本期应缴税额 小计	本期期末应缴税额	本期期末应缴欠缴税额	本期期末应缴欠缴税额
	1	2	3=4+5	4	5	6=2-3	7	8	9=10+11	10=(6-7)×8	11=7×9	12	13	14=15+16	15	16	17=18+19	18=10-15	19=12-13	16
铁路运输																			
其中：货运																			
客运																			
公路运输																			
其中：货运																			
客运																			
水路运输																			
其中：货运																			

续表

应税项目	营业额					税率 (%)	本期税款计算					税款缴纳					
	应税收入减除项目金额			应税营业税收入	免税收入		小计	本期应纳税额	免(减)税额	期初欠缴税额	前期多缴税额	本期已缴税额			本期应缴税额计算		
	小计	支付合作运输方运费金额	其他减除项目金额									小计	已缴本期应纳税额	本期已缴欠缴税额	小计	本期期末应缴税额	本期期末欠缴税额
客运																	
航空运输																	
其中:货运																	
客运																	
管道运输																	
装卸搬运																	
合 计																	

以下由税务机关填写

受理人: 受理日期: 年 月 日 受理税务机关(签章):

注:本表为 A3 横式一式三份,一份纳税人留存,一份主管税务机关留存,一份征收部门留存。

（2）交通运输业营业税纳税申报表的填报。

第2栏"应税收入"填写纳税人本期因提供交通运输业营业税应税劳务所取得的全部价款和价外费用（包括免税收入）。纳税人发生退款或因财务会计核算办法改变冲减营业额时，不在本栏次调减，在第13栏"前期多缴税额"栏次内直接调减税款。

第4栏"支付合作运输方运费金额"应填写纳税人本期支付合作运输方（包括境内、境外合作运输方）并依法取得交通运输业发票或其他有效扣除凭证的运输金额。

第5栏"其他减除项目金额"应填写纳税人本期提供营业税应税劳务所取得的交通运输业应税收入中按我国税法规定其他可扣除的项目金额。

第7栏"免税收入"填写纳税人本期取得的交通运输业应税收入中所含的不需税务机关审批可直接免缴税款的应税收入或已经税务机关批准的免税项目应税收入。

第12栏"期初欠缴税额"填写截至本期（不含本期），纳税人经过纳税申报或报告、批准延期缴纳、税务机关核定等确定应纳税额后，超过法律、法规规定或者税务机关依照法律、法规规定确定的税款缴纳期限未缴纳的税款。

第13栏"前期多缴税额"填写纳税人截至本期（不含本期）多缴纳的营业税税额。

第15栏"已缴本期应纳税额"填写纳税人已缴的本期应纳营业税税额。

第16栏"本期已缴欠缴税额"填写纳税人本期缴纳的前期欠税，包括本期缴纳的前期经过纳税申报或报告、批准延期缴纳、税务机关核定等确定应纳税额后，超过法律、法规规定或者税务机关依照法律、法规规定确定的税款缴纳期限未缴纳的税款。

交通运输业营业税纳税申报表所有栏次数据均不包括本期纳税人经税务机关、财政、审计部门检查及纳税人自查发生的相关数据。

（三）建筑业营业税纳税申报表的构成与填报

（1）建筑业营业税纳税申报表的构成如表5-4所示。

纳税人识别号：

纳税人名称：(公章)

税款所属时间：自　年　月　日至　年　月　日　　　填表日期：　年　月　日　　　金额单位：元(列至角分)

表5-4　建筑业营业税纳税申报表(适用于建筑业营业税纳税人)

申报项目	应税项目	营业额					税率	本期税款计算			本期已缴税款			税款缴纳		本期应缴税额计算			
		应税收入小计	营业减除项目金额			免税收入		小计	本期应纳税额	免(减)税额	期初前期欠缴多缴税额	小计	本期应纳税额	本期已被扣缴税额	本期已缴欠缴税额	小计	本期应缴税额	本期期末欠缴税额	本期期末应缴税额
			其他减除项目金额	支付给分(转)包人工程价款	减除设备价款								已缴						
	1	2		5	6	7	9	11	12	13		15	17	18	19		21		
	2	3=4+5+6+7		6	7	8=3-4	10	11=12+13	12=(8-9)×10	13=9×10	14	15	16=17+18+19	17+18+19		19	20=21+22	21=12-19	22	22=14-15 17-18 16
本地提供建筑业应税劳务申报项目　建筑																			
安装																			
修缮																			
装饰																			
其他工程作业																			
自律行为																			
税务申报事项																			
合　计																			
代扣代缴项目																			
总　计																			

续 表

申报项目		营业额					免税收入	税率	本期税款计算			税款缴纳					
		应税减除项目金额				营业额			小计			本期已缴税额			本期应缴税款计算		
		应税收入小计	支付给分(转)包人工程价款	其他应税减除项目金额	减除设备价款				本期应纳税额	免(减)税额	期初前期欠(减)多缴税额	小计 本期已缴纳税额	本期已被扣缴税额	本期已缴欠缴税额	小计 本期应缴欠缴税额	本期期末应缴税额	本期期末欠缴税额
应税项目	建筑																
	安装																
	修缮																
	装饰																
	其他工程作业																
异地提供建筑业税劳务申报事项	自建行为																
	合 计																
代扣代缴项目																	
	总 计																

以下由税务机关填写

受理人： 受理日期： 年 月 日 受理税务机关（签章）：

注：本表为 A3 横式一式三份，一份纳税人留存，一份主管税务机关留存，一份征收部门留存。

(2)建筑业营业税纳税申报表的填报。

第1栏"本地提供建筑业应税劳务申报事项"填写独立核算纳税人在其机构所在地主管税务机关税收管辖权限范围内因提供建筑业应税劳务所发生的相关应申报事项,包括纳税人本身及其所属非独立核算单位所发生的全部应申报事项。

第1栏"异地提供建筑业应税劳务申报事项"填写独立核算纳税人在其机构所在地主管税务机关税收管辖权限范围以外因提供建筑业应税劳务所发生的相关应申报事项,包括纳税人本身及其所属非独立核算单位所发生的全部应申报事项。

第2栏"自建行为"行是在纳税人自建建筑物后销售或对外赠与时应就自建建筑物提供建筑业劳务的相应申报事项。

第2栏中"代扣代缴项目"行应填写纳税人本身及其所属非独立核算单位按照现行规定发生代扣代缴行为所应申报的事项。

第3栏"应税收入"填写纳税人本身及其所属非独立核算单位在本期因提供建筑业应税劳务所取得的全部价款和价外费用(包括总包收入、分包收入、转包收入和免税收入),分本地、异地按照不同应税项目填报。其中"代扣代缴项目"行应填报支付给分(转)包人的全部价款和价外费用(包括免税收入),按照本地、异地分别填报。纳税人发生退款或因财务会计核算办法改变冲减营业额时,不在本栏次调减,在第15栏"前期多缴税额"栏次内直接调减税额。全部价款和价外费用(含免税收入)填写该项工程所包含的料、工、费、利润和税金等全部工程造价,其中"料"包括全部材料价款、动力价款和其他物资价款。

第5栏"支付给分(转)包人工程价款"填写纳税人本身及其所属非独立核算单位本期支付给分(转)包人的全部价款和价外费用,按照本地、异地分别填报。

第6栏"减除设备价款"填写纳税人本身及其所属非独立核算单位本期提供建筑业劳务所取得的应税收入中按照现行规定可以减除的设备价款,不包含因发生扣缴义务支付给分(转)包人的工程价款中所包含的设备价款,分本地、异地按照不同应税项目填报。其中,"代扣代缴项目"行应填报支付给分(转)包人的工程价款中按照现行规定可以减除的设备价款,按照本地、异地分别填报。纳税人应按照建筑业劳务发生地的税务机关所确定设备减除范围填报本栏。

第7栏"其他减除项目金额"填写纳税人本身及其所属非独立核算单位本期提供建筑业应税劳务所取得的应税收入中按照现行规定其他可减除的款项金额,不包含因发生扣缴义务支付给分(转)包人的工程价款中所包含的其他可减除的款项金额,分本地、异地按照不同应税项目填报。其中,"代扣代缴项目"行应填报支付给分(转)包人的工程价款中按照现行规定可以减除的设备价款,按照本地、异地分别填报。

第9栏"免税收入"填写纳税人本身及其所属非独立核算单位本期提供建筑业应税劳务所取得的应税收入中所含的不需税务机关审批可直接免缴税款的应税收入或已经税务机关批准的免税项目应税收入,分本地、异地按照不同应税项目填报。其中,"代扣代缴项目"行应填报支付给分(转)包人的工程价款中所含的不需税务机关审批可直接免缴税款的应税收入或已经税务机关批准的免税项目应税收入,按照本地、异地分别填报。

第14栏"期初欠缴税额"填写截至本期(不含本期),纳税人本身及其所属非独立核算单位经过纳税申报或报告、批准延期缴纳、税务机关核定等确定应纳税额后,超过法律、法规规定或者税务机关依照法律、法规规定确定的税款缴纳期限未缴纳的税款,按本地、异地分别填入"合计"行本栏次。其中,"代扣代缴项目"行应填报截至本期(不含本期)经过纳税申报或报告、批准延期缴纳、税务机关核定等确定应纳税额后,超过法律、法规规定或者税务机关依照法律、法规规定确定的税款解缴期限未解缴的税款,按本地、异地分别填报。

第15栏"前期多缴税额"填写纳税人本身及其所属非独立核算单位截至本期(不含本期)多缴纳的营业税税额,按本地、异地分别填入"合计"行本栏次。其中,"代扣代缴项目"行应填报截至本期(不含本期)多扣缴的建筑业营业税税额,按本地、异地分别填报。

第17栏"已缴本期应纳税额"填写纳税人已缴的本期应纳建筑业营业税额。

第18栏"本期已被扣缴税额"填写纳税人本身及其所属非独立核算单位在本期因提供建筑业应税劳务而被扣缴的建筑业营业税税额。分本地、异地按照不同应税项目填报。

第19栏"本期已缴欠缴税额"填写纳税人本身及其所属非独立核算单位本期缴纳的前期欠税,包括本期缴纳的前期经过纳税申报或报告,批准延期缴纳、税务机关核定等确定应纳税后,超过法律、法规规定或者税务机关依照法律、法规规定确定的税款缴纳期限未缴纳的税款,按本地、异地分别填入"合计"行本栏次。其中,"代扣代缴项目"行应填报纳税人本身及其所属非独立核算单位在本期已解缴的前期欠税,包括本期解缴的前期经过纳税申报或报告、批准延期缴纳、税务机关核定等确定应纳税额后,超过法律、法规规定或者税务机关依照法律、法规规定确定的税款解缴期限未解缴的税款,按本地、异地分别填报。

《建筑业营业税纳税申报表》所有栏次数据均不包括本期纳税人经税务机关、财政、审计部门检查及纳税人自查发生的相关数据。

(四)金融保险业营业税纳税申报表的构成与填报

(1)金融保险业营业税纳税申报表的构成如表5-5所示。

表 5-5　金融保险业营业税纳税申报表

纳税人识别号：

纳税人名称：(公章)

税款所属时间：自　年　月　日至　年　月　日　　　填表日期：　年　月　日

金额单位:元(列至角分)

经营项目	营业额						税率	本　期			
	应税全部收入	应税减除项目额	应税营业额	免税全部收入	免税减除项目额	免税营业额		应纳税额	免(减)税额	已纳税额	应补(退)税额
1	2	3	4=2-3	5	6	7=5-6	8	9=4×8	10=7×8	11	12=9-11
一般贷款											
外汇转贷											
融资租赁											
买卖股票											
买卖债券											
买卖外汇											
买卖其他金融商品											
金融经纪业务和其他金融业务											
保险业务											
储金业务											
其他											
合计											
代扣代缴税款											
金融机构往来收入											
投资损益											

续表

如纳税人填报，由纳税人填写以下各栏　　如委托代理人填报，由代理人填写以下各栏

法人代表或单位负责人：	代理人名称		备注
	代理人地址		
会计主管：	经办人	电话	代理人（签章）
（盖章）			
（盖章）			

以下由税务机关填写

收到申报表日期	接收人	

注：本表为 A3 横式一式三份，一份纳税人留存，一份主管税务机关留存，一份征收部门留存。

（2）金融保险业营业税纳税申报表的填报。

第2栏"应税全部收入"指税法规定的营业税征收范围内的全部应税营业收入。根据不同的应税项目填写该应税项目的全部收入，包括该应税项目中的减除项目。融资租赁业务应填写包括出租货物价款（相当于贷款本金）在内的全部租金收入。

第3栏"应税减除项目额"是指税法规定的可以从应税收入中减除的部分。例如，纳税人从事外汇转贷业务所支付的借款利息支出额；又如，纳税人从事融资租赁业务所支出的购置货物的价款；等等。对于外汇转贷业务，只有贷出部分的本金的利息支出才允许减除，贷入但未贷出部分的本金所支出的利息不允许减除。

第4栏"应税营业额"是指税法规定的营业税征收范围内的应税营业额，即应税全部收入减去应税减除项目额的收入额，如果减去的结果为负值，本栏按0填写。

第5栏"免税全部收入"是指税法规定的营业税收范围内的允许免税的项目的全部收入，包括该免税项目中的减除项目。

第6栏"免税减除项目额"是指税法规定的可以从免税全部收入中减除的部分。

第7栏"免税营业额"是指税法规定的营业税征收范围内的允许免税的项目的营业额，即免税全部收入减去免税减除项目额的收入额。

第8栏"税率"根据申报税务机关的不同（国税和地税）填写相应的税率，如地税应填5％，国税原则上应填1％（2002）。但如有税法规定减税的，如政策性银行，税率减按5％执行，则国税在税率栏填写0％。

表5-5中的"保险业务"均不含储金类保险业务的保费收入。

（五）娱乐业营业税纳税申报表的构成与填报

（1）娱乐业营业税纳税申报表的构成，如表5-6所示。

纳税人识别号：
纳税人名称：(公章)
税款所属时间：自 年 月 日至 年 月 日　　填表日期：　年　月　日　　金额单位：元(列至角分)

表 5-6 娱乐业营业税纳税申报表(适用于娱乐业营业税纳税人)

应税项目	营业额					本期税款计算					税款缴纳			本期应缴税额计算		
	应税收入	应税减除项目金额	应税营业额	免税收入	税率(%)	小计	本期应纳税额	本期应免税额	期初欠缴税额	前期多缴税额	本期已缴税额 小计	已缴税额	本期应缴欠缴税额	小计	本期应缴税额	本期期末未缴欠缴税额
1	2	3	4=2-3	5	6	7=8+9	8=(4-5)×6	9=5×6	10	11	12=13+14	13	14	15=16+17	16=17-10-8-13	17=10-11-14
歌 厅																
舞 厅																
夜总会																
练歌房																
恋歌房																
卡拉OK歌舞厅																
舞厅																
酒 吧																
音乐茶座																
高尔夫球																
台球,保龄球																

续 表

应税项目	营业额			税率(%)	本期税款计算					税款缴纳						
	应税收入	应税减除项目金额	免税收入		小计	本期应纳税额	本期应免(减)税额	期初欠税额	前期多缴税额	本期已缴税额			本期应缴税额计算			
										小计	本期已缴纳税额	本期缴欠税额	小计	本期应缴未缴税额	期末应缴欠税额	期末未缴税额
游艺场																
网吧																
其他																
合 计																

以下由税务机关填写:

受理税务机关(签章):

受理人: 受理日期: 年 月 日

注:本表为 A3 横式一式三份,一份纳税人留存,一份主管税务机关留存,一份征收部门留存。

（2）娱乐业营业税纳税申报表的填报。

第 2 栏"应税收入"填写纳税人本期因提供娱乐业营业税应税劳务所取得的全部价款和价外费用（包括免税收入）。纳税人发生退款或因财务会计核算办法改变冲减营业额时，不在本栏次调减，在第 11 栏"前期多缴税额"栏次内直接调减税额。

第 3 栏"应税减除项目金额"应填写纳税人本期提供营业税应税劳务所取得的娱乐业应税收入中按规定可扣除的项目金额。

第 5 栏"免税收入"填写纳税人本期取得的娱乐业应税收入中所含的不需税务机关审批可直接免缴税款的应税收入或已经税务机关批准的免税项目应税收入。

第 10 栏"期初欠缴税额"填写截至本期（不含本期），纳税人经过纳税申报或报告、批准延期缴纳、税务机关核定等确定应纳税额后，超过法律、法规规定或者税务机关依照法律、法规规定确定的税款缴纳期限未缴纳的税款截至本期（不含本期）尚未缴纳的全部营业税应交税额。

第 11 栏"前期多缴税额"填写纳税人截至本期（不含本期）多缴纳的营业税税额。

第 13 栏"已缴本期应纳税额"填写纳税人已缴的本期应纳营业税税额。

第 14 栏"本期已缴欠缴税额"填写纳税人本期缴纳的前期欠税，包括本期缴纳的前期经过纳税申请或报告、批准延期缴纳、税务机关核定等确定应纳税额后，超过法律、法规规定或者税务机关依照法律、法规规定确定的税款缴纳期限未缴纳的税款。

本表所有栏次数据均不包括本期纳税人经税务机关、财政、审计部门检查及纳税人自查发生的相关数据。

（六）服务业营业税纳税申报表的构成与填报

（1）服务业营业税纳税申报表的构成如表 5-7 所示。

表 5-7 服务业营业税纳税申报表(适用于服务业营业税纳税人)

纳税人识别号:
纳税人名称:(公章)
税款所属时间:自 年 月 日至 年 月 日   填表日期: 年 月 日   金额单位:元(列至角分)

应税项目	营业额				税率(%)	本期税款计算					税款缴纳					
											本期已缴税款			本期应缴税额计算		
	应税收入	应减除项目金额	应税营业额	免税收入		小计	本期应纳税额	免(减)税额	期初欠缴税额	前期多缴税额	小计	已缴本期应纳税额	本期已缴欠缴税额	小计	本期期末应缴税额	本期期末欠缴税额
1	2	3	4=2-3	5	6	7=8+9	8=(4-5)×6	9=5×6	10	11	12=13+14	13	14	15=16+17	16=8-13	17=10-11-14
旅店业																
饮食业																
旅游业																
仓储业																
租赁业																
广告业																
代理业																

续 表

应税项目	营业额			税率（%）	本期税款计算					税款缴纳				本期应缴税额计算		
	应税收入	应税减除项目金额	免税营业额		小计	本期应纳税额	免（减）税额	期初欠缴税额	前期多缴税额	本期已缴税额				本期应缴税额		
										小计	应纳本期已缴税额	本期已缴欠缴税额		小计	本期期末应缴税额	本期期末欠缴税额
其他																
服务业																
合 计																

以下由税务机关填写：

受理人： 受理日期： 年 月 日 受理税务机关（签章）：

注：本表为 A3 横式一式三份，一份纳税人留存，一份主管税务机关留存，一份征收部门留存。

（2）服务业营业税纳税申报表的填报。

第2栏"应税收入"填写纳税人本期因提供服务业应税劳务所取得的全部价款和价外费用（包括免税收入）。纳税人发生退款或因财务会计核算办法变冲减营业额时，不在本栏次调减，在第11栏"前期多缴税额"栏次内直接调减税额。

第3栏"应税减除项目金额"应填写纳税人本期提供营业税应税劳务所取得的服务业应税收入中按规定可扣除的项目金额，分不同应税项目填写，该栏数据为《服务业减除项目金额明细申报表》中相应"应税项目"的"金额小计"数。

第5栏"免税收入"填写纳税人本期取得的服务业应税收入中所含的不需税务机关审批可直接免缴税款的应税收入或已经税务机关批准的免税项目应税收入。

第10栏"期初欠缴税额"填写截至本期（不含本期），纳税人经过纳税申报或报告、批准延期缴纳、税务机关核定等确定应纳税额后，超过法律、法规规定或者税务机关依照法律、法规规定确定的税款缴纳期限未缴纳的税款。

第11栏"前期多缴税额"填写纳税人截至本期（不含本期）多缴纳的营业税税额。

第13栏"已缴本期应纳税额"填写纳税人已缴的本期应纳营业税税额。

第14栏"本期已缴欠缴税额"填写纳税人本期缴纳的前期欠税，包括本期缴纳的前期经过纳税申报或报告、批准延期缴纳、税务机关核定等确定应纳税额后，超过法律、法规规定或者税务机关依照法律、法规规定确定的税款缴纳期限未缴纳的税款。

《服务业营业税纳税申报表》所有栏次数据均不包括本期纳税人经税务机关、财政、审计部门检查及纳税人自查发生的相关数据。

本章小结

本章首先介绍营业税会计科目与账户设置；然后介绍营业税会计核算的基本内容；接着分不同行业，侧重介绍不同行业营业税会计处理方法；最后介绍营业税纳税申报填写方法。要求重点掌握建筑业、金融保险业、房地产业、转让无形资产、销售不动产营业税的会计处理方法。

复习思考题

一、思考题

1. 营业税会计科目和账户应如何设置?
2. 建筑施工企业会计核算涉及哪些科目?
3. 简述金融企业会计核算与一般制造企业的区别。
4. 哪些非货币性资产交换涉及营业税? 应如何进行会计处理?

二、业务题

1. 某长途客运公司地处市区,流转税纳税期限为 1 个月,7 月份取得客运收入 1 000 000 元。另外,向旅客收取代旅客购买保险支付的保险费 20 000 元。

要求:先计算税款,再编制相关会计分录。

2. 某远洋运输公司(系自开票纳税人)2010 年 3 月运输一批货物到国外某地,开具运费发票收取全程运费 900 000 元,货物到达该国境内后,改由该国 A 运输公司运输到目的地,支付 A 承运公司运费 200 000 元,还支付国内 B 联运公司运费 100 000 元。所支付款项均取得法定扣除凭证。(不考虑城市维护建设税和教育费附加及其他因素)

要求:先计算税款,再编制相关会计分录。

3. 某运输公司本月对外销售建筑物一幢,该建筑物购入原价(入账价) 10 000 000 元,已使用 10 年,已计提折旧 4 750 000 元。出售该建筑物取得收入 15 000 000 元,发生清理费用 100 000 元。(不考虑城市维护建设税和教育费附加及其他因素)

要求:先计算税款,再编制相关会计分录。

4. 甲房地产开发企业采用分期收款方式出售给乙公司一栋商品房,该商品房销售价款为 1 800 000 元,双方签订的合同规定价款分三次支付;20×8 年 10 月移交房屋时支付 50%,计 900 000 元;第二年 10 月支付 30%;第三年 10 月支付 20%。(不考虑城市维护建设税和教育费附加及其他因素)

要求:先计算税款,再编制相关会计分录。

第六章 企业所得税会计

学习导航

1. 重点掌握资产负债表债务法的会计核算。

2. 一般掌握账户设置、所得税清算及调整的会计核算、纳税影响会计法下的递延法。

3. 了解企业应纳所得税额的计算、应付税款法。

企业所得税是对我国境内的企业和其他取得收入的组织的生产/经营所得和其他所得征收的所得税。

现行《企业所得税法》的基本规范,是 2007 年 3 月 16 日第十届全国人民代表大会第五次全体会议通过的《中华人民共和国企业所得税法》和 2007 年 11 月 28 日国务院第 197 次常务会议通过的《中华人民共和国企业所得税法实施条例》。

企业所得税的计税依据是应纳税所得,它以利润为主要依据,但不是直接意义上的会计利润,更不是收入总额。在计算所得税时,计税依据的计算涉及纳税人的成本、费用的各个方面,使得所得税计税依据的计算较为复杂。企业所得税在征收过程中,为了发挥所得税对经济的调控作用,也会根据调控目的和需要,在税制中采取各种税收激励或限制措施,因而使所得税的计算更为复杂。

背景资料

新《企业所得税法》是 2007 年 3 月 16 日第十届全国人民代表大会第五次会议通过,自 2008 年 1 月 1 日起实施。新税法出台的背景主要是针对原税法存在的如不同投资主体分设企业所得税,不符合国际税收惯例;内、外资税法差异较大,不利于企业公平竞争等明显弊端而对于我国税法进行的完善。自 2008 年 1 月 1 日实施的《企业所得税法》统一了企业所得税,体现国民待遇的原则,适当降低了所得税税率,对税前扣除方法进行了简化和规范。同时,税收优惠政策体现了"产业优惠为主、地区优惠为辅"的新的税收优惠理念。

第一节　企业所得税科目设置与账户设置

一、永久性差异和暂时性差异

由于会计制度和税法对损益和纳税所得的计算的目的不同,对收入、费用、利润、资产、负债、所有者权益等的确认与计量方法也不同,所以,按会计方法计算的税前会计利润与按税法计算的纳税所得,对同一企业同一会计期间账面价值与计税基础的计算往往造成差异。这种差异就其原因和性质不同可分两种,即永久性差异和暂时性差异。

(一)永久性差异

永久性差异是指企业一定时期的税前会计利润与纳税所得之间计算的口径不同所产生的差异。这种差异在各会计期间都有可能产生,它在本期发生后,不能够在以后期间转回,包括以下几种情况:

(1)会计核算时作为收入计入税前会计利润,在计算纳税所得时不作收入处理。例如,企业从其他单位分回的已纳税利润,若其已纳的税额是按法定税率计算的,则分回的已纳税利润按税法规定不再缴纳所得税,但会计核算却将此投资收益纳入利润总额;企业购买国债取得的利息收入,在会计上作为税前会计利润的组成部分,而税法则允许从应税所得额中扣除。

(2)在会计核算时不作为收入处理,不计入当期损益,而在计算纳税所得时应作为收入,需缴纳所得税。例如,企业将自己生产的产品用于在建工程、对外投资、做广告、样品等,在会计核算上按成本转账,不计算当期损益,而在税收上需要计入应纳税所得额,缴纳所得税。

(3)在计算税前会计利润时予以扣除,在会计上作为费用或支出处理,而在计算应税所得额时不准予以扣除。例如,各种税收的滞纳金、罚金和罚款,超过国家规定允许扣除的救济性捐赠的限额部分,各种赞助支出等。

(4)在会计上不作为费用、支出或损失处理,而在计算应税所得时准予扣除,如亏损弥补。

(二)暂时性差异

暂时性差异是指资产、负债的计税基础与其列示在财务报表上的账面金额之间的差异,该差异在以后年度,当财务报表上列示的资产收回或列示的负债偿还时,会产生应纳税金额或可抵扣税金额。

(1)在《企业会计准则》中,对企业所得税会计核算中的暂时性差异,根据其形成的原因不同包括以下内容:

①资产、负债的账面价值与其计税基础不同的暂时性差异。资产、负债的账面价值与其计税基础不同产生的差额所形成的暂时性差异,是由于一部分资产、负债的账面价值与其计税基础不同,产生了在未来收回资产或清偿负债的期间内,应纳税所得额增加或减少并导致未来期应交企业所得税增加或减少的情况。

②会计上未作为资产和负债确认的项目产生的暂时性差异。在企业所得税法和会计准则框架之下,企业所得税和会计在部分涉及收入和成本费用的确认与计量上形成的差异,如果不是永久性差异,就应该确认为时间性差异。一部分时间性差异,由于会计上作为资产和负债确认,资产、负债的账面价值与其计税基础不同,形成暂时性差异;另一部分会计上未作为资产和负债确认的项目产生的时间性差异,在企业所得税会计核算时也确认为暂时性差异。

会计上未作为资产和负债确认的项目产生的时间性差异,也可以理解为某些交易或事项发生以后,因为不符合资产、负债的确认条件而未体现为资产负债表中的资产或负债,但按照企业所得税法规定能够确定其计税基础的,其账面价值与计税基础之间的差异也构成暂时性差异。例如,企业对当期租入的建筑物进行装修,会计人员根据会计准则进行判断,确认为费用化处理,于发生时计入当期损益,不体现为资产负债表中的资产。但企业在企业所得税的业务处理上形成一项长期待摊费用,根据《企业所得税法实施条例》第68条规定:租入固定资产的改建支出,按照合同约定的剩余租赁期限分期摊销。于是,会计和企业所得税的业务处理产生差异,这种差异表现为会计对装修费不确认为资产,所以账面价值为零,但在企业所得税上确认为长期待摊费用,可视为一项资产,且计税基础的金额为在"管理费用"项下归集的装修费的金额,由于在以后期间可以扣除,所以应确认为时间性差异,也属于暂时性差异的一种。

根据《企业所得税法》和《企业会计准则》的规定,会计上未作为资产和负债确认的项目产生的时间性差异主要包括:收入确认时间方面,企业所得税和会计不同;职工教育经费超过企业所得税扣除标准的,结转扣除;广告费和业务宣传费超过企业所得税扣除标准的,结转扣除;可结转扣除的税收亏损与亏损结转扣除期税款抵减产生的差异;适用税收优惠条件的企业所得税抵免;长期待摊费用;等等。

(2)根据暂时性差异对未来期间应纳税所得额的影响,分为应纳税暂时性差异、可抵扣暂时性差异,以及特殊项目产生的暂时性差异。

①应纳税暂时性差异,即在确定未来收回资产或清偿负债期间的应纳税所得额时,将导致产生应税金额的暂时性差异。该差异在未来期间转回时,会增加转回期间的应纳税所得额,即在未来期间不考虑该事项影响的应纳税所得额的基础上,由于该暂时性差异的转回,会进一步增加转回期间的应纳税所得额和应交所得税额。

②可抵扣暂时性差异,即在确定未来收回资产或清偿负债期间的应纳税所得额时,将导致产生可抵扣金额的暂时性差异。该差异在未来期间转回时,会减少转回期间的应纳税所得额,和未来期间的应交所得税。

③特殊项目产生的暂时性差异。

第一,未作为资产、负债确认的项目产生的暂时性差异。某些交易或事项发生以后,因为不符合资产、负债的确认条件而未体现为资产负债表中的资产或负债,但按照税法规定能够确定其计税基础的,其账面价值与计税基础之间的差异也构成暂时性差异。

例如,企业为扩大其产品或劳务的影响而在各种媒体上做广告宣传所发生的广告费,应于相关广告见诸媒体时,作为期间费用,直接计入当期营业费用,不得预提和待摊。如果有确凿证据表明(按照合同或协议约定等)企业实际支付的广告费,其相对应的有关广告服务将在未来几个会计年度内获得,则本期实际支付的广告费应作为预付账款,在接受广告服务的各会计年度内,按照双方合同或协议约定的广告费是为了在以后会计年度取得有关广告服务,则应将广告费于相关广告见诸媒体时计入当期损益。《企业所得税法实施条例》第44条规定:"企业发生的复合条件的广告费和业务宣传费支出,除国务院财政、税务主管部门另有规定外,不超过当年销售(营业)收入15%的部分,准予扣除;超过部分,准予在以后纳税年度结转扣除。"由此可见,广告宣传费在媒体发布时或媒体发布的期间据时列支,而税法将其作为一项资产处理。

第二,可抵扣亏损及税款抵减产生的暂时性差异。对于按照税法规定可以结转以后年度的未弥补亏损及税款抵减,虽不是因资产、负债的账面价值与计税基础不同产生的,但本质上可抵扣亏损和税款抵减与可抵扣暂时性差异具有同样的作用,均能够减少未来期间的应纳税所得额和应交所得税,视同可抵扣暂时性差异。

从企业所得税角度,暂时性差异一般确认为时间性差异,其对企业所得税应纳税所得额计算的影响表现为:其一,在差异形成阶段,纳税人计算应纳税所得额时,必须对暂时性差异带来的会计和企业所得税收入与费用的确认与计量不同进行纳税调增或者纳税调减的处理;其二,在以后的企业所得税纳税申报期,产生以前差异转回的过程,即对以前期会计和企业所得税法的时间性差异应作相反的纳税调整。

时间性差异与暂时性差异的比较

时间性差异是指在一个期间产生而在以后的一个或多个期间转回的应纳税所得额与会计利润之间的差额。

暂时性差异是指一项资产或负债的计税基础与其资产负债表账面金额的差额。

所有的时间性差异都是暂时性差异,但并非所有的暂时性差异都是时间性差异。

时间性差异侧重于从收入或费用角度分析会计利润和应纳税所得额之间的差异,揭示的是某个会计期间内产生的差异。

暂时性差异则侧重于从资产和负债的角度分析会计收益和应纳税所得额之间的差异,反映的是某个时点上存在的此类差异。它是指资产、负债的计税基础与其列示在财务报表上的账面金额之间的差异,该差异在以后年度当财务报表上列示的资产收回或列示的负债偿还时,会产生应纳税金额或可抵扣税金额。

二、企业所得税会计科目设置

这里我们按照新会计准则对企业所得税的会计核算,在资产负债表债务法基础上通过设置以下会计科目进行会计核算和账务处理。

(一)应交税费——应交企业所得税

1.会计科目核算内容

本科目核算企业按照《企业所得税法》等规定计算应交纳的企业所得税。

本科目期末如为贷方余额,反映企业尚未缴纳的税费;期末如为借方余额,反映企业多交或尚未抵扣的税费。

2.应交税费——应交企业所得税的主要账务处理

企业按照《企业所得税法》规定计算应交的企业所得税,借记"所得税费用"等科目,贷记本科目。缴纳的企业所得税,借记本科目,贷记"银行存款"等科目。

(二)递延所得税资产

1. 会计科目核算内容

本科目核算企业确认的可抵扣暂时性差异产生的递延所得税资产。

本科目期末为借方余额,其反映企业确认的递延所得税资产。

2. 明细核算

本科目应按可抵扣暂时性差异等项目进行明细核算。根据《企业所得税法》规定,可用以后年度税前利润弥补的亏损及税款抵减产生的企业所得税资产,也在本科目核算。

3. 递延所得税资产的主要账务处理

(1)资产负债表日,企业确认的递延所得税资产,借记本科目,贷记"所得税费用——递延所得税费用"科目。资产负债表日递延所得税资产的应有余额大于其账面余额的,应按其差额确认,借记本科目,贷记"所得税费用——递延所得税费用"等科目;资产负债表日递延所得税资产的应有余额小于其账面余额的差额,作相反的会计分录。

(2)企业合并中取得资产、负债的入账价值与其计税基础不同,形成可抵扣暂时性差异的,应于购买日确认递延所得税资产,借记本科目,贷记"商誉"等科目。

(3)与直接计入所有者权益的交易或事项相关的递延所得税资产,借记本科目,贷记"资本公积——其他资本公积"科目。

(4)资产负债表日,预计未来期间很可能无法获得足够的应纳税所得额可以抵扣可抵扣暂时性差异的,按原已确认的递延所得税资产中应减记的金额,借记"所得税费用——递延所得税费用"、"资本公积——其他资本公积"等科目,贷记本科目。

(三)递延所得税负债

1. 会计科目核算内容

本科目核算企业确认的应纳税暂时性差异产生的企业所得税负债。

本科目期末为贷方余额,其反映企业已确认的递延所得税负债。

2. 明细核算

本科目可按应纳税暂时性差异的项目进行明细核算。

3.递延所得税负债的主要账务处理

(1)资产负债表日,企业确认的递延所得税负债,借记"所得税费用——递延所得税费用"科目,贷记"递延所得税负债"科目。资产负债表日递延所得税负债的应有余额大于其账面余额的,应按其差额确认,借记"所得税费用——递延所得税费用"科目,贷记"递延所得税负债"科目;资产负债表日递延所得税负债的应有余额小于其他账面余额的,作相反的会计分录。

与直接计入所有者权益的交易或事项相关的递延所得税负债,借记"资本公积——其他资本公积"科目,贷记本科目。

(2)企业合并中取得资产、负债的入账价值与其计税基础不同,形成应纳税暂时性差异的,应于购买日确认递延所得税负债,同时调查商誉,借记"商誉"等科目,贷记本科目。

(四)所得税费用

1.会计科目核算内容

本科目核算企业确认的应从当期利润总额中扣除的所得税费用。

期末,应将本科目的余额转入"本年利润"科目,结转后"所得税费用"科目无余额。

2.明细核算

本科目可按"当期所得税费用"和"递延所得税费用"进行明细核算。

3.所得税费用的主要账务处理

(1)资产负债表日,企业按照企业所得税法规定计算确定的当期应交企业所得税,借记本科目(当期所得税费用),贷记"应交税费——应交企业所得税"科目。

(2)资产负债表日,根据递延所得税资产的应有余额大于"递延所得税资产"科目余额的差额,借记"递延所得税资产"科目,贷记"递延所得税费用"、"资本公积——其他资本公积"等科目;递延所得税资产的应有余额小于"递延所得税资产"科目余额的差额,作相反的会计分录。

企业应予确认的递延所得税负债,应当比照上述原则调整"所得税费用"、"递延所得税负债"及有关科目。

(五)以前年度损益调整

1.会计科目核算内容

本科目核算企业本年度发生的调整以前年度损益的事项,以及本年度发现的重要前期差错更正涉及调整以前年度损益的事项。企业在资产负债表日至财务报告批准报出日之间发生的需要调整报告年度损益的事项,也可以通过本科目核算。

2. 以前年度损益调整的主要账务处理

(1)企业调整增加以前年度利润或减少以前年度亏损,借记有关科目,贷记本科目;调整减少以前年度利润或增加以前年度亏损,作相反的会计分录。

(2)由于以前年度损益调整增加的所得税费用,借记本科目,贷记"应交税费——应交所得税"等科目;由于以前年度损益调整减少的所得税费用,作相反的会计分录。

(3)经上述调整后,应将本科目的余额转入"利润分配——未分配利润"科目。本科目如为贷方余额,借记本科目,贷记"利润分配——未分配利润"科目;如为借方余额,则作相反会计分录。

第二节　所得税会计方法介绍

一、所得税会计历史与模式

(一)所得税会计的由来及其产生的必要性

所得税最早于 1799 年出现在英国,法国的所得税开征于 1890 年,美国开征于 1909 年(1913 年成为联邦的永久性税种)。如今,所得税已发展成为一个世界性税种,在许多国家的税制结构中居主导地位。

所得税自其产生之日起,就与会计有着天然的血缘关系:一方面,它要借助于会计记录计算应纳税所得税额,随着会计方法的不断发展、创新,现代所得税模式也日臻完善;另一方面,所得税的征收有力地促进了会计的发展,促使会计不断寻求更为合理的会计核算方法,完善会计核算体系。

比较而言,会计上较为注重谨慎性原则、实质重于形式原则、权责发生制原则及配比原则等;而企业所得税法旨在公平、合理、即时、便利、均衡地取得企业所得税收入,防止避税。就本质而言,会计和税法的不同原则和计量收益的标准源于两者的目的不同。例如,对于国债利息收入,会计将其作为收入计入税前会计利润,而税法为了鼓励企业购买国债却规定国债利息收入免征所得税,从而不将其计入应纳税所得。会计和税收是经济领域中相互关联的两个重要分支,它们所遵循的原则不同,所服务的目的不同,这些不同性最终体现在税前会计利润与应纳税所得的差异上。

由于各国法律体制和会计体制的不同,导致各国所得税会计模式也不尽相同。在法、德等国,会计受政府影响较大,会计规范的法制化程度较高。例如,法国要求会计必须遵循国家税法,强调财务报表要符合税法要求,限制了会计的发展,使会计背离了真实公允的原则,降低了会计信息对其他利益相关者的有用性。在美、英等国,会计以向投资者提供有利于决策的信息为首要任务,而不简单地服务于税法目标。例如,美国要求会计遵循一般公认会计原则进行会计处理,而不依赖所得税法等,把保护投资者的利益作为出发点,在处理税前会计利润与应纳税所得之间差异时,不是将税法对收益确认的规定强加于会计,也不是将会计准则对收益确认的规定强加于税法,而是允许它们各自独立发展,由此也使得美国所得税会计在世界上处于领先地位。

随着经济全球化、一体化进程的加剧,会计国际化已列入各国会计改革的议事日程。据"全球会计准则接轨——2002 年全球调查"的报告显示,在 59 个被调查国家和地区中,已经采用、有意采用或有意与国际财务报告准则接轨的,占全部调查对象的 95%。欧盟已要求其上市公司自 2005 年起采用国际财务报告准则,澳大利亚也要求自 2005 年起采用国际财务报告准则,新西兰要求其所有上市公司自 2007 年起采用国际财务报告准则,美国也积极与国际会计准则理事会(IASB)开展准则的趋同化合作,旨在最终制定一套具有高质量的全球会计准则,并已取得一定进展。

在这种形势下,各国会计,包括所得税会计的发展都受到了较大影响。典型的如法国,为了贯彻欧共体的有关指令,1983 年对其《商务公司法》进行了修订,要求会计应符合"真实公允"这一英国会计的传统观念,在法国会计中引入了英、美等国家的会计理念,促进了法国所得税会计的发展。

综上所述,所得税的开征与立法为所得税会计的产生提供了条件,各国法律体制和会计体制的不同又导致所得税模式不尽相同,经济全球化、一体化和会计国际化的趋势不断加剧,极大地推动了所得税会计的发展。

(二)会计理念的转变——从收入费用观到资产负债观

1. 三种不同的财务报表概念基础

1976 年,美国财务会计准则委员会(FASB)在其公布的一份讨论备忘录《会计报表的概念框架》中指出:由于存在三种不同的企业收益计量理论,因而导致了三种不同的财务报表概念基础——资产负债观、收入费用观(又称损益观、收益观)和非环接观。

(1)资产负债观。资产负债观是指准则制定者在制定规范某类交易或事项的会计准则时,首先试图定义并规范由此类交易产生的有关资产和负债的计量,然后再根据所定义的资产和负债的变化来确认收益。

在资产负债观下,对交易或事项的会计处理包括确定资产和负债,以及与这些交易或事项相关的资产和负债的变动。

(2)收入费用观。收入费用观要求准则制定者在准则制定中,首先考虑与某类交易相关的收入和费用的直接确认和计量。

(3)非环接观。如今,人们对建立资产负债表与利润表之间的钩稽关系并注重它们的相互衔接已取得一致的共识,而认为资产负债表与利润表分别是各自独立的报表、其数据不需要环接的非环接观已经被摒弃。

因此,当前人们争论较多的是:在会计准则的制定中,是应当以资产负债表为指导,还是应当以收入费用观为指导。

FASB在所得税会计准则制定中秉持资产负债观,旨在规范确认递延所得税资产或负债,而未涉及所得税费用的核算问题。FASB认为,只要资产和负债的会计核算符合真实、公允原则,所得税费用会计信息自然真实、可靠。

2.收入费用观与资产负债观差异的典型例证——未实现损益的会计核算

资产负债观与收入费用观之间差异的一个具体表现就是,对未实现损益(也称为未实现利得)的会计处理问题。

(1)收入费用观。

①确定收益的计算公式。收入费用观坚持:首先必须按照实现原则确认收入和费用,然后再根据配比原则,将收入和费用按其经济性质上的一致性联系起来,确定收益。因此,确定收益的计算公式是:

$$利润=收入-费用+直接计入当期利润的利得和损失$$

②优点。收入费用观下,必须首先确认收入和费用,然后才能据以确定收益,因此,可以得到各种性质的收益明细数据,这些明细数据无疑比一个收益总额更为有用,这是收入费用观最大的优点。

③缺点。由于收入和费用都要追溯到原始的交易或事项所确定的数据,因此,历史成本计量成为确认收入和费用的较为现实的计量属性选择。而收入费用观也就具有历史成本计量的一切弊端,这些弊端随着经济环境变动性和交易活动复杂性的增强,日益显示出来。

此外,收入费用观强调收入和费用必须配比,配比原则是收益确定的核心,而那些不符合配比原则要求但又会对企业的收入或费用产生影响的项目,将作为跨期项目暂计到资产负债表中去,等到下一个会计期间再将其逐步转入利润表。例如,资产负债表中的各种待摊销费用、递延支出、预计收益等,这使得资产负债表成为前后两期利润表的过渡或中介,大大降低了资产负债表的有用性。

(2)资产负债观。

①确定收益的计算公式。资产负债观认为,企业的收益是企业期末净资产比期初净资产的净增长额,而净资产又是由资产减去负债计算得到的,所以:

$$收益＝(期末资产－期末负债)－(期初资产－期初负债)$$

当然,所有者的投资或向所有者分配利润而造成净资产的减少,不应包括在收益之中。因此,存在如下计算等式:

$$收益＝\frac{期末}{净资产}－\frac{期初}{净资产}－\frac{本期所有者}{新增投资}＋\frac{本期向所有者}{分配}$$

$$＝\left(\frac{期末}{资产}－\frac{期末}{负债}\right)－\left(\frac{期末}{资产}－\frac{期初}{负债}\right)－\frac{本期所有者}{新增投资}＋\frac{本期向所有者}{分配}$$

按照上述等式,在资产负债观下,收益的确定不需要考虑实现问题,只要企业的净资产增加了,就应当作为收益确认。

②优点。首先,按资产负债观的收益属于经济收益,是企业的实际收益,它既考虑交易因素的影响,也考虑非交易因素的影响,比按照收入费用观确认的会计收益更加全面,对使用者更为有用。其次,资产负债观收益的确定,不需要考虑实现。只要企业的净资产确实增加了,就应该作为收益的内容予以确认。这样,传统的历史成本模式下受实现原则所限制而不能确认的很多内容,如物价变动等而导致的企业资产或盈利能力的实质上的变化,在资产负债观下可以"名正言顺"地成为收益的一个组成部分。

③缺点。首先,资产负债观要求采用现行价值对企业资产进行计价,但现实中现行价值可靠性极差。其次,在资产负债观下,只能求得企业的收益总额,无法得到企业收益各组成部分的说明信息,大大减弱了收益数据对使用者的有用性。最后,一些暂时性差异在旧差异转回时又产生新的差异,两者抵消的结果使得差异的转回遥遥无期。因此,对于一些暂时性差异的纳税影响被确认为资产和负债的合理性,有的专家、学者对此存在诸多疑虑。

综上可见,资产负债观与收入费用观最大的区别在于:资产负债观下,收益总额相关性强;而收入费用观下,可以得到更为有用的收益明细数据。资产负债观与收入费用观计算的收益总额的差异就是未实现损益。这两种观念必然会影响所得税会计,具体体现在所得税会计核算方法方面。

二、所得税会计核算方法

所得税会计是研究如何处理,按照企业会计准则计算的税前会计利润(或亏损)与按照税法计算的应纳税所得(或亏损)之间差异的会计理论和方法。从国际范围来看,所得税会计处理的方法主要有应付税款法和纳税影响会计法。对这两种方法的选择,既要考虑到永久性差异与暂时性差异处理的需要,又要与各国政治、经济和社会发展需要保持一致。

(一)应付税款法

应付税款法是将本期税前会计利润与应纳税所得之间的永久性差异造成的影响纳税的金额直接计入当期损益,而不是递延到以后各期。在应付税款法下,当期计入损益的所得税费用等于当期应交的所得税。

在应付税款法下,企业应按税法规定对税前会计利润进行调整,得出应纳税所得额,再按规定税率计算应纳所得税额,作为费用直接计入当期损益。

企业按税法规定计算应交的所得税:

借:所得税费用

　　贷:应交税费——应交所得税

月末或季末按规定预交应纳所得税额:

借:应交税费——应交所得税

　　贷:银行存款

月末,企业应将"所得税"科目借方余额作为费用转入"本年利润"科目。

借:本年利润

　　贷:所得税费用

【例 6-1】　A 公司某年度产品销售总额 1 200 万元(其中销售货退回 10 万元,销货折让 5 万元),产品销售成本 800 万元,产品销售费用 40 万元,产品销售税金及附加 8 万元;该公司年度发生管理费用 80 万元,财务费用 5 万元,购买企业债券取得投资收益 54 万元,营业外收支净额－6 万元。试计算本年度应纳企业所得税。

应纳税所得额＝利润总额－成本－费用
　　　　　　　＝(1 200－10－5)－800－40－8－80－5＋54－6
　　　　　　　＝300(万元)

应纳所得税额＝300×25％＝75(万元)

计提所得税时:

借:所得税费用	750 000	
贷:应交税费——应交所得税		750 000

缴纳所得税时:

借:应交税费——应交所得税	750 000	
贷:银行存款		750 000

(二)纳税影响会计法

纳税影响会计法是将本期税前会计利润与应纳税所得之间的时间性差异

造成的影响纳税的金额递延或分配到以后各期。

纳税影响会计法又可具体分为递延法和债务法两种。

按照我国原企业会计制度规定,无论采用递延法还是债务法(我国会计制度中规定的债务法实质上是一种利润表债务法),所得税费用的会计核算都是依照收入费用观,从时间性差异出发,将时间性差异对未来所得税的影响视为对本期所得税费用的调整。

1. 递延法

(1)定义。递延法是把本期由于时间性差异而产生的影响纳税的金额,保留到这一差异发生相反变化的以后期间予以转销。

在税率变动或开征新税时,对递延税款的账面余额不作调整。也就是说,递延税款账面余额不符合负债和资产的定义,不能完全反映为企业一项负债或一项资产,因而资产负债表上反映的递延税款余额,只能视其为资产负债表上的借项或贷项。

(2)特点。①在递延法下,资产负债表上反映的递延税款的余额,并不代表收款的权利或付款的义务。因此,在税率变动或开征新税时,不需要对递延税款的余额进行调整。②本期发生的时间性差异影响所得税的金额,用现行税率计算,以后发生而在本期转销的各项时间性差异对所得税的影响一般用当初的原有税率计算。

(3)所得税费用的核算。采用递延法时,一定时期的所得税费用包括:①本期应交所得税,即按应纳税所得和现行税率计算的本期应交所得税。②本期发生或转回的时间性差异所产生的递延税款贷项或借项。也就是说,本期发生的时间性差异用现行所得税税率计算的未来应交的所得税和未来可抵减的所得税金额,以及本期转回原确认的递延税款借项或贷项。

本期所得税费用计算如下:

①本期所得税费用

＝本期应交所得税(②)

＋本期发生的时间性差异所产生的递延税款贷项金额(③)

－本期发生的时间性差异所产生的递延税款借项金额(④)

＋本期转回的前期确认的递延税款借项金额(⑤)

－本期转回的前期确认的递延税款贷项金额(⑥)

②＝应税所得×现行税率

③＝本期发生的应纳税时间性差异×现行所得税税率

④＝本期发生的可抵减时间性差异×现行所得税税率

⑤＝前期确认本期转回的可抵减本期应税所得的时间性差异×前期确认

递延税款时的税率

⑥＝前期确认本期转回的增加本期应税所得的时间性差异×前期确认
递延税款时的税率

（4）账务处理。企业采用递延法时，应按税前会计利润计算的所得税费用，借记"所得税"科目；按纳税所得计算的应交所得税，贷记"应交税金——应交所得税"科目；按税前会计利润计算的所得税费用与按纳税所得计算的应交所得税之间的差额作为递延税款，借记或贷记"递延税款"科目。本期发生的递延税款待以后各期转销时，如为借方余额，应借记"所得税费用"科目，贷记"递延税款"科目；如为贷方余额，应借记"递延税款"科目，贷记"所得税费用"科目。实际上交所得税时，借记"应交税金——应交所得税"科目，贷记"银行存款"科目。

借：所得税费用（按会计利润计算的所得税费用）

　　递延税款［（应税所得－会计利润）×税率］　　　　　　　　　①

　　贷：应交税费——应交所得税

　　　　递延税款［（会计利润－应税所得）×税率］　　　　　　　②

①转销：

借：所得税费用

　　贷：递延税款

②转销：

借：递延税款

　　贷：所得税费用

【例 6-2】　A 公司某项设备按税法规定使用年限为 10 年，公司经批准采用加速折旧法，选择折旧年限为 5 年，即从第六年起，该项固定资产不再提取折旧，该项固定资产原价为 200 万元（不考虑残值）。假设该公司前五年每年实现利润 2 000 万元，后五年每年实现利润 1 800 万元。前四年公司所得税税率为 33％，从第五年起，所得税税率改为 25％。

税法年折旧额＝200÷10＝20（万元）

会计年折旧额＝200÷5＝40（万元）

时间性差异影响纳税的金额＝20（万元）

第一年：税前会计利润应纳税额＝2 000×33％＝660（万元）

税务所得应纳税额＝（2 000＋20）×33％＝666.6（万元）

借：所得税费用　　　　　　　　　　　　　　　6 600 000

　　递延税款　　　　　　　　　　　　　　　　　　66 000

　　贷：应交税金——应交所得税　　　　　　　　　　　6 666 000

第二年至第四年同上。

第五年：税前会计利润应纳税额＝2 000×25％＝500(万元)，即本期所得税费用。

税务所得应纳税额＝(2 000＋20)×25％＝505(万元)，即本期应交所得税。

本期递延税款＝20×25％＝5(万元)

借：所得税费用 　　　　　　　　　　　　　　　　　5 000 000

　　递延税款 　　　　　　　　　　　　　　　　　　　50 000

　　贷：应交税费——应交所得税 　　　　　　　　　　　　5 050 000

前五年递延税款借项合计＝6.6×4＋5.6＝32(万元)

第六年：税务所得应纳税额＝(1 800－20)×25％＝445(万元)

所得税费用＝445＋20×33％＝451.6(万元)

转销时，仍按33％税率计算，即应转销的时间性差异＝20×33％＝6.6(万元)。

借：所得税费用 　　　　　　　　　　　　　　　　　4 516 000

　　贷：递延税款 　　　　　　　　　　　　　　　　　　66 000

　　　　应交税费——应交所得税 　　　　　　　　　　　4 450 000

第七年至第九年同上。

第十年：税务所得应纳税额仍为445万元，但转销的时间性差异＝20×25％＝5(万元)。

借：所得税费用 　　　　　　　　　　　　　　　　　4 500 000

　　贷：递延税款 　　　　　　　　　　　　　　　　　　50 000

　　　　应交税费——应交所得税 　　　　　　　　　　　4 450 000

递延税款(递延法)

①66 000	⑥66 000
②66 000	⑦66 000
③66 000	⑧66 000
④66 000	⑨66 000
⑤50 000	⑩50 000

注：转销时，所得税额根据"递延税款"与"应交税费——应交所得税"计算。

采用应付税款法或纳税影响会计法时，对永久性差异的处理方法是一致的，即将永久性差异确认为本期所得税费用或抵减本期所得税费用。

2.利润表债务法

(1)定义。利润表债务法是指把本期由于时间性差异而产生的影响纳税的金额,保留到这一差异发生相反变化时转销。在税率变更或开征新税时,需要调整递延税款账面余额。

(2)特点。①本期的时间性差异预计对所得税的影响在资产负债表上作为将来应付税款的债务,或作为代表预付未来税款的资产,递延税款的账面余额按现行税率计算。因此,税率变动或开征新税时,递延税款的余额也要作相应调整。②本期发生或转销的时间性差异对所得税的影响金额,以及递延税款余额的调整数,均应用现行税率计算确定。

从理论上说,利润表债务法比递延法更科学,即按照利润表债务法计算的递延税款账面余额,在资产负债表上反映为一项负债或一项资产。

(3)所得税费用的核算。采用利润表债务法时,一定时期的所得税费用包括:①本期应交所得税。②本期发生或转回的时间性差异所产生的递延所得税负债或递延所得税资产。③由于税率变动或开征新税,对以前各期确认的递延所得税负债或资产账面余额的调整数。

本期所得税费用计算公式如下:

①本期所得税费用

＝本期应交所得税

＋本期发生的时间性差异所产生的递延所得税负债

－本期发生的时间性差异所产生的递延所得税资产

＋本期转回的前期确认的递延所得税资产

－本期转回的前期确认的递延所得税负债

＋本期由于税率变动或开征新税调减的递延所得税资产或调增的递延所得税负债

－本期由于税率变动或开征新税调增的递延所得税资产或调减的递延所得税负债

②本期由于税率变动或开征新税调增或调减的递延所得税资产或负债

＝累计应纳税时间性差异或可抵减题意性差异

×（现行税率－前期确认时间性差异时适用的所得税税率）

或 ＝已确认递延税款金额的累计时间性差异×（现行税率－原适用税率）

或 ＝递延税款账面余额－已确认递延税款金额的累计时间性差异×现行税率

(4)账务处理。

借:所得税费用(按会计利润计算的所得税费用)

　　递延税款[(应税所得－会计利润)×税率]　　　　　　　　　　①

　　贷:应交税费——应交所得税

递延税款[(会计利润－应税所得)×税率]　　　　　　　②

①转销：

借：所得税费用

　　贷：递延税款

②转销：

借：递延税款

　　贷：所得税费用

税率变动或开征新税时，调减的递延所得税资产或调增的递延所得税负债：

借：所得税费用

　　贷：递延税款

调增的递延所得税资产或调减的递延所得税负债：

借：递延税款

　　贷：所得税费用

【例 6-3】　仍以【例 6-2】加以说明。

第一年至第四年处理不变。

第五年：税前会计利润应纳税额＝2 000×25％＝500(万元)

税务所得应纳税额＝(2 000＋20)×25％＝505(万元)

时间性差异影响纳税金额＝505－500＝5(万元)

调整由于前四年按 33％的税率计算的对纳税的影响：

20×4×(25％－33％)＝－6.4(万元)

借：所得税费用　　　　　　　　　　　　　　　　　5 000 000

　　递延税款　　　　　　　　　　　　　　　　　　　50 000

　　　贷：应交税费——应交所得税　　　　　　　　　　5 050 000

同时：

借：所得税费用　　　　　　　　　　　　　　　　　64 000

　　贷：递延税款(负数记贷方)　　　　　　　　　　　　64 000

注："递延税款"科目只有"所得税"及"应交税费——应交所得税"账户对应，这里"应交税费——应交所得税"是实账户，不存在交税或退税的问题，只能调虚账户，即"所得税"账户。

第六年：税前会计利润应纳税额＝1 800×25％＝450(万元)

税务所得应纳税＝(1 800－20)×25％＝445(万元)

借：所得税费用　　　　　　　　　　　　　　　　　4 500 000

　　贷：递延税款　　　　　　　　　　　　　　　　　50 000

应交税费——应交所得税　　　　　　　　　　　4 450 000

第七年至第十年同上。

递延税款（债务法）

①66 000	⑥50 000
②66 000	⑦50 000
③66 000	⑧50 000
④66 000	⑨50 000
⑤50 000—64 000	⑩50 000

第三节　资产负债表债务法

　　我国《企业会计准则》对企业所得税会计核算选择了资产负债表下的债务法。资产负债表债务法是从资产负债表出发，通过比较资产负债表上列示的资产、负债，按《企业会计准则》确定的账面价值与按《企业所得税法》确定的计税基础，对两者之间的差异分别确认应纳税暂时性差异与可抵扣暂时性差异，来确认相关的递延所有税负债与递延所有税资产，并在此基础上确定每一会计期间利润表中的所得税费用。我国《企业会计准则》对企业所得税会计核算选择资产负债表下的债务法主要依据为：资产负债表债务法更能真实、准确地反映企业某一时点的财务状况，提高会计信息质量。资产负债表债务法较为完全地体现了资产负债观，在企业所得税的会计核算方面贯彻了资产、负债的界定。《企业会计准则》对资产和负债的定义为："资产是指企业过去的交易或者事项形成的、企业拥有或者控制的、预期会给企业带来经济利益的资源。""负债是指企业过去的交易或者事项形成的、预期会导致经济利益流出企业的现时义务。"暂时性差异在以后年度当财务报表上列示的资产收回或列示的负债偿还时，会产生应纳税金额或可抵扣税金额。所以，新准则明确提出企业所得税会计必须采用资产负债表债务法。

　　资产负债表债务法充分体现了谨慎性原则的要求。资产负债表债务法对于暂时性差异对未来企业所得税的影响金额，在发生的当期就可以确认一项递延所得税资产或负债。但是，对于可抵扣暂时性差异是否应确认为一项递延所得税资产，新准则采用了稳健的做法。因为，如果本期确认了一项递延所得税资产，意味着在转销递延所得税资产的期间内将会产生本期的所得税费用。如果在转销递延所得税资产的期间内，企业没有足够的应税所得，则意味着递延所得税资产无法转销。资产负债表日,企业应当对递延所得税资产的账面价值进行复核。如果未来期间无法获得足够的应纳所得额用以抵扣递延所得税资产的利益,应当减记递延所得税资产的账面价值。新准则规定,能够降低会计人员过于乐观的职业判断造成的企业所得税会计信息给报表使用者带来的负面影响。

一、资产负债表债务法企业所得税会计核算的一般程序

采用资产负债表债务法核算企业所得税,企业一般应于资产负债表日进行企业所得税的会计核算。发生特殊交易或事项时(如企业合并),在确认因交易或事项取得的资产、负债时即应确认相关的企业所得税影响。企业从企业所得税的角度对会计和企业所得税的差异进行纳税调整的同时,计算应纳税所得额和当期应纳企业所得税额,并在此基础上,企业进行企业所得税核算一般应遵循以下程序。

(一)确定企业资产和负债的账面价值

资产负债表日,按照相关规定确定资产负债表中除递延所得税资产和递延所得税负债以外的其他资产和负债项目的账面价值。其中,资产、负债的账面价值是指企业按照《企业会计准则》的规定进行核算后在资产负债表中列示的金额。例如,企业持有固定资产账面余额为1 000万元,企业对该固定资产计提了100万元的减值准备,则账面价值为900万元,即该固定资产在资产负债表中的列示金额。

(二)确定资产和负债的计税基础

资产负债表日,以《企业所得税法》及其实施条例为依据,确定资产负债表中有关资产、负债项目的计税基础。

(三)确认资产和负债账面价值和计税基础的暂时性差异

在确认资产和负债账面价值和计税基础的同时,比较资产、负债的账面价值及其计税基础,对于两者之间存在的差异,分析其性质,除《企业会计准则》中规定的特殊情况外,分别确认应纳税暂时性差异与可抵扣暂时性差异。

(四)确定递延所得税资产和递延所得税负债

对企业确认的应纳税暂时性差异与可抵扣暂时性差异乘以企业所得税税率,确定资产负债表日递延所得税负债或递延所得税资产的金额,并与期初递延所得税负债或递延所得税资产的余额相比,确定当期应予进一步确认或应予转销递延所得税资产或递延所得税负债余额,构成利润表中所得税费用其中一部分——递延所得税。

(五)确定所得税费用

所得税费用由企业当期应交企业所得税和递延所得税两部分组成,企业在计算确定了当期企业所得税和递延所得税后,两者之和(之差)是企业当期所得税费用,企业将其当期所得税费用计入利润报表。

二、资产、负债的账面价值和计税基础

在资产负债表日,企业进行企业所得税会计核算,首先按照《企业会计准则》规定确定资产负债表中,除递延所得税资产和递延所得税负债以外的其他资产和负债项目的账面价值,同时以《企业所得税法》及其实施条例为依据,确定资产负债表中有关资产、负债项目的计税基础。

(一)资产和负债的账面价值

1. 资产、负债账面价值的含义

资产、负债的账面价值是根据企业会计准则对资产、负债的不同计量方法,对企业经济业务中确认的资产和负债按照规定的会计计量属性进行计量,确定其金额,登记入账并列报于财务报表中。一部分资产、负债的计量对企业当期和未来当期的损益的确定产生一定程度的影响。

2. 资产、负债账面价值的计量方法

根据《企业会计准则——基本准则》规定,资产、负债的账面价值的确定,应根据不同业务,按照相关规定采用以下会计计量属性中的一种:

(1)历史成本法。历史成本计量模式就是资产按照购置时支付的现金或者现金等价物的金额,或者按照购置资产时所付出的对价的公允价值计量。负债按照因承担现时义务而实际收到的款项或者资产的金额,或者承担现时义务的合同金额,或者按照日常活动中为偿还负债预期需要支付的现金或者现金等价物的金额计量。

(2)重置成本法。重置成本计量模式就是资产按照现在购买相同或者相似资产所需支付的现金或者现金等价物的金额计量。负债按照现在偿付该项债务所需支付的现金或者现金等价物的金额计量。

(3)现值法。现值计量模式就是资产按照预计从其持续使用和最终处置中所产生的未来净现金流入量的折现金额计量。负债按照预计期限内需要偿还的未来净现金流出量的折现金额计量。

(4)公允价值法。公允价值计量模式就是资产和负债按照在公平交易中,熟悉情况的交易双方自愿进行资产交换或者债务清偿的金额计量。

关于如果选择使用某一种会计计量模式,在《企业会计准则——基本准

则》中,特别强调:企业在对会计要素进行计量时,一般应当采用历史成本法;采用重置成本、可变现净值、现值、公允价值法计量的,应当保证所确定的会计要素金额能够取得并可靠计量。

(二)资产和负债的计税基础

资产、负债计税基础的确认和计量,依据企业所得税中对于资产的税务处理及可以税前扣除的费用等的法规规定。

1.资产的计税基础

(1)资产计税基础的会计定义。《企业会计准则第18号——企业所得税》对资产的计税基础进行了定义:资产的计税基础是指企业收回资产账面价值过程中,计算应纳税所得额时按照《企业所得税法》规定可以自应税经济利益中抵扣的金额,即某一项资产在未来期间计税时按照《企业所得税法》规定可以税前扣除的金额。用公式表示为:

$$资产的计税基础＝可税前列支的资产的金额$$

(2)资产计税基础的企业所得税的一般规定。资产的计税基础在企业所得税的业务处理中对应的是资产计税价格(计税成本)的概念。《企业所得税法实施条例》第56条规定:"企业的各项资产,包括固定资产、生物资产、无形资产、长期待摊费用、投资资产、存货等,以历史成本为计税基础。历史成本,是指企业取得该项资产时实际发生的支出。企业持有各项资产期间资产增值或者减值,除国务院财政、税务主管部门规定可以确认损益外,不得调整该资产的计税基础。"

根据《企业所得税法》及其实施条例关于资产税务处理的规定,资产的计税基础表现为:

①资产在初始确认时,其计税价格一般为取得成本,即企业为取得某项资产支付的成本在未来期间准予税前扣除。

②在资产持续持有的过程中,其计税价格是指资产的取得成本法减去以前期间按照企业所得税法规定已经税前扣除金额后的余额,该余额代表的是按照企业所得税法规定,就涉及的资产在未来期间计税时仍然可以税前扣除的金额,如固定资产、无形资产等。长期资产在某一资产负债表日的计税价格,是指其成本扣除按照企业所得税法规定已在以前期间提前扣除的累计折旧额或累计摊销额后的金额。

(3)资产计税基础对企业所得税的影响。资产计价对企业所得税的影响主要表现为:

①一部分资产在持有阶段产生成本和费用,计入企业所得税扣除项目和

金额。例如,企业在固定资产和无形资产持有阶段,通过对固定资产提取折旧和无形资产摊销的方式,在企业所得税前扣除,因此,固定资产和无形资产的计税价格直接影响到企业所得税前扣除的固定资产折旧和无形资产摊销金额。

②企业资产处置阶段,企业所得税的业务处理为在确认收入的同时配比成本,配比成本为资产的计税价格,资产的计税价格直接影响资产处置及企业所得税的损益。

【例 6-4】 A 公司 2010 年 12 月 31 日库存一批甲材料 12 吨,成本为 480 万元,单位成本为 40 万元。该批 W 型机器全部销售给 B 公司。与 B 公司签订的销售合同约定,2011 年 1 月 20 日,A 公司应按每吨 40 万元的价格(不含增值税)向 B 公司提供甲材料 12 吨。A 公司销售部门提供的资料表明,向长期客户 B 公司销售的甲材料的平均运杂费等销售费用为 0.12 万元/吨。2010 年 12 月 31 日,甲材料的市场销售价格为 40 万元/吨。

①税法解析:

在案例中,能够证明甲材料的可变现净值的确凿证据是 A 公司与 B 公司签订的有关甲材料的销售合同、市场销售价格资料、账簿记录和 A 公司销售部门提供有关销售费用的资料等。根据该销售合同规定,库存的 12 吨甲材料的销售价格全部由销售合同约定。

甲材料的可变现净值应以销售合同约定的价格 40 万元/吨为基础确定。

甲材料的可变现净值=$40 \times 12 - 0.12 \times 12 = 478.56$(万元)

甲材料的可变现净值 478.56 万元,低于甲材料的成本 480 万元,应按其差额 1.44 万元计提存货跌价准备(假定以前未对甲材料计提存货跌价准备)。

②企业所得税处理及企业所得税和会计差异分析:

依据《企业所得税法》规定,企业的各项资产,以历史成本为计税基础。历史成本是指企业取得该项资产时实际发生的支出。企业持有各项资产期间资产增值或者减值,除国务院财政、税务主管部门规定可以确认损益外,不得调整该资产的计税基础。所以,库存甲材料 12 吨,计税基础为 480 万元。企业对甲材料计提存货跌价准备 1.44 万元计入"资产减值损失",企业所得税不予确认。

如果企业当期以会计利润为基数计算当期应纳税所得额,则在当期填报企业所得税纳税申报表,计算应纳税所得额时,需要进行纳税调增的处理,纳税调增额为 1.44 万元。

2. 负债的计税基础

(1)负债的计税基础的定义。《企业会计准则第 18 号——企业所得税》对负债计税基础的概念作出规定,负债的计税基础是指负债的账面价值减去未来期间计算应纳税所得额时按照企业所得税法规定可予抵扣的余额。用公式表示为:

$$负债的计税基础 = 账面价值 - 未来期间按照企业所得税规定可予税前扣除的金额$$

(2)负债对企业所得税的影响。企业所得税法中没有对应的负债计税基础的概念,企业所得税也没有对负债的确认和计量作出具体规定。企业的负债对企业损益和企业应纳税所得额的影响表现在两个方面:

①一部分负债的确认与偿还一般不会影响企业的损益,也不会影响其应纳税所得额,未来期间计算应纳税所得额时按照企业所得税法规定可予抵扣的金额为零,计税基础即为账面价值,如短期借款、应付账款等。

②一部分负债的确认可能会影响企业的损益,进而影响不同期间的应纳税所得额,使得其计税基础与账面价值之间产生差额,如按照会计规定确认的某些预计负债。

【例 6-5】　2010 年 10 月,A 公司与某贸易公司签订了一项产品销售合同,约定 2011 年 1 月 12 日以每件产品 200 元的价格向外贸公司提供 1 000 件甲产品。若不能按期交货,A 公司需要缴纳 200 000 元的违约金。这批产品在签订合同时尚未开始生产,但企业开始筹备原材料以生产这批产品时,原材料价格突然上涨,预计生产每件产品的成本升至 240 元。

①税法解析:

A 公司生产产品的成本为每件 240 元,而售价为每件 200 元,每销售 1 件按会计准则规定,企业履行或有事项相关的现时义务时,导致经济利益流出企业的可能性超过 50%,确认为或有负债。A 企业因或有事项当期确认负债 120 万元,同时当期确认损失 120 万元,计入营业外支出。

②企业会计处理:

借:营业外支出——诉讼赔款　　　　　　　　　1 200 000

　　贷:预计负债——未决诉讼　　　　　　　　　　　　1 200 000

③企业所得税处理及企业所得税和会计差异调整:根据现行《企业所得税法》税前扣除"实际发生"原则,企业所得税对"或有损失"不予确认,不得税前扣除。那么:

企业负债的计税基础＝120－120＝0(万元)

三、资产的计税基础和账面价值的比较

根据《企业所得税法》和《企业会计准则》,一部分资产的计税基础(计税价

格)和账面价值一致,一部分资产的计税基础(计税价格)和账面价值不一致,下面按不同资产类别进行资产计税基础和账面价值的比较。

(一)固定资产计税基础和账面价值的比较

1.固定资产初始计量计税基础和账面价值基本一致的业务

(1)外购的固定资产。《企业所得税法》和《企业会计准则》对外购固定资产的计价规定一致,都是以实际发生的价款计量。

(2)自建的固定资产(固定资产建造仅从金融部门借入款项或无借入款项)。根据《企业会计准则》规定:①自行建造固定资产的成本的计量。自行建造固定资产的成本,由建造该项资产达到预定可使用状态前所发生的必要支出作为入账价值。可予以资本化的借款费用,应计入固定资产成本。②自行建造固定资产确认固定资产的时间。已达到预定可使用状态的固定资产,无论是否交付使用,尚未办理竣工决算的,应当按照估计价值确认为固定资产,并计提折旧;办理了竣工决算手续后,再按实际成本调整原来的暂估价值,但不需要调整原已计提的折旧额。

根据现行《企业所得税法》规定:自行建造的固定资产,以竣工决算前发生的支出为计税基础:①自行建造固定资产的成本的计量。自制、自建的固定资产,在竣工使用时按实际发生的成本计价。②自行建造固定资产确认为固定资产的时间为固定资产竣工使用。

《企业会计准则》和《企业所得税法》对自建固定资产计量的一致性表现为:第一,《企业会计准则》和《企业所得税法》对自建固定资产的计量规定基本一致,都以实际发生的成本为基础;第二,自行建造固定资产确认为固定资产的时间应表现一致性。对固定资产确认的时间,会计上使用了"预定可使用状态"的概念,并指出:"已达到预定可使用状态的固定资产,并计提折旧;待办理了竣工决算手续后,再按实际成本调整原来的暂估价值,但不需要调整原已计提的折旧额。"企业所得税上使用了"竣工使用"的概念,但是现行《企业所得税法》对什么是固定资产竣工使用及固定资产是否可以暂估入账,没有明确规定。尽管《企业所得税法》对上述业务没有明确规定,但在企业所得税法确定性原则和会计准则相关原则规定下,从企业所得税和会计制度协调性的角度,自行建造固定资产确认为固定资产的时间应表现为一致性。

(3)投资者投入的固定资产。《企业所得税法》和《企业会计准则》对投资者投入固定资产的计价都按照投资合同或协议约定的价值确定,但合同或协议约定价值不公允的除外。在投资合同或协议价值不公允的情况下,按照该固定资产的公允价值作为入账价值。

【例6-6】 A公司的注册资本5 000 000元。2010年6月5日,A公司接受B公司以一台设备进行投资。该台设备的原价为800 000元,已计提折旧406 200元,按照合同或协议约定确认的价值为623 800元,占A公司注册资本的10%。假定不考虑其他相关税费。

固定资产的入账价值为合同价623 800元。A公司的账务处理为:

借:固定资产 623 800
　　贷:股本——A公司 500 000
　　　资本公积——资本溢价 123 800

A公司固定资产的计税基础和账面价值一致。

(4)企业通过债务重组取得的固定资产。《企业所得税法》和《企业会计准则》对企业通过债务重组取得的固定资产计量的口径一致,均以换入固定资产的公允价值计量。

(5)从被投资方分配股利取得的固定资产。《企业所得税》法规定:企业从被投资方分配股利取得的固定资产,以该资产的公允价值和支付的相关税费为计税基础。

《企业会计准则》虽然没有对从被投资方分配股利取得固定资产的计量作出明确规定,但是根据《企业会计准则》相关规定,可以判定其计量标准为固定资产的公允价值。

(6)企业接受捐赠取得的固定资产。《企业所得税法》规定:企业从接受捐赠取得的固定资产,以该资产的公允价值和支付的相关税费为计税基础。但是根据《企业会计准则》规定,可以判定其计量标准为固定资产的公允价值。

会计准则对接受赠取得固定资产的计量虽然没有作出明确确定,但依据《企业会计准则》判断,一般应按公允价值计价。

(7)盘盈的固定资产。《企业所得税法》规定:企业盘盈的固定资产,以同类固定资产的重置完全价值为计税基础。

《企业会计准则》虽然没有对企业盘盈固定资产的计量作出明确规定,但是根据《企业会计准则》的相关规定,可以判定其计量标准应与企业所得税一致。

(8)企业具有商业实质且换入资产或换出资产的公允价值能够可靠计量的非货币性资产交换取得的固定资产。根据《企业会计准则》的相关规定,企业以非货币性资产交换转入的固定资产同时满足两个条件:一是交换交易具有商业实质;二是换入资产或换出资产的公允价值能够可靠计量,则会计对固定资产的计量按公允价值。

《企业所得税法实施条例》规定,企业非货币性资产交换转入的固定资产以公允价值确认计税基础。企业所得税的计税基础和会计计量一致。

2.固定资产初始计量计税基础和账面不一致的业务

固定资产初始计量固定资产计税基础和账面价值不一致的业务,将导致企业在固定资产使用期限中提取折旧使企业所得税和会计处理出现差异,且差异属于时间性的。为了在企业所得税纳税申报时准确调整会计和企业所得税在固定资产相关事项处理时的差异,企业应该建立固定资产税收处理及会计和税收差异处理查备簿,将纳税调整事项记录在备查簿中。

(1)企业非货币性资产交换不具有商业实质或换入资产或换出资产的公允价值不能够可靠计量,则企业所得税和会计对取得固定资产的计量不一致。根据《企业会计准则》相关规定,如果企业非货币性资产不同时满足交换具有商业实质、换入资产或换出资产的公允价值能够可靠计量这两个条件,则换入固定资产以换出资产账面价值和应支付的相关税费计量。

依据《企业所得税》相关规定,对企业非货币性资产交换取得的固定资产,计税基础按照公允价值计量。

当会计上以换出资产账面价值和应支付的相关税费计量换入固定资产时,企业所得税和会计计量出现差异,差异的性质为时间性差异。

(2)企业合并取得的固定资产。根据《企业会计准则》相关规定,同一控制下的企业合并取得固定资产,合并方在企业合并中取得的固定资产应当按照合并日在被合并方的账面价值计量;非同一控制下的企业合并取得的固定资产,合并中取得的被购买方固定资产,其所带来的经济利益很可能流入企业且公允价值能够可靠地计量的,应当单独予以确认并按照公允价值计量。

《企业所得税法实施条例》第75条规定:"除国务院财政、税务主管部门另有规定外,企业在重组过程中,应当在交易发生时确认有关资产的转让所得或者损失,相关资产应当按照交易价格重新确定计税基础。"

《企业会计准则》和《企业所得税法》对于企业合并取得的固定资产成本的计价的规定有明显的差异。会计上以是否为同一控制下的企业合并为条件,分别确定通过合并取得固定资产的计价方法;而企业所得税是按照交易价格重新确定计税基础,两者的差异性质为时间性差异。

(3)融资租入的固定资产。《企业会计准则》规定在租赁期开始日,承租人应当将租赁开始日租赁资产公允价值与最低租赁付款额现值两者中较低者作为租入资产的入账价值,承租人对在租赁谈判和签订租赁合同过程中发生的,可归属于租赁项目的手续费、律师费、差旅费、印花税等初始直接费用,应当计入租入资产价值。

企业所得税对企业融资租入的固定资产,以租赁合同约定的付款总额和承租人在签订租赁合同过程中发生的相关费用为计税基础,租赁合同未约定付款总额的,以该资产的公允价值和承租人在签订租赁合同过程中发生的相关费用为计税基础。

【例 6-7】　A 公司为一般纳税人,2008 年 1 月 1 日从 B 公司融资租入新型机器作为固定资产使用,该机器已收到。购货合同约定,机器的总价款为 1 200 万元,分 3 年支付,2008 年 12 月 31 日支付 500 万元,2009 年 12 月 31 日支付 400 万元,2010 年 12 月 31 日支付 300 万元。假定 A 公司无其他费用支付,且 3 年期银行借款年利息为 6%,2008 年 1 月 1 日固定资产的公允价值为 1 100 万元。固定资产的使用期限为 3 年,预计净残值为零。

2008 年 1 月 1 日,A 公司融资租入固定资产的公允价值为 1 100 万元。

A 公司最低租赁付款额现值 = 500 ÷ (1 + 6%) + 400 ÷ (1 + 6%)² + 300

$$÷ (1 + 6\%)^3 = 1\,079.58(万元)$$

由于 A 公司融资租入固定资产在租赁开始日租赁资产公允价值(1 100 万元)大于最低租赁付款额现值(1 079.58 万元),所以,A 公司会计上确定固定资产的入账价值为最低租赁付款额现值。则 A 公司的账务处理为:

借:固定资产　　　　　　　　　　　　　　　10 795 800

　　未确认融资费用　　　　　　　　　　　　　1 204 200

　　贷:长期应付款　　　　　　　　　　　　　　　　12 000 000

则 A 公司融资租入固定资产的计税基础为 1 200 万元。

(4)以非金融机构借款建造或购置的固定资产。企业建造或购置需要安装的固定资产,如果从非金融机构借款,且支付非金融机构的借款利息支出,如果高于金融机构同类、同期贷款利率计算的数额,超过计税标准的部分,不得计入固定资产计税基础进行资本化处理。企业所得税和会计处理对固定资产的计量出现差异,差异的性质为永久性差异。

【例 6-8】　A 企业 2009 年向其他企业拆借资金用资产在建工程,借款金额为 200 万元,借款期 1 年,年利率为 6%,同期金融机构的贷款利率为 5%。当期固定资产完工,除借款费用以外的其他工程成本为 190 万元。则:

固定资产的账面价值 = 190 + 12 = 202(万元)

固定资产的计税基础 = 190 + 10 = 200(万元)

3. 固定资产持有期间计税基础和账面价值不一致的业务,固定资产在持有期间进行后续计量时

会计账面价值 = 成本 − 累计折旧 − 固定资产减值准备

$$\frac{企业所得税}{计量} = 成本 − \frac{按照企业所得税法规定已在}{以前期间税前扣除的折旧额}$$

由于《企业会计准则》和《企业所得税法》对固定资产要素的规定不同,固定资产的账面价值与计税基础(计税价格)的差异主要表现在:折旧方法、折旧年限的不同及固定资产减值准备的提取。

(1)固定资产折旧方法、折旧年限使企业所得税和会计的差异形成固定资产计税基础和账面价值的不同。

首先,固定资产的折旧方法。《企业会计准则》规定,企业应当根据与固定资产有关的经济利益的预期实现方式合理选择折旧方法,如可以按直线法计提折旧,也可以按照双倍余额递减法、年数总和法等计提折旧,前提是有关的方法能够反映固定资产为企业带来经济利益的消耗情况。《企业所得税法》规定固定资产的折旧方法,除某些按照规定可以加速折旧的情况外,基本上可以税前扣除的是按照直线法计提的折旧。会计处理时确定的折旧方法与《企业所得税法》规定不同,会产生固定资产持有期间账面价值与计税基础的差异。

其次,固定资产的折旧年限。《企业所得税法》就每一类固定资产的折旧年限作出了规定;而会计处理时按照《企业会计准则》规定折旧年限是企业根据固定资产的性质和使用情况合理确定的,会计处理时确定的折旧年限与《企业所得税法》规规定不同,也会产生固定资产持有期间账面价值与计税基础的差异。

(2)会计计提固定资产减值准备形成固定资产计税基础和账面价值的不同。

持有固定资产的期间内,企业对固定资产计提了减值准备以后,因《企业所得税法》规定,按照《企业会计准则》规定计提的资产减值准备不允许税前扣除,也会造成固定资产的账面价值与计税基础的差异。

【例 6-9】 A 公司于 2008 年 12 月购入一项生产用固定资产,购入价 200万元,按照该项固定资产的预计使用情况,企业估计其使用寿命为 10 年,按照直线法计提折旧,预计净残值为零。假定《企业所得税法》规定的折旧年限、折旧方法及净残值与会计规定相同。2010 年 12 月 31 日,A 公司估计该项固定资产的可收回金额为 150 万元。

该项固定资产在 2010 年 12 月 31 日的账面余额＝200－200÷10×2
＝160(万元)

该项固定资产在 2010 年 12 月 31 日的可变现净值为 150 元,低于其账面余额 160 万元,应按 150 万元作为固定资产的账面价值。

该项固定资产在 2010 年 12 月 31 日的计税基础＝200－200÷10×2
＝160(万元)

(二)无形资产计税基础和账面价值的比较

1.无形资产初始计量计税基础和账面价值一致的业务

(1)外购的无形资产。《企业所得税法》和《企业会计准则》对外购无形资产的成本计量口径一致,都是以实际发生的价款计量。

(2)投资者投入无形资产。《企业会计准则》规定,投资者投入的无形资产应当按照投资合同或协议约定的价值确定,但合同或协议约定价值不公允的除外。

《企业所得税法》规定,投资者作为资本金或者合作条件投入的无形资产,按照评估确认或合同、协议约定的金额计价。

两者均以协议、合同规定的价值计量,会计上,合同或协议规定的价值不公允时以评估确认金额计量,与《企业所得税法》规定按评估确认一致。

【例 6-10】　A 公司预计使用 D 公司驰名商标后可使其未来利润增长30%。为此,A 公司与 D 公司协议商定,D 公司以其商标权投资于 A 公司,双方协议价格(等于公允价值)为 600 万元,A 公司另支付印花税等相关税费2 万元,款项已通过银行转账支付。

A 公司会计处理为:

借:无形资产——商标权　　　　　　　　　　6 020 000

　贷:股本——实收资本　　　　　　　　　　　　6 020 000

企业所得税处理:无形资产的计税基础为 602 万元。

(3)企业债务重组取得的无形资产。企业所得税和会计均以换入无形资产的公允价值计量。

(4)从被投资方分配股利取得的无形资产。《企业所得税法》和《企业会计准则》虽然都没有对从被投资方分配股利取得无形资产的计量作出明确规定,但依据相关制度,可以推定其计量标准为无形资产的公允价值。

(5)企业接受捐赠取得的无形资产。《企业所得税法》规定,企业接受捐赠的无形资产,按公允价值确认计税基础。

《企业会计准则》对接受捐赠取得无形资产的计量没有作出明确规定,但《企业依据会计准则》判断,一般应按公允价值计价。

(6)企业以无形资产进行非货币性资产交换具有商业实质,换入资产或换出资产的公允价值能够可靠计量。根据《企业会计准则》相关规定,企业以非货币性资产交换转入的无形资产同时满足两个条件,即交换交易具有商业实质,换入资产或换出资产的公允价值能够可靠计量,则会计对无形资产的计量按公允价值。

《企业所得税法实施条例》规定,企业非货币性投资交换转入的无形资产以公允价值确认计税基础。企业所得税的计税基础和会计计量一致。

2. 无形资产初始计量计税基础和账面价值不一致的业务

这将导致企业在无形资产使用期限内因摊销而出现会计和税收处理的差异,且差异性质为时间性差异。为了在企业所得税纳税申报时准确调整会计和税收在无形资产相关事项处理时的差异,企业应该建立无形资产税收处理及会计和税收处理差异的备查簿,将纳税调整事项记录在备查簿中。

(1)企业非货币性资产交换不具有商业实质或换入资产或换出资产的公允价值不能够可靠计量,则企业所得税和会计对取得的无形资产的计量不一致。根据《企业会计准则》相关规定,如果企业非货币性资产交换不同时具备交换具有商业实质、换入资产或换出资产的公允价值能够可靠计量这两个条件,则换出无形资产以换出资产账面价值和应支付的相关税费计量。

依据《企业所得税》相关规定,对企业非货币性资产交换取得的无形资产,计税基础按照公允价值计量。

当会计上以换出资产账面价值和应支付的相关税费计量换出无形资产时,企业所得税和会计计量出现差异,差异的性质为时间性差异。

【例 6-21】 A 企业为设备制造企业,2010 年 4 月,以一台设备换入一项专利技术。该设备的市场价为 2 000 000 元(不含税),成本价为 1 600 000 元,换入专利技术的市场价为 2 340 000 元(含税)。假如企业的非货币性资产交换不具有商业实质。

企业会计处理为:

由于上述以产品换专利技术的业务会计上假设不具有商业实质,则换出资产不确认收入,换入无形资产以换出资产的账面价值为基础进行确认。

借:无形资产——专利技术　　　　　　　　　　　1 940 000
　　贷:库存商品　　　　　　　　　　　　　　　　　1 600 000
　　　　应交税费——应交增值税(销项税额)　　　　　340 000

企业取得无形资产的按公允价值 2 340 000 元确认计税基础。

(2)企业自行开发的无形资产。《企业会计准则》规定,自行开发的无形资产成本包括满足无形资产资本化条件后至达到预定用途前所发生的支出金额,但是对于以前期间已经费用化的支出不再调整。

《企业所得税法实施条例》规定,自行开发的无形资产,以开发过程中该资产符合资本化条件后至达到预定用途前发生的支出为计税基础。同时《企业所得税法实施条例》第 95 条规定,企业为开发新技术、新产品、新工艺发生的研究开发费用,形成无形资产的,按照无形资产成本的 150% 摊销。

【例 6-12】　A 公司当期发生研究开发支出共计 300 万元,其中研究阶段支出 60 万元,开发阶段符合资本化条件前发生的支出为 40 万元,符合资本化条件后至达到预定用途前发生的支出为 200 万元。我国税法规定企业的研究开发支出准予税前扣除,另外准予按研究开发支出的 50% 附加扣除。假定开发形成的无形资产在当期期末达到预定用途(尚未开始摊销)。

A 公司当期发生的研究开发支出中,按照会计规定应予费用化的金额为 100 万元,形成无形资产的成本为 200 万元,即期末所形成无形资产的账面价值为 200 万元。

A 公司当期发生的 300 万元研究开发支出,按照我国税法规定可在税前扣除的金额为 450 万元[300 万元×(1+50%)]。按照税法规定有关支出全部在发生当期税前扣除后,于未来期间就所形成的无形资产可税前扣除的金额为零,即该项无形资产的计税基础为零。

(3)企业合并取得的无形资产。《企业会计准则》规定:企业合并取得的无形资产,其公允价值能够可靠计量的,应当单独确认为无形资产。

《企业所得税法实施条例》第 75 条规定:"除国务院财政、税务主管部门另有规定外,企业在重组过程中,应当在交易发生时确认有关资产的转让所得或者损失,相关资产应当按照交易价格重新确定计税基础。"

《企业所得税法》和《企业会计准则》对于企业合并取得的无形资产成本的计价的规定有明显的差异。会计上以是否为同一控制下的企业合并为条件,分别确定通过合并取得无形资产计价方法;而企业所得税是按照交易价格重新确定计税基础。

3.无形资产使用期间无形资产计税基础和账面价值不一致的业务

无形资产在使用期间进行后续计量时:

$$会计计量=成本-累计摊销-无形资产减值准备$$

$$企业所得税计量=成本-按照企业所得税法规定已在以前期间税前扣除的摊销额$$

由于《企业所得税法》和《企业会计准则》对无形资产要素的规定不同,无形资产的账面价值与计税基础的差异主要表现在:摊销年限的不同和无形资产减值准备的提取。

(1)无形资产摊销年限不同导致计税基础和账面价值不同。《企业会计准则》规定,无形资产在取得以后应根据其使用寿命情况,区分为使用寿命有限的无形资产和使用寿命不确定的无形资产。对于使用寿命不确定的无形资产,不要求摊销,但应在持有期间会计期末进行减值测试。

《企业所得税法》规定,企业取得的无形资产成本,应在一定期限内摊销。

《企业所得税法》中没有界定使用寿命不确定的无形资产,所有的无形资产成本均应在一定期间内摊销。

对于使用寿命不确定的无形资产,会计处理时不予摊销,但计税时其按照企业所得税法规定确定的摊销额允许税前扣除,造成该类无形资产的账面价值与计税基础的差异。

(2)无形资产提取减值准备导致计税基础和账面价值不同。在对无形资产计提减值准备的情况下,因《企业所得税法》对按照《企业会计准则》规定计提的无形资产减值准备在形成实质性损失前不允许税前扣除,即无形资产的计税基础不会随减值准备的提取发生变化,但其账面价值会因资产减值准备的提取而减少,从而造成无形资产的账面价值与计税基础的差异。

(三)存货计税基础和账面价值的比较

1.存货初始计量计税基础和账面价值的差异

存货通过下列方式取得时,其计税基础和账面价值不同。

(1)企业非货币性资产交换不具有商业实质或换入资产或换出资产的公允价值不能够可靠计量,则企业所得税和会计对取得的存货的计量不一致。

(2)企业合并因取得方式不同导致取得的存货计税基础和账面价值不同。

2.存货在持有期间计税基础和账面价值的差异

存货提取减值准备导致计税基础和账面价值不同。

【例 6-13】 A 公司期末存货按成本与可变现净值孰低法计价,按照单个存货项目计提存货跌价准备。2010 年 12 月 31 日,W7 型机器的账面成本为 20 万元,但由于市场价格下跌,预计可变现净值为 19 万元,该项原材料因期末可变现净值低于其成本,应计提存货跌价准备 1 万元(20 万元－19 万元)。

借:资产减值损失　　　　　　　　　　　　　　　10 000

　　贷:存货跌价准备　　　　　　　　　　　　　　　10 000

由于计算企业所得税时,按照《企业会计准则》规定计提的资产减值准备不允许税前扣除,因此,该 W7 型机器的计税基础不会因存货跌价准备的提取而发生变化,其计税基础应维持原取得成本 20 万元不变,而该 W7 型机器的账面价值为 19 万元。

(四)生物资产计税基础和账面价值的比较

(1)生产性生物资产计税基础和账面价值的比较同固定资产业务的处理。

(2)消耗性生物资产计税基础和账面价值的比较同存货业务的处理。

(五)长期股权投资计税基础和账面价值的比较

1. 长期股权投资初始计量计税基础和账面价值的比较

(1)非同一控制下的企业合并长期股权投资初始计量计税基础和账面价值比较。如果购买日投资成本不需调整,非同一控制下企业合并长期股权投资初始计量、计税基础和账面价值相同,都为市场公允价值和支付的相关税费。

如果购买日投资成本需要调整,则长期股权投资的计税基础和账面价值不同。

(2)同一控制下的企业合并长期股权投资计税基础和账面价值比较。同一控制下的企业合并长期股权投资计税基础和账面价值不同。

会计账面价值确认的基本原则为:同一控制下的企业合并中,合并方如果以现金、转让非现金资产或承担债务方式作为合并对价的,应当按照取得被合并方所有者权益账面价值的份额作为长期股权投资的初始投资成本。

企业所得税处理的基本原则为:企业以现金或经营活动的非货币性资产对外投资,应在投资交易发生时,按公允价值确认投资初始成本。

(3)企业以非货币性资产对外投资计税基础和账面价值比较。如果交换不具有商业实质或者公允价值不能够可靠计量,则计税基础和账面价值不同。

(4)非合并方式取得的长期股权投资计税基础和账面价值比较。非合并方式(支付现金、发行权益性证券、投资者投入、非货币性资产交换和债务重组)取得的长期股权投资,长期股权投资计税基础和账面价值一致,为市场公允价和支付的相关税费(非货币性资产投资除外)。

2. 长期股权投资后续计量计税基础和账面价值不一致的业务

(1)长期股权投资采用权益法进行会计核算导致计税基础和账面价值不同。《企业会计准则》规定:企业应在每个会计年度末,按应享有的或应分担的被投资企业当年实现的净利润或发生的净亏损的份额,确认投资收益或损失,并相应调整投资账面价值。

《企业所得税法》规定:不论企业会计账务中对投资采取何种方法核算,企业所得税对长期股权投资确认的计税基础不发生变化,除非被投资方宣告利润分配。

长期股权投资采取权益法进行会计核算导致计税基础和账面价值不同。

(2)长期股权投资提取减值准备导致计税基础和账面价值不同。在对长期股权投资计提减值准备的情况下,因《企业所得税法》对按照《企业会计准则》规定计提的长期股权投资减值准备在形成实质性损失前不允许税前扣除,即长期股权投资的计税基础不会随减值准备的提取发生变化,但其账面价值会因资产减值准备的提取而减少,从而造成长期股权投资的账面价值与计税基础不同。

(六)金融资产计税基础和账面价值的比较

1. 金融资产初始计量计税基础和账面价值的比较

(1)计税基础和账面价值一致的业务。可供出售金融资产和持有至到期金融资产的初始计量,计税基础和账面价值都按取得该金融资产的公允价值和相关交易费用之和作为初始确认金额,所得税和会计计量一致。

(2)计税基础和账面价值不一致的业务。交易性金融资产和以公允价值计量且其变动计入当期损益的金融资产初始计量计税基础和账面价值不一致。

会计按照取得的公允价值作为初始确认的账面价值,相关的交易费用在发生时计入当期损益。

所得税按取得该金融资产的公允价值和相关交易费用之和作为初始确认的计税基础。

2. 金融资产期末计量所得税和会计的比较

(1)交易性金融资产和可供出售金融资产按资产负债表日的公允价值进行的调整导致计税基础和账面价值不同。交易性金融资产和可供出售金融资产的账面价值应按资产负债表日的公允价值反映,公允价值的变动计入当期损益和资本公积。所得税对资产负债表日交易性金融资产,可供出售金融资产的成本的公允价值变动损益不予确认,交易性金融资产,可供出售金融资产的成本的计税基础不发生变化。

(2)可供出售金融资产减值损失导致计税基础和账面价值不同。资产负债表日,企业根据《企业会计准则》确认的可供出售金融资产减值损失在企业所得税不予确认,即可供出售金融资产的计税基础不会随减值准备的提取发生变化,但其账面价值也因资产减值准备的提取而减少,从而造成长期股权投资的账面价值与计税基础不同。

【例 6-14】 假定 A 公司持有一项交易性金融资产,成本为 100 万元,期末公允价值为 150 万元。《企业所得税法》规定对于交易性金融资产,持有期间公允价值的变动不计入应纳税所得额。该项交易性金融资产的期末市价为 150 万元,其按照《企业会计准则》规定进行核算该年度资产负债表日的账面价值为 150 万元。按《企业所得税法》规定交易性金融资产在持有期间计税基础应保持历史成本不变,即为 100 万元。

(3)应收账款提取的坏账准备导致计税基础和账面价值不同。资产负债表日,根据《企业会计准则》对应收账款提取的坏账准备在企业所得税上不予确认,即应收账款的计税基础不会随坏账准备的提取发生变化,但其账面价值会因减值准备的提取而减少,从而造成应收账款账面价值与计税基础不同。

【例6-15】　A公司2009年12月31日应收账款余额为8 000万元,该公司期末按1%的比例对应收账款计提了80万元的坏账准备。《企业所得税法》及其实施条例规定应收账款计提的坏账准备不允许税前扣除。

该项应收账款在2008年资产负债表日的账面价值为7 920万元(8 000万元-80万元),其计税基础为账面余额8 000万元减去按照税法规定可予税前扣除的坏账准备0,即仍为8 000万元。计税基础8 000万元及其账面价值7 920万元之间产生的差额为暂时性差异。

(七)公允价值模式计量的投资性房地产

公允价值模式计量的投资性房地产,按资产负债日的公允价值进行调整导致计税基础和账面价值不同。

四、负债的计税基础与账面价值的比较

(一)预计负债

1.企业因销售商品提供售后服务等原因确认的预计负债

企业因销售商品提供售后服务等原因确认的预计负债,按照或有事项准则规定,企业对于预计提供售后服务将发生的支出在满足有关确认条件时,销售当期应确认为费用,同时确认预计负债。根据《企业所得税法实施条例》规定,企业所得税扣除必须遵循实际发生的原则,企业与销售产品相关的支出应于发生时税前扣除。因该类事项产生的预计负债在期末的计税基础为其账面价值与未来期间可税前扣除的金额之间的差额,因有关的支出实际发生时可全部税前扣除,其计税基础为零,负债的账面价值和计税基础不一致。

【例6-16】　A公司2010年因销售产品承诺提供6年的保修服务,在当年度确认了500万元的销售费用,同时确认为预计负债。当年度未发生任何保修支出,按照《企业所得税法》规定,与产品售后服务相关的费用在实际发生时允许税前扣除。

该项预计负债在A公司2010年12月31日资产负债表中的账面价值为500万元。

因《企业所得税法》规定与产品保修相关的支出在未来期间实际发生时允许税前扣除,则该项负债的计税基础计算如下:

计税基础＝账面价值－未来期间计算应纳税所得额时按照《企业所得税法》规定可予抵扣的金额

$$＝500－500$$

$$＝0(万元)$$

负债的账面价值和计税基础不一致。

2. 因其他事项确认的预计负债

因其他事项确认的预计负债应按照《企业所得税法》确定的计税原则确定其计税基础,主要表现为:有些事项确认的预计负债为按照《企业所得税法》规定其支出实际发生时允许税前扣除,即未来期间按照《企业所得税法》规定可予抵扣的金额为预计负债的账面价值,则这部分预计负债的计税基础为零,账面价值不等于计税基础,如企业发生的预计诉讼费用等。

(二)预收账款

企业预收账款的处理一般表现为以下两个方面:

(1)计税基础等于账面价值。企业在收到客户预付的款项时,因不符合收入确认条件,会计上将其确认为负债。《企业所得税法》中对于收入的确认原则一般与会计规定相同,即会计上未确认收入时,企业所得税也不确认为收入,计税时一般亦不计入应纳税所得额,该部分经济利益在未来期间计税时可予税前扣除的金额为零,计税基础等于账面价值。

(2)计税基础不等于账面价值。某些情况下,预收款项因不符合《企业会计准则》规定的收入确认条件,未确认为收入;按照《企业所得税法》规定应确认收入,计入当期应纳税所得额时,因其产生时已经计算缴纳企业所得税,未来期间在会计确认收入时可作纳税调减处理,当期预收账款的计税基础为零。

【例 6-17】　A 公司于 2010 年 12 月 12 日自客户收到一笔分期收款的款项,金额为 150 万元,因不符合会计收入确认条件,将其作为预收账款核算。该预收账款在 A 公司 2010 年 12 月 31 日资产负债表中的账面价值为 150 万元。

按照《企业所得税法》规定,该款项应按合同收取的时间确认为取得当期收入,计入应纳税所得额计算缴纳企业所得税。与该项负债相关的经济利益已在取得当期计算缴纳企业所得税,未来期间按照《企业会计准则》规定应确认收入时,不再计入应纳税所得额,即其于未来期间计算应纳税所得额时可予纳税调减的金额为 150 万元。

计税基础＝账面价值(150 万元)－未来期间计算应纳税所得额时按照《企业所得税法》规定可予抵扣的金额(150 万元)

$$＝0(万元)$$

该项负债的账面价值 150 万元,与其计税基础 0 万元之间产生的 150 万元暂时性差异,会减少企业于未来期间的应纳税所得额,使企业未来期间以减少"所得税费用"的方式未来期经济利益。

(三)应付职工薪酬

《企业会计准则》规定,企业为获得职工提供的服务给予的各种形式的报酬及其他相关支出均应作为企业的成本费用,在未支付之前确认为负债,在"应付职工薪酬"会计科目中归集与核算。

与会计应付职工薪酬相对应的企业所得税的工资福利费等项目。《企业所得税法》就工资支出规定:"企业发生的合理的工资薪金支出,准予扣除。工资薪金,是指企业每一纳税年度支付给在本企业任职或者受雇的员工的所有现金形式或者非现金形式的劳动报酬,包括基本资产、奖金、津贴、补贴、年终加薪、加班工资,以及与员工任职或者受雇有关的其他支出"。工资所得税扣除税法强调的是应于发生时税前扣除。于是,该类事项产生的预计负债在期末的计税基础为其账面价值与未来期间可税前扣除的金额之间的差额,因有关的支出实际发生时可全部税前扣除,其计税基础为零。

【例 6-18】　A 公司 2010 年 1～12 月计入成本费用的职工工资总额为 4 000 万元,至 2010 年 12 月 31 日其中 500 万元尚未支付,体现为资产负债表中的"应付职工薪酬"负债。根据《企业所得税法》规定,企业当期计入成本费用的 4 000 万元工资支出中,可予税前扣除的金额为实际支付额 3 500 万元。

《企业会计准则》规定,企业为获得职工提供的服务给予的各种形式的报酬及其他相关支出均应作为成本费用,在未支付之前确认为负债。该项应付职工薪酬负债的账面价值为 500 万元。

《企业所得税法》规定,企业提取工资 4 000 万元与实际发生允许税前扣除的工资支出 3 500 万元之间所产生的 500 万元差额在发生当期即应进行纳税调整,并且在以后期间实际发放时进行税前扣除。

$$应付职工薪酬负债的计税基础 = 账面价值(500 万元) - 未来期间计算应$$
$$纳税所得额时按照《企业所得税》法规定$$
$$可予抵扣的金额(500 万元)$$
$$= 0(万元)$$

该项负债的账面价值 500 万元,计税基础为 0 万元,负债的账面价值与计税基础之间形成暂时性差异。

(四)其他负债

(1)企业的其他负债项目,如应交的罚款和滞纳金等,在尚未支付之前按照《企业会计准则》规定确认为费用,同时作为负债反映。《企业所得税法》规定,罚款和滞纳金不能税前扣除,即该部分费用无论是在发生当期还是在以后期间均不允许税前扣除,其计税基础为账面价值减去未来期间计税时可予税前扣除的金额 0 之间的差额,即计税基础等于账面价值。

【例 6-19】 A 公司 2010 年 12 月因违反当地有关法规的规定,接到相关行政部门的处罚通知,要求其支付罚款 100 万元。《企业所得税法》规定,企业因违反国家有关法律、法规规定支付的罚款和滞纳金,计算应纳税所得额时不允许税前扣除。至 2010 年 12 月 31 日,该项罚款尚未支付。

对于该项罚款,A 公司应计入 2010 年利润表,同时确认为资产负债表中的负债项目。

因按照《企业所得税法》规定,企业违反国家有关法律、法规规定支付的罚款和滞纳金不允许税前扣除,与该项负债相关的支出在未来期间计税时按照《企业所得税法》规定准予税前扣除的金额为零。

计税基础=账面价值(100 万元)-未来期间计算应纳税所得额时按照
$$《企业所得税法》规定可予抵扣的金额(0 万元)$$
$$=100(万元)$$

该项负债的账面价值 100 万元与其计税基础 100 万元相同,不形成暂时性差异。

(2)其他交易或事项产生的负债,其计税基础应当按照适用《企业所得税法》的相关规定确定,一般表现为负债的计税基础和账面价值相等,如企业在交易发生时的应付账款等。

五、特殊交易或事项中产生资产、负债计税基础的确定

除企业在正常生产、经营活动过程中取得的资产和发生负债以外,对于某些特殊交易中产生的资产、负债,其计税基础的确定应遵从《企业所得税法》规定,如企业合并过程中取得资产、负债计税基础的确定。

《企业会计准则第 20 号——企业合并》中规定,视参与合并各方在合并前及合并后是否为同一方或相同的多方最终控制,分为同一控制下的企业合并与非同一控制下的企业合并两种类型。对于同一控制下的企业合并,合并中取得的有关资产、负债基本上维持其原账面价值不变,合并中不产生新的资产和负债;对于非同一控制下的企业合并,合并中取得的有关资产、负债应按其在购买日的公允价值计量,企业合并成本大于合并中取得可辨认净资产公允价值的份额部分确认为商誉,企业合并成本小于合并中取得可辨认净资产公允价值的份额部分计入合并当期营业外收入。

对于企业合并的税收处理,通常情况下,被合并企业应视为按公允价值转让、处置全部资产,计算资产的转让所得,依法缴纳企业所得税。合并企业接受被合并企业的有关资产,计税时可以按经评估确认的价值确定计税基础。但合并企业支付给被合并企业或其股东的收购价款,除合并企业股权以外的现有价证券和其他资产(非股权支付额)外,不高于所支付的股权票面价值20%的,经税务机关审核确定,当事各方选择进行免税处理,即被合并企业不确认全部资产的转让所得或损失,不计算缴纳企业所得税;被合并企业的股东以其持有的原被合并企业的股权交换合并企业的股权,不视为出售旧股,购买新股处理;免税合并中合并企业接受被合并企业全部资产的计税基础,须以被合并企业原账面价值为基础确定。

由于我国企业会计准则与税法对企业合并的划分标准不同,处理原则不同,有些情况下,会造成企业合并中取得的有关资产、负债的入账价值与其计税基础不同。

六、可抵扣暂时性差异和应纳税暂时性差异的确认与计量

根据暂时性差异对未来期间应纳税所得额的影响,暂时性差异可分为可抵扣暂时性差异和应纳税暂时性差异。

(一)可抵扣暂时性差异的确认与计量

可抵扣暂时性差异是指在确定未来收回资产或清偿负债期间的应纳税所得额时,将导致产生企业所得税税前可抵扣金额的暂时性差异。

1. 可抵扣暂时性差异的影响

(1)可抵扣暂时性差异产生当期:从企业会计核算的角度,企业会计上应当将可抵扣暂时性差异确认为递延所得税资产;从企业所得税应纳税所得额计算的角度,一般应将可抵扣暂时性差异确认为时间性差异,并对当期应纳税所得额进行纳税增调处理,增加当期应纳税所得额。

(2)可抵扣暂时性差异在未来期间转回时:从企业会计核算的角度,应对递延所得税资产作转回处理;从企业所得税应纳税所得额计算的角度,将对当期应纳税所得额进行纳税调减的处理,减少转回期间的应纳税所得额。

2. 可抵扣暂时性差异的确认

(1)资产的账面价值小于其计税基础。资产的账面价值小于其计税基础,从经济含义来看,资产在未来持有和处置期间,在会计上计入成本和费用的金额小于按照《企业所得税法》规定允许税前扣除的金额,就账面价值与计税基础之间的差额,在未来期间企业可以产生减少应纳税所得额并减少应交企业

所得税的结果。

例如,一项资产的账面价值为 100 万元,计税基础为 120 万元,企业在未来资产持有或处置期间,从企业会计核算的角度,可以计入成本和费用与当期收入配比的金额总计为 100 万元;从企业所得税确认应纳税所得额的角度,可以税前扣除金额总计为 120 万元。从整体上来看,未来期间将减少应纳税所得额,减少应交企业所得税,形成可抵扣暂时性差异。

(2)负债的账面价值大于其计税基础。负债的账面价值大于其计税基础产生的暂时性差异,实质是某项负债会计处理确认本期形成成本或费用,产生减少会计利润的结果,依据《企业所得税法》规定,企业所得税对会计处理的结果当期不予确认,但在未来期间可以税前扣除。一项负债的账面价值大于其计税基础,意味着未来期间按照《企业所得税法》规定与该项负债相关的全部或部分支出可以从未来应税收入中扣除,减少未来期间的应纳税所得额和应交企业所得税。

例如,企业对将发生的产品保修费用在销售当期确认预计负债 20 万元,同时增加销售费用 20 万元。但《企业所得税法》规定有关费用支出只有在实际发生时才能税前扣除,其计税基础为零;企业会计确认预计负债并形成当期销售费用,企业所得税对此项费用不允许税前扣除,但在以后期间费用实际发生时允许税前扣除,使得未来期间的应纳税所得额和应交企业所得税减少,产生可抵扣暂时性差异。

(3)特殊项目产生可抵扣暂时性差异的确认。一部分会计上未作为资产和负债确认的项目产生的会计和企业所得税的时间性差异,在企业所得税会计核算确认为暂时性差异。如果这种差异使企业产生未来少纳税的结果,也确认为可抵扣暂时性差异。

例如,对于按照《企业所得税法》规定可以结转以后年度弥补的亏损及税款抵减,虽不是因资产、负债的账面价值与计税基础不同产生的,但本质上可抵扣亏损和税款抵减与可抵扣暂时性差异具有同样的作用,均能够减少未来期间的应纳税所得额和应交企业所得税,视同可抵扣暂时性差异,在符合确认条件的情况下,应确认与其相关的递延所得税资产。

【例 6-20】 A 公司于 2010 年税收亏损 300 万元,按照《企业所得税法》规定,该亏损可抵减以后纳税申报期应纳税所得额,抵减期为 5 个纳税年度。该公司预计其于未来 5 年期间能够产生足够的应纳税所得额抵减 2010 年税收亏损。

该税收亏损虽不是因资产、负债的账面价值与其计税基础的差额产生的,但从其实质上看,可以减少未来期间的应纳税所得额 300 万元并减少应交企业所得税,视同可抵扣暂时性差异为 300 万元。在企业预计未来期间能够产生足够的应纳税所得额,用以抵扣税收亏损时,应在当期确认递延所得税资产。

(二)应纳税暂时性差异的确认与计量

应纳税暂时性差异是指在确定未来收回资产或清偿负债期间应纳税所得额计算时,将导致产生企业所得税税前可抵扣金额减少(少于当期会计成本费用),增加未来企业所得税的应纳税所得额和应纳企业所得税额的暂时性差异。该差异在未来期间转回时,会增加转回期间应纳税所得额,在应纳税暂时性差异产生当期,应当确认相关的递延所得税负债。

1.应纳税暂时性差异的影响

应纳税暂时性差异产生当期:从企业会计核算的角度,企业会计上应当将应纳税暂时性差异确认为递延所得税负债;从企业所得税应纳税所得额计算的角度,一般应将应纳税暂时性差异确认为时间性差异,导致对当期应纳税所得额的进行纳税调减处理的结果。

应纳税暂时性差异在未来期间转回时:从企业会计核算的角度,企业会计上应对递延所得税负债作转回处理;从企业所得税应纳税所得额计算的角度,将增加转回期间的应纳税所得额。

2.应纳税暂时性差异的确认

(1)资产的账面价值大于其计税基础。资产的账面价值是企业在持续使用或最终出售该项资产时将计入成本或费用的总额,而计税基础是一项资产在未来期间可在企业所得税税前扣除的金额。本期资产的账面价值大于其计税基础,意味着该项资产未来期间会计上形成的成本费用不能全部在企业所得税税前抵扣;账面价值与计税基础之间的差额,为企业在未来期间增加的应纳税所得额,两者之间的差额需要进行纳税调增的处理,产生应纳税暂时性差异。

例如,一项固定资产账面价值为 200 万元,计税基础如果为 180 万元,两者之间的差额会造成未来期间应纳税所得额和应交企业所得税的增加。在其产生当期,符合确认条件的情况下,应确认相关的递延所得税负债。

(2)负债的账面价值小于其计税基础。一项负债的账面价值为企业预计在未来期间清偿该项负债时的经济利益流出,负债的账面价值小于其计税基础代表是负债账面价值在当期形成企业所得税允许扣除的项目大于会计则在未来期形成本或费用。

因负债的账面价值与其计税基础不同产生的暂时性差异,本质上是《企业所得税法》规定就该项负债在期可以税前扣除的金额与会计计入相关成本费用金额不同。其结果导致该项负债在未来期间可以税前抵扣的金额为负数，即应在未来期间增加应纳税所得额和应交企业所得税金额。

（3）部分会计上未作为资产和负债确认的项目产生的应纳税暂时性差异。一部分会计上未作为资产和负债确认的项目产生的会计和企业所得税的时间性差异，在企业所得税会计核算时确认为暂时性差异。如果这种差异使企业产生未来多纳税的结果，也确认为应纳税暂时性差异。

七、递延所得税资产和递延所得税负债

企业在确定了应纳税暂时性差异与可抵扣暂时性差异后，应当按照所得税会计准则规定的原则进一步确认与可抵扣暂时性差异相关的递延所得税资产及与应纳税暂时性差异相关的递延所得税负债。

（一）递延所得税资产的确认、计量和会计核算

1. 递延所得税资产的确认（见图 6-1）

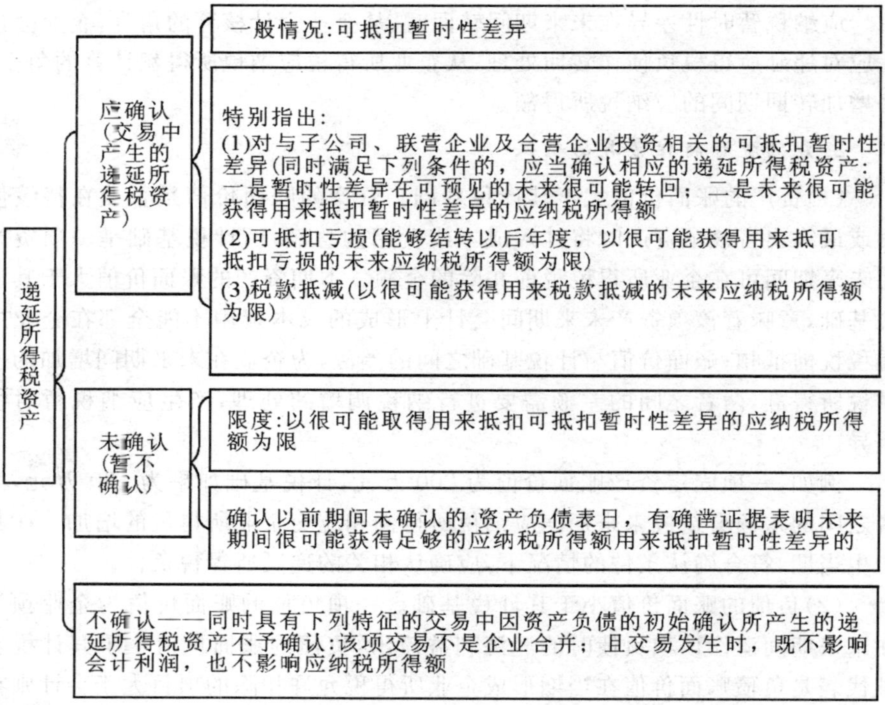

图 6-1　递延所得税资产的确认

(1)确认递延所得税资产的一般原则主要包括以下几个:

①递延所得税资产产生于可抵扣暂时性差异。递延所得税资产产生于可抵扣暂时性差异,具体指在确定未来收回资产或清偿负债期间的应纳税所得额时,将导致产生企业所得税税前可抵扣金额的暂时性差异。

②递延所得税资产的确认应以未来期间很可能取得的用来抵扣可抵扣暂时性差异的应纳税所得额为限。在可抵扣暂时性差异转回的未来期间内,企业如果无法产生足够的应纳税所得额用以利用可抵扣暂时性差异的影响,使得与可抵扣暂时性差异相关的经济利益无法实现的,则不应在当期确认递延所得税资产;企业有明确的证据表明其于可抵扣暂时性差异转回的未来期间能够产生足够的应纳税所得额,进而利用可抵扣暂时性差异的,则应以很可能取得的应纳税所得额为限,确认相关的递延所得税资产。

在判断企业于可抵扣暂时性差异转回的未来期间是否能够产生足够的应纳税所得额时,应考虑以下两个方面的影响:一是通过正常的生产、经营活动能够实现的应纳税所得额。例如,企业通过销售商品、提供劳务等所实现的收入,扣除有关的成本、费用等支出后的金额,该部分情况的预测应当以经企业管理层批准的最近财务预算或预测数据及该预算或者预测期之后年份稳定的或者递减的增长率为基础。二是以前期间产生的应纳税暂时性差异在未来期间转回时将增加的应纳税所得额。

由于可抵扣暂时性差异转回的期间内可能取得应纳税所得额的限制,因无法取得足够的应纳税所得额而未确认相关的递延所得税资产的,应在会计报表附注中进行披露。

【例 6-21】 A 企业 2010 年 1 月购买一项专利技术,支付金额为 80 万元。由于合同和法律没有规定使用寿命,企业综合各方面情况,聘请相关专家进行论证,与同行业的情况进行比较并参考历史经验,确定无形资产为企业带来未来经济的期限即无形资产的摊销时间为 5 年。2010 年企业在会计上确认无形资产摊销额为 16 万元,在 2009 年资产负债表日,无形资产的账面价值为 64 万元。

《企业所得税法实施条例》规定:"作为投资或者受让的无形资产,有关法律规定或者合同约定了使用年限的,可以按照规定或者约定的使用年限分期摊销;其他无形资产的摊销年限不得低于 10 年。"根据企业所得税法规定,企业所得税确认此项无形资产的使用时间为 10 年。2010 年计算应纳税所得额前允许扣除的无形资产的摊销额为 8 万元,资产负债表日,无形资产的计税基础为 72 万元。

2010 年资产负债表日,由于无形资产的账面价值小于计税基础,所以会计和企业所得税出现的差异为可抵扣暂时性差异,差异额为 8 万元。在判断企业是否确认为递延所得税资产时,应考虑可抵扣暂时性差异转回的未来期间是否能够产生足够的应纳税所得额。如果以经企业管理层批准的最近财务预算预测企业所得税的应纳税所得额为4万元(此数据在实际业务处理时很难测定),则当期确认递延所得税资产为1万元(4万元×25%)。

(2)确认递延所得税资产的特殊业务主要包括以下几个方面:

①投资业务的处理。对与子公司、联营企业、合营企业的投资相关的可抵扣暂时性差异,同时满足下列条件的————一是暂时性差异在可预见的未来很可能转回,二是未来很可能获得用来抵扣可抵扣暂时性差异的应纳税所得额——企业应当以很可能取得的应纳税所得额为限,确认相应的递延所得资产,同时减少确认当期的所得税费用。

企业投资产生的可抵扣暂时性差异,主要产生于两种业务情况:一是按权益法进行投资业务的处理时,当被投资单位发生亏损时,投资企业按照持股比例确认应予承担的部分相应减少长期股权投资的账面价值,但《企业所得税法》规定长期股权投资的成本在持有期间不发生变化,造成长期股权投资的账面价值小于其计税基础,产生可抵扣暂时性差异;二是如果投资企业对长期股权投资计提减值准备,将产生可抵扣暂时性差异。

②税收亏损弥补的处理。可抵扣亏损是指企业按照《企业所得税法》规定计算确定准予用以后年度的应纳税所得弥补的亏损。与可抵扣亏损和赔款抵减相关的递延所得税资产,其确认条件与其他可抵扣暂时性差异产生的递延所得税资产相同。在估计未来期间是否能够产生足够的应纳税所得额用以利用该部分可抵扣亏损或税款抵减时,应考虑以下相关因素的影响:

一是在可抵扣亏损到期前,企业是否可通过正常的生产、经营活动产生足够的应纳税所得额。

二是在可抵扣亏损到期前,企业是否会因以前期间产生的应纳税暂时性差异转回而产生足够的应纳税所得额。

三是可抵扣亏损是否产生于一些在未来期间不可能重复发生的特殊原因。

四是是否存在其他的证据表明在可抵扣亏损到期前能够取得足够的应纳税所得额。

企业在确认与可抵扣亏损和税款抵减相关的递延所得税资产时,应当在财务报表附注中说明在可抵扣亏损和税款抵减到期前,企业能够产生足够的应纳税所得额的估计基础。

【例6-22】 B公司于2010年税收亏损200万元,按照《企业所得税法》规定,该亏损可抵减以后纳税申报期应纳税所得额,抵减期为5个纳税年度。假设经企业管理层批准的最近财务预算或预测数据分以下两种情况：

其一，根据经企业管理层批准的最近财务预算或预测数据及该预算期之后年份稳定的或者递减的增长率，B公司预计其于未来5年期间能够产生足够的应纳税所得额抵减2010年税收亏损。所以，对可抵扣暂时性差异200万元，在当期确认为递延所得税资产。

其二，根据经企业管理层批准的最近财务预算或预测数据及该预算或者预测期之后年份稳定的或者是递减的增长率，该公司预计其于未来5年期间不能产生足够的应纳税所得额抵减2010年税收亏损。所以，对可抵扣暂时性差异200万元，在当期不确认为递延所得税资产。

③税额抵减的处理。税额抵减是在满足企业所得税优惠条件的前提下，企业可以依照税法对其当期应纳税所得额进行抵减，当期应交所得税税款不足抵减的，可以结转抵减。按照《企业所得税法》规定，可以税款抵减和结转以后年度的未弥补亏损（可抵扣亏损）的处理相同，在预计税款抵减的未来期间内很可能取得足够的应纳税所得额时，应当以很可能取得的应纳税所得额为限，确认相应的递延所得资产，同时减少确认当期的所得税费用。

【例6-23】　2010年，A企业购买符合《环境保护专用设备企业所得税优惠目录》的大型设备，金额为4 000万元。企业所得税税率为25％，企业当年应纳企业所得税为180万元。

根据《企业所得税法实施条例》规定：该专用设备的投资额的10％可以从企业当年的应纳税额中抵免；当年不足抵免的，可以在以后5个纳税年度结转抵免。企业购买环保设备的抵免税额为400万元（4 000万元×10％），从当年应纳企业所得税额中可抵免360万元，不足抵免的40万元，可以结转在以后5个纳税年度抵免。在预计税款抵减的未来期间内很可能取得足够利用的应纳税所得额时，确认递延所得税资产40万元。

2. 递延所得税资产的计量

根据所得税会计准则规定，递延所得税资产的金额为可抵扣暂时性差异金额与企业所得税税率的乘积。用公式表示为：

递延所得税资产＝可抵扣暂时性差异金额×企业所得税税率

因此，递延所得税资产的计量由以下两个因素确定：

（1）可抵扣暂时性差异金额的确定。递延所得税资产计算的基数为可抵扣暂时性差异金额。可抵扣暂时性差异金额确定分以下三种情况：其一，资产的账面价值小于其计税基础的金额；其二，负债的账面价值大于其计税基础的金额；其三，部分会计上未作为资产和负债确认的项目产生的可抵扣暂时性差异会计和企业所得税计量的差额，以及可以结转以后年度的未弥补亏损（可抵扣亏损)和税款抵减的金额。

(2)企业所得税税率的规定。所得税会计准则规定,资产负债表日,对于递延所得税资产,应当根据适用《企业所得税法》规定,按照预期处理资产期间的适用税率计量。也就是说,递延所得税资产应以相关可抵扣暂时性差异转回期间,按照《企业所得税法》规定适用的企业所得税税率计量。

(3)递延所得税资产的期末计量。《企业会计准则》规定,资产负债表日,企业应当对递延所得税资产的账面价值进行复核。如果未来期间很可能无法取得足够的应纳税所得额用以利用可抵扣暂时性差异带来的经济利益,应当减记递延所得税资产的账面价值。

同其他资产的确认和计量原则相一致,递延所得税资产的账面价值应当代表其为企业带来未来经济利益的能力。企业在确认了递延所得税资产以后,因各方面情况变化,导致按照新的情况估计,在有关可抵扣暂时性差异转回的期间内,无法产生足够的应纳税所得额用以利用可抵扣暂时性差异,使得与递延所得税资产相关的经济利益无法全部实现的,对于预期无法实现的部分,应当减记递延所得税资产的账面价值。除原确认时计入所有者权益的递延所得税资产,其减记金融亦应计入所有者权益外,其他的情况应增加减记当期的所得税费用。

因无法取得足够的应纳税所得额利用可抵扣暂时性差异可减记递延所得税资产账面价值的,以后期间根据新的环境和情况判断能够产生足够的应纳税所得额利用可抵扣暂时性差异,使得递延所得税资产包含的经济利益能够实现的,应相应恢复递延所得税资产的账面价值。

【例 6-24】　2009 年,A 企业对账面价值为 400 万元的存货提取减值准备 200 万元。企业所得税适用税率为 25%。2010 年资产负债表日,企业预计 2011 年对产品结构进行调整,企业将出现亏损。2011 年企业完成产品结构调整,预计 2011 年开始盈利。

2009 年业务处理:

会计核算:企业存货的账面价值为 200 万元,计税基础为 400 万元,存货计税基础大于账面价值形成可抵扣暂时性差异,确认递延所得税资产。

递延所得税资产=200×25%=50(万元)

A 企业账务处理为:

借:资产减值损失　　　　　　　　　　　　　2 000 000

　　贷:存货跌价准备　　　　　　　　　　　　　　　2 000 000

借:递延所得税资产　　　　　　　　　　　　　500 000

　　贷:所得税费用　　　　　　　　　　　　　　　　500 000

企业所得税处理：根据现行《企业所得税法》及其实施条例规定，对计入资产减值损失会计科目，减少当期会计利润的存货跌价准备200万元不允许扣除，2009年填报企业所得税纳税申报表时，对存货跌价准备进行纳税调增的处理。同时，对企业所得税和会计时间性差异进行记录。

2010年业务处理：

2010年资产负债表日，企业预计2010年对产品结构进行调整，企业将出现亏损，如果对提取减值准备的存货处置，与递延所得税资产相关的经济利益无法全部实现。

会计核算：资产负债表日，企业对递延所得税资产的账面价值50万元进行复核。因2011年可能无法取得足够的应纳税所得额用以利用可抵扣暂时性差异带来的经济利益，应当确认减记递延所得税资产的账面价值。

企业财务处理为：

借：所得税费用 500 000

　　贷：递延所得税资产 500 000

对上述业务在2010年企业所得税纳税申报时不需要特殊处理。

2011年业务处理：

2011年企业完成产品结构调整，预计2011年开始盈利，使得递延所得税资产包含的经济利益能够实现的，应相应恢复递延所得税资产的账面价值。

会计核算：2010年资产负债表日，恢复递延所得税资产的账面价值。

企业账务处理为：

借：递延所得税资产 500 000

　　贷：所得税费用 500 000

对上述业务在2011年企业所得税纳税申报时不需要进行处理。

(4)递延所得税资产不需要折现。所得税会计准则规定，无论可抵扣暂时性差异的转回期间长短，递延所得税资产不要求折现。

3. 不确认递延所得税资产的特殊情况

企业在交易中产生的资产、负债的初始确认金额与其计税基础不同，产生可抵扣暂时性差异的某些情况下，如果企业发生的某项交易或事项不属于企业合并，并且交易发生时既不影响会计利润也不影响应纳税所得额，则所得税会计准则中规定在交易或事项发生时不确认相关的递延所得税资产。因为如果确认递延所得税资产，则需要调整资产的入账价值，对实际成本进行调整将有违会计核算中的历史成本原则，影响会计信息的可靠性。实际上，在以上前提下产生的资产、负债的初始确认金额与其计税基础不同，产生可抵扣暂时性差异，从企业所得税应纳税所得额计算的角度，会计和企业所得税产生的差异为永久性差异。

【例6-25】 2011年1月，A企业自行研发的专利技术正式使用，企业在会计上将开发费用100万元确认为无形资产的原始计价。

企业账务处理为：

借：无形资产　　　　　　　　　　　　　　　　　　1 000 000

　　贷：研发支出——资本化支出　　　　　　　　　　　1 000 000

A企业所得税处理：《企业所得税法实施条例》第95条规定："企业所得税法研究开发费用的加计扣除，是指企业为开发新技术、新产品、新工艺发生的研究开发费用，未形成无形资产计入当期损益的，在按照规定据实扣除的基础上，再按照研究开发费用的50%加计扣除；形成无形资产的，按照无形资产成本的150%摊销。"根据《企业所得税法》规定，企业自行研发的无形资产的扣除额为会计计价的150%，A企业无形资产的计税基础为150万元。

A企业业务分析如下：

从会计核算角度，A企业自行研发无形资产的账面价值100万元与其计税基础150万元之间的差额，在2011年无形资产确认时，既不影响会计利润，也不影响应纳税所得额，所得税会计准则中规定该种情况下不确认相应的递延所得税资产。

从应纳税所得额计算的角度，企业在无形资产使用期间可以扣除的无形资产摊销额总计为150万元，而会计上可以提取的摊销额为100万元，企业所得税允许扣除的摊销大于会计上可以提取的摊销，会计和企业所得税的差异为永久性差异。在无形资产使用的年限内，每个纳税申报期计算应纳税所得额时，必须对会计利润进行纳税调减的处理，总额为50万元。

4.递延所得税资产的会计核算

(1)减少所得税费用。对由于税前会计利润和应纳税所得额差异确认的递延所得税资产，应作为利润表中所得税费用减少的调整。

【例6-26】 A企业于2009年12月企业自行建造一项生产用固定资产投入使用，该固定资产的原始价值为80 000元，预计使用年限为5年，按直线法计提折旧。若该项固定资产在2012年年底，因技术陈旧等原因处置，该固定资产的市场价值为30 000元，清理费用为10 000元，企业提取固定资产减值准备为12 000元。

①企业会计处理：

企业固定资产投入使用后每年提取折旧额＝80 000÷5＝16 000(元)

会计和税收处理一致。

2012年年底，固定资产可回收金额的计量：固定资产可收回金额应按公允价值减去处置费用后的净额与资产预计未来现金流量的现值两者之间较高者确定,本例中固定资产可收回金额为20 000元。

确认减值损失:用固定资产的账面余值减去固定资产的可回收金额确认。

计算过程如下:

固定资产的账面余值	32 000
其中:固定资产原值	80 000
累计折旧	4 800
减:固定资产可收回金额	20 000
差额	12 000

差额12 000元为A企业2012年提取固定资产减值准备。计提减值准备的账务处理为:

借:资产减值损失——计提固定资产减值准备 12 000

　　贷:固定资产减值准备 12 000

②企业所得税处理及会计和企业所得税差异的调整:

2012年年底,企业所得税税前扣除时,对A企业提取且计入"资产减值损失"的固定资产减值准备12 000元不予确认,对当期减少会计利润的资产减值损失应调增应纳税所得额。

③所得税费用的会计核算:

从所得税费用会计核算角度的分析,会计和企业所得税出现差异,由于差异的原因是固定资产的计税基础和会计的账面价值不相同,所以,差异的性质为暂时性差异。同时应确认为可抵扣暂时性差异,企业当期产生递延所得税资产。具体处理如下:

2012年年底固定资产的账面价值=80 000-(16 000×3)-12 000(减值准备)
　　　　　　　　　　　　　　　=20 000(元)

固定资产计税基础=80 000-(16 000×3)=32 000(元)

递延所得税资产=(32 000-20 000)×25%=3 000(元)

所得税费用会计核算的账务处理为:

借:递延所得税资产 3 000

　　贷:所得税费用——递延所得税费用 3 000

(2)增加所有者权益。有关的可抵扣暂时性差异产生于直接计入所有者权益的交易或事项的,确认的递延所得税资产也应增加所有者权益。

【例6-27】 B企业持有的某项可供出售金融资产,成本为400万元,会计期末,其公允价值为380万元,该企业适用的企业所得税税率为25%。除该事项外,该企业不存在其他会计与税收之间的差异,且递延所得税资产和递延所得税负债不存在期初余额。

会计期末确认可供出售金融资产的账面价值 380 万元和计税基础 400 万元之间出现可抵扣暂时性差异 20 万元。确认递延所得税资产 5 万元（20 万元×25％）。

企业账务处理为：

借：资本公积——其他资本公积　　　　　　　　　　200 000
　　贷：可供出售金融资产——公允价值变动　　　　　　　200 000

确认递延所得税资产：

借：递延所得税资产　　　　　　　　　　　　　　　　50 000
　　贷：资本公积——其他资本公积　　　　　　　　　　　50 000

（二）递延所得税负债的确认、计量和会计处理

1. 递延所得税负债的确认（见图 6-2）

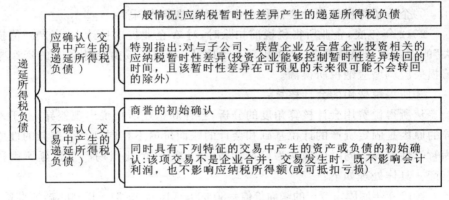

图 6-2　递延所得税负债的确认

递延所得税负债产生于应纳税暂时性差异。因应纳税暂时性差异在转回期间将增加企业的应纳税所得额和应交企业所得税，导致企业经济利益的流出，在其发生当期，构成企业应交纳企业所得税的义务，应作为负债确认。

确认应纳税暂时性差异产生的递延所得税负债时，应遵循以下原则：基于谨慎性原则，为了充分反映交易或事项发生后，对未来期间的计税影响，除所得税会计准则中明确规定可不确认递延所得税负债的情况以外，企业对于所有的应纳税暂时性差异，均应确认相关的递延所得税负债。

【例 6-28】　A 企业于 2010 年 1 月取得 C 公司 30％的股权，实际支付价款 3 000 万元。取得投资时被投资单位账面所有者权益的构成如表 6-1 所示（假定该时点被投资单位各项可辨认资产、负债的公允价值与其账面价值相同）。

表 6-1　C 公司账面所有者权益的构成

单位:万元

项　目	金　额
实收资本	3 000
资本公积	2 400
盈余公积	600
未分配利润	1 500
所有者权益总额	7 500

假定在 C 公司的董事会中,所有股东均以其持股比例行使表决权。A 企业在取得对 C 公司的股权后,派人参与了 C 公司的生产经营决策。因能够对 C 公司的生产经营决策施加重大影响,A 企业对该投资应按照权益法核算。在取得投资时点上,A 企业应进行的账务处理为:

借:长期股权投资——投资成本　　　　　　　　　30 000 000
　贷:银行存款　　　　　　　　　　　　　　　　　30 000 000

长期股权投资的成本 3000 万元大于取得投资时点上应享有被投资单位净资产公允价值的份额 2 250 万元(7 500 万元×30%),不对其账面价值进行调整。

税务处理:企业长期股权投资的计税基础应当以为取得该项投资所付出的全部代价确认。本期该项投资的计税基础为 3 000 万元。

假定上例中取得投资时点上的被投资单位净资产公允价值为 12 000 万元,A 企业按持股比例 30% 计算确定应享有 3 600 万元,则初始投资成本与应享有被投资单位净资产公允价值份额之间的差额 600 万元应计入取得投资当期的损益。

借:长期股权投资　　　　　　　　　　　　　　　36 000 000
　贷:银行存款　　　　　　　　　　　　　　　　　30 000 000
　　营业外收入——其他　　　　　　　　　　　　　6 000 000

税务处理:企业为取得该项投资实际付出的代价为 3 000 万元,因此,该项投资的计税基础为 3 000 万元。未来处置股权时,按计税基础扣除。"营业外收入——其他"600 万元,不征收企业所得税,应作纳税调减处理,确认为应纳税暂时性差异,将形成递延所得税负债。

2.递延所得税负债的计量

根据所得税会计准则规定,递延所得税负债的金额为应纳税暂时性差异金额与企业所得税税率的乘积。用公式表示为：

递延所得税负债＝应纳税暂时性差异金额×企业所得税税率

因此，递延所得税负债的计量由以下两个因素确定：

（1）应纳税暂时性差异金额的确定。应纳税暂时性差异金额的确定主要有三种情况：一是资产的账面价值大于其计税基础金额；二是负债的账面价值小于其计税基础的金额；三是部分会计上未作为资产和负债确认的项目产生的应纳税暂时性差异会计和企业所得税计量的差额。

（2）企业所得税税率的确定。所得税会计准则规定，资产负债表日，对于递延所得税负债，应当根据适当《企业所得税法》规定，按照预期清偿该负债期间的适用税率计量，即递延所得税负债应以相关应纳税暂时性差异转回期间按照《企业所得税法》规定适用的企业所得税税率计量。

此外，所得税会计准则规定，无论应纳税暂时性差异转回期间长短，递延所得税负债不要求折现。

3. 不确认递延所得税负债的特殊情况

根据所得税会计准则的规定，对一部分虽然资产、负债的账面价值与其计税基础不同产生了应纳税暂时性差异，但不确认相应的递延所得税负债，主要包括：

（1）商誉的初始确认。非同一控制下的企业合并中，企业合并成本大于合并中取得的被购买方可辨认净资产公允价值份额的差额，按照《企业会计准则》规定，应确认商誉。因会计与企业所得税对企业合并的划分标准不同，按照税法规定作为免税合并的情况下，计税时不认可商誉的价值，即从企业所得税角度，商誉的计税基础为零，两者之间的差额形成应纳税暂时性差异。对于商誉的账面价值与其计税基础不同产生的该应纳税暂时性差异，所得税会计准则中规定不确认与其相关的递延所得税负债，原因在于：

一是如果确认该部分暂时性差异产生的递延所得税负债，则意味着购买方在企业合并中获得的可辨认净资产的价值量下降，企业会增加商誉的价值，商誉的账面价值增加以后，在未来计提减值准备的可能加大，同时商誉账面价值的增加还会进一步产生应纳税暂时性差异，使得递延所得税负债和商誉价值量的变化不断循环。

二是商誉本身即是企业合并成本在取得的被购买方可辨认资产、负债之间进行分配后的剩余价值，确认递延所得税负债进一步增加其账面价值会影响到会计信息的可靠性。

（2）除企业合并以外的其他交易或事项中，如果产生的资产、负债的初始确认金额与其计税基础不同，形成应纳税暂时性差异的，该项交易或事项发生时既不影响当期会计利润,也不影响当期应纳税所得额,则交易或事项发生时不确认相应的递延所得税负债。

该规定主要是考虑到由于交易或事项发生时既不影响会计利润,也不影响应纳税所得额,确认递延所得税负债的直接结果是增加有关资产的账面价值或是降低所确认负债的账面价值,使得资产、负债在初始确认时,违背历史成本原则,影响会计信息的可靠性。

该类交易或事项在我国企业实务中并不多见,一般情况下有关资产、负债的初始确认金额均会为企业所得税法所认可,不会产生两者之间的差异。

(3)与子公司、联营企业、合营企业投资等相关的应纳税暂时性差异,同时满足以下两个条件的,不确认为递延所得税负债:一是投资企业能够控制暂时性差异转回的时间;二是该暂时性差异在可预见的未来很可能不会转回。因为满足上述条件时,投资企业可以运用自身的影响力决定暂时性差异的转回。如果不希望其转回,则在可预见的未来,该项暂时性差异即不会转回,从而对未来期间不会产生企业所得税影响,无须确认相应的递延所得税负债。

企业在运用上述条件不确认与联营企业、合营企业等投资相关的递延所得税负债时,应有明确的证据表明其能够控制有关暂时性差异转回的时间。一般情况下,企业对联营企业的生产经营决策仅能够实施重大影响,并不能够主导被投资单位包括利润分配政策在内的主要生产经营决策的制定,满足所得税会计准则规定的能够控制暂时性差异转回时间的条件,一般是通过与其他投资者签订协议等,达到能够控制被投资单位利润分配政策等情况。

【例 6-29】　A 公司持有乙公司 25% 的股权,因能够参与乙公司的生产经营决策,对该项投资采用权益法核算。2009 年购入投资时,实际支付价款 3 000 万元,取得投资当年年末,乙公司实现净利润 600 万元,假定不考虑相关的调整因素,A 公司按其持股比例计算应享有 750 万元。A 公司适用的企业所得税税率为 25%,乙公司适用的企业所得税税率为 15%。乙公司在会计期末未制订任何利润分配方案,除该事项外,不存在其他会计与税收的差异。递延所得税资产及负债均不存在期初余额。

按照权益法的核算原则,取得投资当年年末,A 公司长期股权投资账面价值增加 750 万元,确认投资收益 750 万元。《企业所得税法》规定长期投资股权的计税基础在持有期间不变,产生应纳税暂时性差异 750 万元。A 公司应确认相应的递延所得税负债 187.5 万元(750 万元×25%)。

借:所得税费用　　　　　　　　　　　　　　　1 875 000

　　贷:递延所得税负债　　　　　　　　　　　　　1 875 000

如果 A 公司取得乙公司股权的目的并非是从乙公司获得利润,而是希望从乙公司持续得到原材料供应,同时与其他投资者签订协议,在被投资单位制订利润分配方案时作相同的意思表示,控制被投资单位利润分配的时间,从各方的协议情况看,不希望被投资单位在可预见的未来进行利润分配。因符合不确认递延所得税负债的条件,对该部分 750 万元的应纳税暂时性差异不确认相关的递延所得税负债。

4.递延所得税负债的会计核算

(1)增加所得税费用。确认应纳税暂时性差异产生的递延所得税负债时,交易或事项发生时影响到会计利润或应纳税所得额的,相关的企业所得税影响应作为利润表中所得税费用的组成部分。

【例 6-30】 A 公司 2007 年 12 月 31 日购入某项固定资产,原始价值80 000 元,预计使用期限为 4 年,财务会计采用直线法计提折旧(不考虑残值),税务会计采用年数总和法计提折旧(不考虑残值)。假定 A 公司每年的利润总额均为 100 000 元,无其他纳税调整,2008 年企业所得税税率为 25%。

企业会计处理:

该设备每年提取折旧计算:

2008 年 1 月至 2011 年 12 月间每年提取折旧金额＝80 000÷4＝20 000(元)

企业所得税处理会计和税务处理差异调整:

根据相关规定,该设备 2008 年至 2011 年 4 年间每年提取折旧分别为32 000 元、24 000 元、16 000 元和 8 000 元。

2008 年年底固定资产的账面价值＝80 000－20 000＝60 000(元)

固定资产的计税基础＝80 000－32 000＝48 000(元)

递延所得税负债＝(60 000－48 000)×25%＝3 000(元)

2008 年年底所得税费用会计核算的账务处理为:

借:所得税费用 25 000

　　贷:应交税费——应交所得税 22 000

　　　　递延所得税负债 3 000

2009 年年底固定资产的账面价值＝60 000－20 000＝40 000(元)

固定资产的计税基础＝60 000－24 000＝36 000(元)

递延所得税负债＝(40 000－36 000)×25%＝1 000(元)

2009 年年底所得税费用会计核算的账务处理为:

借:所得税费用 25 000

　　贷:应交税费——应交所得税 24 000

　　　　递延所得税负债 1 000

2010 年年底固定资产的账面价值＝40 000－20 000＝20 000(元)

固定资产的计税基础＝40 000－16 000＝24 000(元)

递延所得税负债＝(20 000－24 000)×25％＝－1 000(元)

2010年年底所得税费用会计核算的账务处理为：

借:所得税费用   25 000

    递延所得税负债   1 000

    贷:应交税费——应交所得税   26 000

2011年年底固定资产的账面价值＝20 000－20 000＝0(元)

固定资产的计税基础＝20 000－8 000＝12 000(元)

递延所得税负债＝(0－12 000)×25％＝－3 000(元)

2011年年底所得税费用会计核算的账务处理为：

借:所得税费用   25 000

    递延所得税负债   3 000

    贷:应交税费——应交所得税   28 000

(2)减少所有者权益。与直接计入所有者权益的交易或事项相关的,其企业所得税影响应减少所有者权益。

【例6-31】 2010年A企业将账面净值为3 000万元(原值为4 000万元,已提折旧1 000万元)、公允价值为3 500万元办公楼出租,企业将固定资产转换为投资性房地产时,因满足投资性房地产所在地有活跃的房地产交易市场和企业能够从活跃的房地产交易市场上取得同类或类似房地产的市场价格及其他相关信息的条件,从而对投资性房地产的公允价值作出合理的估计条件,企业对确认的投资性房地产按公允价值计量。

资产负债表日,根据所得税会计准则规定,企业对办公楼确认为账面价值(按公允价值调整)为3 500万元,计税基础为3 000万元。计税基础小于账面价值暂时性差异500万元,确认为应纳税暂时性差异,递延所得税负债为125万元(500万元×25％)。企业账务处理为：

借:投资性房地产   35 000 000

    累计折旧   10 000 000

    贷:固定资产   40 000 000

      资本公积——其他资本公积   5 000 000

借:资本公积——其他资本公积   1 250 000

    贷:递延所得税负债   1 250 000

八、所得税费用的确认、计量与账务处理

企业所得税的会计核算,主要是围绕着所得税费用的确定。按照资产负

债表债务法核算企业所得税,利润表中的所得税费用由两部分组成:当期企业所得税和递延所得税。因此,确定利润表中的所得税费用,必须计算当期应交企业所得税,确定资产负债表上的递延所得税资产和递延所得税负债。

(一)当期应交企业所得税的计算

当期应交企业所得税是指企业按《企业所得税法》规定计算确定当期应交企业所得税金额,即应交企业所得税。当期企业所得税应以适用的税法为基础计算确定。

企业在确定当期企业所得税时,对于当期发生的交易或事项,在收入、成本费用及资产处理的会计处理与税收处理的差异,应在会计利润的基础上,按照适用税法的规定进行调整,计算出当期应纳税所得额,按照应纳所得额与适用企业所得税税率计算确定当期应交企业所得税。企业当期应交企业所得税,通过企业所得税纳税申报表确定。

(二)递延所得税的确定

递延所得税是指按照所得税准则规定应予确认的递延所得税资产和递延所得税负债在期末应有的金额相对于原已确认金额之间的差额,即递延所得税资产及递延所得税负债当期发生额的综合结果。用公式表示为:

$$递延所得税 = 递延所得税负债 - 递延所得税资产$$
$$递延所得税负债 = 期末递延所得税负债 - 期初递延所得税负债$$
$$递延所得税资产 = 期末递延所得税资产 - 期初递延所得税资产$$

需要说明的是,企业因确认递延所得税资产和递延所得税负债产生的递延所得税,一般应当计入所得税费用,但以下两种情况除外:一是某项交易或事项按照《企业会计准则》规定应计入所有者权益的,由该交易或事项产生的递延所得税资产或递延所得税负债及其变化亦应计入所有者权益,不构成利润表中的递延所得税费用(或收益)。二是企业合并中取得的资产、负债的账面价值与计税基础不同,应确认相关递延所得税,该递延所得税的确认影响合并中产生的商誉或计入合并当期损益的金额,不影响所得税费用。

(三)所得税费用的确定

计算确定了当期企业所得税及递延所得税以后,利润表中应予确认的所得税费用为两者之和,即

$$所得税费用 = 当期企业所得税 + 递延所得税$$

【例 6-32】 A 公司 2008 年度利润表中利润总额 3 400 万元,该公司适用的企业所得税税率为 25%。递延所得税资产及递延所得税负债不存在期初余额。A 公司业所得税核算的有关情况如下:

2008 年发生的有关交易或事项中,会计处理与税收处理存在差异的有:

①2007 年 12 月 31 日购入一项固定资产,成本为 240 万元,使用年限为 10 年,净残值为 0 万元,会计处理按双倍余额递减法计提折旧,税收处理按直线法计提折旧。假定《企业所得税法》规定的使用年限及净残值与会计规定相同。

②企业缴纳税收滞纳金和罚款 40 万元。

③当年度进行技术研究开发,研究阶段支出 150 万元。假定开发无形资产于期末未达到预定使用状态。

④交易性金融资产的账面价值为 600 万元,期末公允价值为 700 万元。

⑤企业当期业务招待费为 25 万元(企业本年销售收入 6 000 万元)。

⑥期末,企业原账面价值为 166 万元的存货,因市场价格持续下跌,并且在可预见的未来无回升的希望,可变现净值确认为 106 万元,企业对存货计提了 60 万元的存货跌价准备。

税法解析:

①当期固定资产会计提取的折旧额为 48 万元,企业所得税扣除额为 24 万元,当期纳税调增额为 24 万元。

②企业缴纳税收滞纳金和罚款 40 万元。按照《企业所得税法》规定,不允许税前扣除,当期纳税调增额为 40 万元。

③当年度进行技术研究开发,《企业所得税法》规定企业发生的研究开发支出可按实际发生额为 150% 加计扣除,当期企业所得税允许扣除研究费用为 225 万元,纳税调减 75 万元。

④交易性金融资产的公允价值大于账面价值确认的公允价值变动损益,企业所得税不予确认,当期纳税调减额为 100 万元。

⑤企业当期业务招待费实际发生额为 25 万元,未超过销售收入的 5%,允许扣除额为 15 万元(25 万元×60%),纳税调增 10 万元。

⑥企业对存货计提了 60 万元的存货跌价准备,不允许企业所得税扣除,纳税调增 60 万元。

$$2008 \text{ 年度应纳税所得额} = 34\ 000\ 000 + 240\ 000 + 400\ 000 + 100\ 000$$
$$+ 600\ 000 - 750\ 000 - 1\ 000\ 000$$
$$= 33\ 590\ 000(\text{元})$$

应交企业所得税 $= 33\ 590\ 000 \times 25\% = 8\ 397\ 500(\text{元})$

2008 年度递延所得税分析:

①固定资产账面价值与计税基础的差异确认为可抵扣暂时性差异。

②存货账面价值与计税基础的差异确认为可抵扣暂时性差异。

③交易性金融资产账面价值与计税基础的差异确认为应纳税暂时性差异。

A公司 2008 年资产负债表相关项目金额及其计税基础如表 6-2 所示。

表 6-2 A 公司 2008 年资产负债表相关项目金额及其计税基础

单位:元

项 目	账面价值	计税基础	差 异	
			应纳税时间性差异	可抵扣暂时性差异
存 货	1 060 000	1 660 00		600 000
固定资产				
固定资产原价	2 400 000	2 400 000		
减:累计折旧	480 000	240 000		
固定资产减值准备	0	0		
固定资产价值	1 920 000	2 160 000		240 000
交易性金融资产	7 000 000	6 000 000	1 000 000	
其他应付款	2 000 000	2 000 000		
合 计			1 000 000	840 000

递延所得税资产＝840 000×25％＝210 000(元)

递延所得税负债＝1 000 000×25％＝250 000(元)

递延所得税＝250 000－210 000＝40 000(元)

利润表中应确认的所得税费用:

所得税费用＝8 397 500＋40 000＝8 437 500(万元)

会计处理:

借:所得税费用   8 437 500

 递延所得税资产   210 000

 贷:应交税费——应交企业所得税   8 397 500

  递延所得税负债   250 000

【例 6-33】 沿用【例 6-32】有关资料,假定 A 公司 2009 年当期应交企业所得税为 100 万元。资产负债表中有关资产、负债的账面价值与其计税基础相关资料如表 6-3 所示,除所列项目外,其他资产、负债项目不存在会计和税收的差异。

表 6-3 资产与负债的账面价值及其计税基础

单位:元

项　目	账面价值	计税基础	差　异	
			应纳税时间性差异	可抵扣暂时性差异
存　货	3 260 000	3 260 000		60 000
固定资产				
固定资产原价	2 400 000	2 400 000		
减:累计折旧	864 000	480 000		
固定资产减值准备	80 000	0		
固定资产价值	- 1 456 000	1 920 000		464 000
交易性金融资产	5 400 000	5 000 000	400 000	
其他应付款	2 000 000	2 000 000		
合　计			400 000	524 000

①当期应交企业所得税为 1 000 000 元。

②递延所得税:

a. 期末递延所得税负债(400 000×25%)　　　　　　100 000

　期初递延所得税负债　　　　　　　　　　　　　250 000

　递延所得税负债减少　　　　　　　　　　　　　150 000

b. 期末递延所得税资产(524 000×25%)　　　　　　131 000

　期初递延所得税资产　　　　　　　　　　　　　210 000

　递延所得税负债减少　　　　　　　　　　　　　 79 000

递延所得税 = -150 000 + 79 000 = -71 000(元)

③所得税费用:

所得税费用 = 100 000 - 71 000 = 29 000(元)

借:所得税费用　　　　　　　　　　　　　　　　29 000

　递延所得税负债　　　　　　　　　　　　　　150 000

　　贷:应交税费——应交企业所得税　　　　　　　　100 000

　　　递延所得税资产　　　　　　　　　　　　　　 79 000

第四节 企业所得税纳税申报

一、企业所得税纳税申报表构成

(一)企业所得税纳税申报及其构成的基本特点

1. 分类申报

按照企业财务核算水平及适用的企业所得税应纳税额的计算方法不同，企业所得税纳税申报划分为查账征收纳税申报（A类）和核定征收纳税申报（B类）。

按照业务内容、会计核算及企业所得税相关法规不同，企业所得税纳税申报表在收入、成本附表设计时，分别按照一般企业、金融企业及事业单位、社会团体、民办非企业单位进行设置。

按照企业适用会计制度或会计准则的状况不同，企业所得税纳税申报表的相关附表对不同企业中设置了不同的填报内容。

2. 简化预缴

《企业所得税法》第54条规定："企业所得税分月或者分季预缴。企业应当自月份或者季度终了之日起十五日内，向税务机关报送预缴企业所得税纳税申报表，预缴税款。"《企业所得税法实施条例》第128条规定："企业根据《企业所得税法》第五十四条规定分月或者分季预缴企业所得税时，应当按照月度或者季度的实际利润额预缴；按照月度或者季度的实际利润额预缴有困难的，可以按照上一纳税年度应纳税所得额的月度或者季度平均额预缴，或者按照经税务机关认可的其他方法预缴。预缴方法一经确定，该纳税年度内不得随意变更。"

根据《企业所得税法》及其实施条例的规定，企业所得税预缴的申报表的设置及纳税人的填报相对简单。

3. 强化汇算

《企业所得税法》第54条规定："企业应当自年度终了之日起五个月内，向税务机关报送年度企业所得税纳税申报表，并汇算清缴，结清应交应退税款。"

企业所得税纳税申报强化汇算表现为：其一，企业所得税汇算清缴的时间由原来的四个月延长到新税法的五个月；其二，企业所得税纳税申报表的设计规范和合理。

(二)企业所得税纳税申报表基本构成

(1)《企业所得税年度纳税申报表》主表及其附表。A类适用查账征收的企业所得税纳税人汇算清缴期填报;B类适用核定征收的企业所得税纳税人填报,其构成与《企业所得税月(季)度预缴纳税申报表(B类)》相同。

(2)《企业所得税预缴申报表》。A类适用查账征收的企业所得税纳税人预缴企业所得税填报;B类适用核定征收的企业所得税纳税人预缴企业所得税填报。

(3)《企业所得税扣缴申报表》。这适用负有企业所得税扣缴义务的扣缴义务人填报。

二、企业所得税年度纳税申报表(A类)钩稽关系

(一)企业所得税年度纳税申报表设计及填报依据

企业所得税年度纳税申报表反映纳税人汇算清缴企业所得税的主要过程,也是纳税人依法纳税的重要依据。企业所得税纳税申报表的设计既要方便纳税人申报,又要便于税务机关监督管理。

企业所得税年度申报表设计及填报依据为:其一,依据《企业所得税法》、《企业所得税法实施条例》及相关法规;其二,依据《企业会计准则》和《企业会计制度》。

(二)企业所得税年度纳税申报表(A类)的构成

企业所得税年度纳税申报表(A类),适用于所有查账征收企业。企业所得税年度纳税申报表由1张主表和11张附表组成。

主表包括利润总额的计算、应纳税所得额的计算和应纳税额的计算三大部分。附表主要包括:附表一,即《收入明细表》、《金融企业收入明细表》、《事业单位、社会团体、民办非企业单位收入明细表》;附表二,即《成本费用明细表》、《金融企业成本费用明细表》、《事业单位、社会团体、民办非企业单位支出明细表》;附表三,即《纳税调整明细表》;附表四,即《弥补亏损明细表》;附表五,即《税收优惠明细表》;附表六,即《境外所得税抵免计算明细表》;附表七,即《以公允价值计量资产纳税调整表》;附表八,即《广告费和业务宣传费跨年度纳税调整表》;附表九,即《资产折旧、摊销纳税调整明细表》;附表十,即《资产减值损失项目调整明细表》;附表十一,即《长期股权投资所得(损失)明细表》;

(三)主表与附表关系及填报数据来源

主表的填制是以附表为基础的。

主表的数据一部分通过附表的数据过渡填列,主要包括附表一《收入明细表》、附表二《成本费用明细表》、附表三《纳税调整明细表》、附表四《弥补亏损

明细表》、附表五《税收优惠明细表》、附表六《境外所得税抵免计算明细表》。一部分数据依据《企业所得税法》应纳税额计算的基本规定,在主表中按税法逻辑计算填列。

(四)附表之间的关系

附表分为两个层次,附表的数据一部分根据会计核算数据填列,一部分根据税收口径的数据调整填列。

附表一至附表六为一级附表,一部分项目对应主表各项目,一部分项目对应附表三《纳税调整明细表》、附表四《弥补亏损明细表》、附表五《税收优惠明细表》、附表六《境外所得税抵免计算明细表》。

附表七至附表十一为二级附表,可以作为所得税和会计差异调整的台账,也是纳税调整表的明细反映,对应附表三《纳税调整明细表》。主要包括:附表七《以公允价值计量资产纳税调整表》、附表八《广告费和业务宣传费跨年度纳税调整表》、附表九《资产折旧、摊销纳税调整明细表》、附表十《资产减值损失项目调整明细表》、附表十一《长期股权投资所得(损失)明细表》。

(五)《纳税调整明细表》(附表三)是所得税申报表填报的核心

《纳税调整明细表》(附表三)是企业所得税纳税申报表填报的核心。

(1)《纳税调整明细表》设置明细项目,系统、集中地体现有关业务会计核算与所得税的差异:反映所得税和会计差异的内容,包括收入类、扣除类、资产类;反映所得税和会计的差异调整,包括纳税调增和纳税调减;反映所得税和会计差异的性质,包括永久性差异和暂时性差异。

(2)《纳税调整明细表》的填报必须在相关附表填报完成的基础上进行。《纳税调整明细表》的填列,需要从除附表四《弥补亏损明细表》以外的其他八个附表获取数据,所以只有在相关附表填报结束,才能形成《纳税调整明细表》填列所需要的数据。

(3)《纳税调整明细表》形成的数据,是主表中应纳税所得额计算的关键数据。主要应纳税所得额的基本计算是在会计利润的基础上,加上纳税调整增加额,减去纳税调整减少额完成,纳税调整增加和减少数据来源于《纳税调整明细表》。

三、企业所得税年度纳税申报表(A 类)主表填报方法

(一)依据相关附表、财务报表直接填列数据的项目

企业所得税年度纳税申报表(A 类)主表的部分项目,直接根据相关附表、财务报表及税法规定的数据填列。基本情况如下:

（1）依据《企业会计制度》、《企业会计准则》及企业的利润表和会计核算数据填列。例如，主表第一项利润总额计算的各个项目，可以直接根据会计核算数据填列。

（2）依据纳税申报表相关附表的数据填列。例如，主表第二项应纳税所得额的计算中，纳税调整增加额和纳税调整减少额，根据附表三《纳税调整明细表》填列；弥补以前年度亏损，根据附表四《弥补亏损明细表》填列。在主表第三项应纳税额计算中，境外所得应纳所得税额和境外所得抵免所得税额，根据附表六《境外所得税抵免计算明细表》填列；减免所得税额和抵免所得税额，根据附表五《税收优惠明细表》填列。

（3）依据企业所得税法填列。例如，企业所得税的税率，依据《企业所得税法》规定填列基本税率为25％。

（二）计算填列数据的项目

企业所得税年度纳税申报表（A类）主表的部分项目，根据《企业所得税法》、《企业所得税法实施条例》及企业所得税相关法规规定计算填列。

（1）应纳税所得额的计算过程。主表第二项应纳税所得额，根据《企业所得税法》的规定和企业所得税纳税申报表的结构和逻辑计算数据填列。应纳税所得额计算过程如下：

$$\underset{（25行）}{应纳税所得额} = \underset{（23行）}{纳税调整后所得} - \underset{（24行）}{弥补以前年度亏损}$$

$$\underset{（23行）}{纳税调整后所得} = \underset{（13行）}{利润总额} + \underset{（14行）}{纳税调整增加额} - \underset{（15行）}{纳税调整减少额}$$
$$+ \underset{（22行）}{境外应税所得弥补境内亏损}$$

（2）应纳税额的计算过程。主表第三项应纳税额的计算，根据《企业所得税法》规定和企业所得税纳税申报表的结构和逻辑计算数据真列。应纳税额计算的过程如下：

$$\underset{（30行）}{应纳税额} = \underset{（27行）}{应纳所得税额} - \underset{（28行）}{减免所得税额} - \underset{（29行）}{抵免所得税额}$$

$$应纳所得税额（27行）= 应纳税所得额（25行）\times 税率（26行）$$

（三）企业所得税年度纳税申报表（A类）主表基本结构及逻辑关系

1.企业所得税年度纳税申报表（A类）主表基本结构

企业所得税年度纳税申报表（A类）主表包括利润总额的计算、应纳税所得额的计算、应纳税额的计算和附表资料四个部分。

以上四部分的构成结构及各项目的填列内容详见《企业所得税年度纳税

申报表》列示(见表 6-4)。

表 6-4 企业所得税年度纳税申报表(A 类)

税款所属期间: 年 月 日至 年 月 日

纳税人识别号:□□□□□□□□□□□□□□□

纳税人名称: 金额单位:元(列至角分)

类别	行次	项 目	金 额
利润总额计算	1	一、营业收入(填附表一)	
	2	减:营业成本(填附表二)	
	3	营业税金及附加	
	4	销售费用(填附表二)	
	5	管理费用(填附表二)	
	6	财务费用(填附表二)	
	7	资产减值损失	
	8	加:公允价值变动收益	
	9	投资收益	
	10	二、营业利润	
	11	加:营业外收入(填附表一)	
	12	减:营业外支出(填附表二)	
	13	三、利润总额(10+11+12)	
应纳税所得额计算	14	加:纳税调整增加额(填附表三)	
	15	减:纳税调整减少额(填附表三)	
	16	其中:不征税收入	
	17	免税收入	
	18	减计收入	
	19	减、免税项目所得	
	20	加计扣除	
	21	抵扣应纳税所得额	
	22	加:境外应税所得弥补境内亏损	
	23	纳税调整后所得(13+14-15+22)	
	24	减:弥补以前年度亏损(填附表四)	
	25	应纳税所得额(23-24)	

续　表

类别	行次	项　目	金　额
应纳税额计算	26	税率(25%)	
	27	应纳所得税额(25×26)	
	28	减:减免所得税额(填附表五)	
	29	减:抵免所得税额(填附表五)	
	30	应纳税额(27-28-29)	
	31	加:境外所得应纳所得税额(填附表六)	
	32	减:境外所得抵免所得税额(填附表六)	
	33	实际应纳所得税额(30+31-32)	
	34	减:本年累计实际已预缴的所得税额	
	35	其中:汇总纳税的总机构分摊预缴的税额	
应纳税额计算	36	汇总纳税的总机构财政调库预缴的税额	
	37	汇总纳税的总机构所属分支机构分摊的预缴税额	
	38	合并纳税(母子体制)成员企业就地预缴比例	
应纳税额计算	39	合并纳税企业就地预缴的所得税额	
	40	本年应补(退)的所得税额(33-34)	
附列资料	41	以前年度多缴的所得税额在本年抵减额	
	42	以前年度应交未缴在本年入库所得税额	

纳税人公章:	代理申报中介机构公章:	主管税务机关受理专用章:
经办人:	经办人及执业证件号码:	受理人:
申报日期:　年　月　日	代理申报日期:　年　月　日	受理日期:　年　月　日

2.企业所得税年度纳税申报表(A类)主表的逻辑关系

企业所得税年度纳税申报表(A类)主表的主要逻辑关系是:

(1)填列企业利润总额。

(2)在企业会计利润总额的基础上,加减纳税调整额后计算出"纳税调整后所得",进而计算出应纳税所得额。

(3)在计算出应纳税所得额的基础上计算企业应纳所得税额、应纳税额、实际应纳税额和本年应补(退)的所得税额。

所得税和会计的永久性和暂时性差异(包括收入类、扣除类、资产类)通过附表三集中体现。

3.企业所得税年度纳税申报表(A类)主表填列的几个主要问题

(1)填列数据的来源:一部分数据来源为附表一至附表六,一部分数据根据《企业所得税法》的规定计算得出。

（2）以利润总额为基数对会计和税法差异进行调增和调减的处理,调整数额的确定通过附表三完成。

（3）纳税调整后所得是确定是否出现税收亏损的关键数据。第 23 行"纳税调整后所得",填报纳税人当期经过调整后的应纳税所得额。如本行为负数时,其结果与税收亏损的税法计算(税收亏损＝每一纳税年度的收入总额＝不征税收入－免税收入－各项扣除＜0)相符,小于零的数额为可结转以后年度弥补的亏损额;如本行为正数,应继续计算应纳税所得额。

（4）应纳税所得额是在纳税调整后所得的基础上减去弥补亏损计算得出。第 25 行"应纳税所得额"≥0 时,如果依照主表的顺序计算结果为负数,本行金额填零。

（5）主表填列的重点在于恰当处理企业所得税的税收优惠。其一,税收优惠政策的适用,必须将企业所得税优惠划分为税基式和税额式优惠,分别反映在应纳税所得额计算和应纳所得税额计算之中。其二,税基式税收优惠的结果将减少企业当期应纳税所得额,可能导致企业出现或增加税收亏损,并通过表中第 23 行"纳税调整后所得"确定;税额式减免的结果将减少企业当期应纳税所得税额。其三,企业是否有需要弥补的以前年度的亏损及亏损弥补的数额直接关系应纳税所得额的数额。其四,企业适用税收优惠政策产生的减少应纳税所得额或应纳所得税额的初始数据来源于附表五。

4. 企业所得税年度纳税申报表(A 类)主表有关项目填报说明

第 1 行"营业收入":填报纳税人主要经营业务和其他经营业务取得的收入总额。本行根据"主营业务收入"和"其他业务收入"科目的数额计算填报。一般工商企业纳税人,通过附表一(1)《收入明细表》计算填报;金融企业纳税人,通过附表一(2)《金融企业收入明细表》计算填报;事业单位、社会团体、民办非企业单位、非营利组织等纳税人,通过附表一(3)《事业单位、社会团体、民办非企业单位收入明细表》计算填报。

第 2 行"营业成本":填报纳税人主要经营业务和其他经营业务发生的成本总额。本行根据"主营业务成本"和"其他业务成本"科目的数额计算填报。一般工商企业纳税人,通过附表二《成本费用明细表》计算填报;金融企业纳税人,通过附表二《金融企业成本费用明细表》计算填报;事业单位、社会团体、民办非企业单位、非营利组织等纳税人,通过附表二《事业单位、社会团体、民办非企业单位支出明细表》计算填报。

第 3 行"营业税金及附加":填报纳税人经营活动发生的营业税、消费税、城市维护建设税、资源税、土地增值税和教育费附加等相关税费。本行根据"营业税金及附加"科目的数额计算填报。

第4行"销售费用":填报纳税人在销售商品和材料、提供劳务的过程中发生的各种费用。本行根据"销售费用"科目的数额计算填报。

第5行"管理费用":填报纳税人为组织和管理企业生产、经营发生的管理费用。本行根据"管理费用"科目的数额计算填报。

第6行"财务费用":填报纳税人为筹集生产、经营所需资金等发生的筹集费用。本行根据"财务费用"科目的数额计算填报。

第7行"资产减值损失":填报纳税人计提各项资产准备发生的减值损失。本行根据"资产减值损失"科目的数额计算填报。

第8行"公允价值变动收益":填报纳税人交易性金融资产、交易性金融负债,以及采用公允价值模式计量的投资性房地产、衍生工具、套期保值业务等公允价值变动形成的,应计入当期损益的利得或损失。本行根据"公允价值变动损益"科目的数额计算填报。

第9行"投资收益":填报纳税人以各种方式对外投资确认所取得的收益或发生的损失。本行根据"投资收益"科目的数额计算填报。

第10行"营业利润":填报纳税人当期的营业利润,根据上述项目计算填列。

第11列"营业外收入":填报纳税人发生的与其经营活动无直接关系的各项收入。本行根据"营业外收入"科目的数额计算填报。一般工商企业纳税人,通过《收入明细表》相关项目计算填报;金融企业纳税人,通过《金融企业收入明细表》相关项目计算填报;事业单位、社会团体、民办非企业单位、非营利组织等纳税人,通过《事业单位、社会团体、民办非企业单位收入明细表》计算填报。

第12行"营业外支出":填报纳税人发生的与其经营活动无直接关系的各项支出。本行根据"营业外支出"科目的数额计算填报。一般工商企业纳税人,通过附表二《成本费用明细表》相关项目计算填报;金融企业纳税人,通过附表二《金融企业成本费用明细表》相关项目计算填报;事业单位、社会团体、民办非企业单位、非营利组织等纳税人,通过附表二《事业单位、社会团体、民办非企业单位支出明细表》计算填报。

第13行"利润总额":填报纳税人当期的利润总额。

第14行"纳税调整增加额":填报纳税人会计处理与税收规定不一致,进行纳税调整增加的金额。本行通过附表三《纳税调整项目明细表》"调增金额"计算填报。

第15行"纳税调整减少额":填报纳税人会计处理与税收规定不一致,进行纳税调整减少的金额。本行通过附表三《纳税调整项目明细表》"调减金额"

计算填报。

第 15 行"不征税收入"：填报纳税人计入利润总额但属于税收规定不征税的财政拨款、依法收取并纳入财政管理的行政事业性收费、政府性基金及国务院规定的其他不征税收入。本行通过附表一《事业单位、社会团体、民办非企业单位收入明细表》计算填报。

第 17 行"免税收入"：填报纳税人计入利润总额但属于税收规定免税的收入或收益，包括：国债利息收入；符合条件的居民企业之间的股息、红利等权益性投资收益；从居民企业取得与该机构、场所有实际联系的股息、红利等权益性投资收益；符合条件的非营利组织的收入。本行通过附表五《税收优惠明细表》第 1 行计算填报。

第 18 行"减计收入"：填报纳税人以《资源综合利用企业所得税优惠目录》规定的资源作为主要原材料，生产国家非限制和禁止并符合国家和行业相关标准的产品取得收入 10% 的数额。本行通过附表五《税收优惠明细表》第 6 行计算填报。

第 19 行"减、免税项目所得"：填报纳税人按照税收规定减征、免征企业所得税的所得额。本行通过附表五《税收优惠明细表》第 14 行计算填报。

第 20 行"加计扣除"：填报纳税人开发新技术、新产品、新工艺发生的研究开发费用，以及安置残疾人员及国家鼓励安置的其他就业人员所支付的工资，符合税收规定条件的准予按照支出额一定比例，在计算应纳税所得额时加计扣除的金额。本行通过附表五《税收优惠明细表》第 9 行计算填报。

第 21 行"抵扣应纳税所得额"：填报创业投资企业采取股权投资方式投资于未上市的中小高新技术企业 2 年以上的，可以按照其投资额的 70% 在股权持有满 2 年的当年抵扣该创业投资企业的应纳税所得额。当年不足抵扣的，可以在以后纳税年度结转抵扣。本行通过附表五《税收优惠明细表》第 39 行计算填报。

第 22 行"境外应税所得弥补境内亏损"：填报纳税人根据税收规定，境外所得可以弥补境内亏损的数额。

第 23 行"纳税调整后所得"：填报纳税人经过纳税调整计算后的所得额。

第 24 行"弥补以前年度亏损"：填报纳税人按照税收规定可在税前弥补的以前年度亏损的数额。本行通过附表四《弥补亏损明细表》第 6 行第 10 列填报，但不得超过本表第 23 行"纳税调整后所得"的数额。

第 25 行"应纳税所得额"：金额等于本表第 23 行与第 24 行差额。本行不得为负数。本表第 23 行或者按照上述行次顺序计算结果本行为负数，本行金额填零。

第26行"税率"：填报税法规定的税率25%。

第27行"应纳所得税额"：金额等于本表第25行与第26行的乘积。

第28行"减免所得税额"：填报纳税人按税收规定实际减免的企业所得税额，包括小型微利企业、国家需要重点扶持的高新技术企业、享受减免税优惠过渡政策的企业，其法定税率与实际执行税率的差额，以及其他享受企业所得税减免税的数额。本行通过附表五《税收优惠明细表》第33行计算填报。

第29行"抵免所得税额"：填报纳税人购置用于环境保护、节能节水、安全生产等专用设备的投资额，其设备投资额的10%是可以从企业当年的应纳所得税额中抵免的金额；当年不足抵免的，可以在以后5年纳税年度结转抵免。本行通过附表五《税收优惠明细表》第40行计算填报。

第30行"应纳税额"：金额等于本表第27行与第28行、第29行的差额。

第31行"境外所得应纳所得税额"：填报纳税人来源于我国境外的所得，按照《企业所得税法》及其实施条例，以及相关税收规定计算的应纳所得税额。

第32行"境外所得抵免所得税额"：填报纳税人来源于我国境外的所得，依照我国境外税收法律及相关规定应交纳并实际缴纳的企业所得税性质的税款，准予抵免的数额。企业已在境外缴纳的所得税额，小于抵免限额的，"境外所得抵免所得税额"按其在境外实际缴纳的所得税额填报；大于抵免限额的，按抵免限额填报，超过抵免限额的部分，可以在以后5个年度内，用每年度抵免限额免当年应抵税额后的余额进行抵补。

第33行"实际应纳所得税额"：填报纳税人当期的实际应纳所得税额。

第34行"本年累计实际已预缴的所得税额"：填报纳税人按照税收规定本纳税年度已在月（季）度累计预缴的所得税款。

第35行"汇总纳税的总机构分摊预缴的税额"：填报汇总纳税的总机构按照税收规定已在月（季）度在总机构所在地累计预缴的所得税款。附报《中华人民共和国企业所得税汇总纳税分支机构企业所得税分配表》。

第36行"汇总纳税的总机构财政调库预缴的税额"：填报汇总纳税的总机构按照税收规定已在月（季）度在总机构所在地累计预缴在财政调节专户的所得税款。附报《中华人民共和国企业所得税汇总纳税分支机构企业所得税分配表》。

第37行"汇总纳税的总机构所属分支机构分摊的预缴税额"：填报汇总纳税的分支机构已在月（季）度在分支机构所在地累计分摊预缴的所得税款。附报《中华人民共和国企业所得税汇总纳税分支机构企业所得税分配表》。

第38行"合并纳税（母子体制）成员企业就地预缴比例"：填报经国务院批准的实行合并纳税（母子体制）的成员企业按照税收规定就地预缴税款的比例。

第 39 行"合并纳税企业就地预缴的所得税额":填报合并纳税的成员企业已在月(季)度累计预缴的所得税款。

第 40 行"本年应补(退)的所得税额":填报纳税人当期应补(退)的所得税额。

第 41 行"以前年度多缴的所得税在本年抵减额":填报纳税人以前纳税年度汇算清缴多缴的税款尚未办理退税,并在本纳税年度抵缴的所得税额。

第 42 行"以前年度应交未缴在本年入库所得税额":填报纳税人以前纳税年度损益调整税款。上一纳税年度第四季度预缴税款和汇算清缴的税款,在本纳税年度入库所得税额。

四、企业所得税年度纳税申报表(A 类)部分附表填报方法

(一)《收入明细表》构成及填报

主表中营业收入包括一般企业收入、金融企业收入和事业单位收入,这里主要介绍《收入明细表》(见附表一)。

1.《收入明细表》基本构成

《收入明细表》的基本构成如表 6-5 所示。《收入明细表》填报的结果形成税收口径的收入。所得税的收入包括销售(营业)收入和营业外收入两项。其中,销售收入包括会计的营业收入和税收口径的视同销售收入。

表 6-5   收入明细表(附表一)

填报时间: 年 月 日   金额单位:元(列至角分)

行　次	项　　目	金　额
1	一、销售(营业)收入合计(2+13)	
2	(一)营业收入合计(3+8)	
3	1.主营业务收入(4+5+6+7)	
4	(1)销售货物	
5	(2)提供劳务	
6	(3)让渡资产使用权	
7	(4)建造合同	
8	2.其他业务收入(9+10+11+12)	
9	(1)材料销售收入	
10	(2)代购代销手续费收入	
11	(3)包装物出租收入	
12	(4)其他	
13	(二)视同销售收入(14+15+16)	
14	(1)非货币性交易视同销售收入	

续　表

行　次	项　目	金　额
15	（2）货物、财产、劳务视同销售收入	
16	（3）其他视同销售收入	
17	二、营业外收入（18＋19＋20＋21＋22＋23＋24＋25＋26）	
18	1.固定资产盘盈	
19	2.处置固定资产净收益	
20	3.非货币性资产交易收益	
21	4.出售无形资产收益	
22	5.罚款净收入	
23	6.债务重组收益	
24	7.政府补助收入	
25	8.捐赠收入	
26	9.其他	

经办人（签章）：　　　　　　　　　　　　法定代表人（签章）：

2.《收入明细表》填报依据及内容

《收入明细表》填报，根据《企业所得税法》及其实施条例，以及《企业会计制度》、《企业会计准则》等核算的主营业务收入、其他业务收入和营业外收入。

《收入明细表》填报，根据《企业所得税法》，所得税和会计在收入确认上出现的差异，应在当期确认为所得税收入的视同销售收入。

3.《收入明细表》有关项目填报说明

第1行"销售（营业）收入合计"：填报纳税人根据国家统一会计制度确认的主营业务收入、其他业务收入，以及根据税收规定确认的视同销售收入。本行数据作为计算业务招待费、广告费和业务宣传费支出扣除限额的计算基数。

第2行"营业收入合计"：填报纳税人根据国家统一会计制度确认的主营业务收入和其他业务收入。本行数额填入主表第1行。

第3行"主营业务收入"：根据不同行业的业务性质填报纳税人按照国家统一会计制度核算的主营业务收入。

第4行"销售货物"：填报从事工业制造、商品流通、农业生产及其他商品销售企业取得的主营业务收入。

第5行"提供劳务"：填报从事提供旅游饮食服务、交通运输、邮政通信、对外经济合作等劳务及开展其他服务的纳税人取得的主营业务收入。

第6行"让渡资产使用权"：填报让渡无形资产使用权（如商标权、专利权、专有技术使用权、版权、专营权等）而取得的使用费收入，以及以租赁业务为基本业务的出租固定资产、无形资产、投资性房地产在主营业务收入中核算取得的租金收入。

第 7 行"建造合同"：填报纳税人建造房屋、道路、桥梁、水坝等建筑物，以及船舶、飞机、大型机械设备等取得的主营业务收入。

第 8 行"其他业务收入"：根据不同行业的业务性质分别填报纳税人按照国家统一会计制度核算的其他业务收入。

第 9 行"材料销售收入"：填报纳税人销售材料、下脚料、废料、废旧物资等取得的收入。

第 10 行"代购代销手续费收入"：填报纳税人从事代购代销、受托代销商品取得的手续费收入。

第 11 行"包装物出租收入"：填报纳税人出租、出借包装物取得的租金和逾期未退包装物没收的押金。

第 12 行"其他"：填报纳税人按照国家统一会计制度核算，上述未列举的其他业务收入。

第 13 行"视同销售收入"：填报纳税人会计上不作为销售核算，但按照税收规定视同销售确认的应税收入。

第 14 行"非货币性交易视同销售收入"：填报纳税人发生非货币性交易行为，会计核算未确认或未全部确认损益，按照税收规定应视同销售确认应税收入。纳税人按照国家统一会计制度已确认的非货币性交易损益的，直接填报非货币性交易换出资产公允价值与已确认的非货币交易收益的差额。

第 15 行"货物、财产、劳务视同销售收入"：填报纳税人将货物、财产、劳务用于捐赠、偿债、赞助、集资、广告、样品、职工福利或者利润分配等用途的，按照税收规定应视同销售确认应税收入。

第 16 行"其他视同销售收入"：填报除上述项目外，按照税收规定其他视同销售确认应税收入。

第 17 行"营业外收入"：填报纳税人与生产、经营无直接关系的各项收入的金额。本行数据填入主表第 11 行。

第 18 行"固定资产盘盈"：填报纳税人在资产清查中发生的固定资产负债。

第 19 行"处置固定资产净收益"：填报纳税人因处置固定资产而取得的净收益。

第 20 行"非货币性资产交易收益"：填纳税人发生的非货币性交易按照国家统一会计制度确认为损益的金额。执行《企业会计准则》的纳税人，发生具有商业实质且换出资产为固定资产、无形资产的非货币性交易，填报其换出资产公允价值和换出资产账面价值的差额;执行企业会计制度和小企业会计制度的纳税人,填报与收到补价相对应的收益额。

第21行"出售无形资产收益":填报纳税人处置无形资产而取得净收益的金额。

第22行"罚款净收入":填报纳税人在日常经营管理活动中取得的罚款收入。

第23行"债务重组收益":填报纳税人发生的债务重组行为确认的债务重组利得。

第24行"政府补助收入":填报纳税人从政府无偿取得的货币性资产或非货币性资产的金额,包括补贴收入。

第25行"捐赠收入":填报纳税人接受的来自其他企业、组织或者个人无偿给予的货币性资产、非货币性资产捐赠确认的收入。

第26"其他":填报纳税人按照国家统一会计制度核算,上述项目未列举的其他营业外收入。

(二)《成本费用明细表》构成及填报

主表中成本费用包括一般企业成本费用、金融企业成本费用和事业单位成本费用,这里主要介绍《成本费用明细表》(见附表二)。

1.《成本费用明细表》基本构成

《成本费用明细表》基本构成如表6-6所示。《成本费用明细表》的成本费用包括销售(营业)成本、营业外支出及期间费用三项。其中,销售成本包括会计的主营业务成本、其他业务成本及营业外支出和税收口径的视同销售成本。

表6-6 成本费用明细表(附表二)

填报时间: 年 月 日　　　　　　　　　　　　　　　　金额单位:元(列至角分)

行　次	项　目	金　额
1	一、销售(营业)成本合计(2+7+12)	
2	(一)主营业务成本(3+4+5+6)	
3	(1)销售货物成本	
4	(2)提供劳务成本	
5	(3)让渡资产使用权成本	
6	(4)建造合同成本	
7	(二)其他业务成本(8+9+10+11)	
8	(1)材料销售成本	
9	(2)代购代销费用	

续 表

行 次	项 目	金 额
10	（3）包装物出租成本	
11	（4）其他	
12	（三）视同销售成本（13＋14＋15）	
13	（1）非货币性交易视同销售成本	
14	（2）货物、财产、劳务视同销售成本	
15	（3）其他视同销售成本	
16	二、营业外支出（17＋18＋，…，＋24）	
17	1.固定资产盘亏	
18	2.处置固定资产净损失	
19	3.出售无形资产损失	
20	4.债务重组损失	
21	5.罚款支出	
22	6.非常损失	
23	7.捐赠支出	
24	8.其他	
25	三、期间费用（26＋27＋28）	
26	1.销售（营业）费用	
27	2.管理费用	
28	3.财务费用	

经办人(签章)： 法定代表人(签章)：

2.《成本费用明细表》填报依据及内容

《成本费用明细表》的填报，根据《企业所得税法》及其实施条例，以及《企业会计制度》、《企业会计准则》等核算的主营业务成本、其他业务成本、期间费用和营业外支出。

《成本费用明细表》填报，根据《企业所得税法规》，所得税和会计在成本确认上出现的差异，应在当期确认所得税成本的视同销售成本。

《成本费用明细表》形成的数据，需要按不同项目分别填入《企业所得税年度纳税申报表》和《纳税调整明细表》相关项目中。

3.《成本费用明细表》有关项目填报说明

第1行"销售（营业）成本合计"：填报纳税人根据国家统一会计制度确认的主营业务成本、其他业务成本和按税收规定视同销售确认的成本。

第2行"主营业务成本"：根据不同行业的业务性质分别填报纳税人按照国家统一会计制度核算的主营业务成本。

第 3 行"销售货物成本"：填报从事工业制造、商品流通、农业生产及其他商品销售企业发生的主营业务成本。

第 4 行"提供劳务成本"：填报从事提供旅游饮食服务、交通运输、邮政通信、对外经济合作等劳务，开展其他服务的纳税人发生的主营业务成本。

第 5 行"让渡资产使用权成本"：填报让渡无形资产使用权（如商标权、专利权、专有技术使用权、版权、专营权等）发生的使用费成本，以及以租赁业务为基本业务的出租固定资产、无形资产、投资性房地产在主营业务收入中核算发生的租金成本。

第 6 行"建造合同成本"：填报纳税人建造房屋、道路、桥梁、水坝等建筑物，以及船舶、飞机、大型机械设备等发生的主营业务成本。

第 7 行"其他业务成本"：根据不同行业的业务性质分别填报纳税人按照国家统一会计制度核算的其他业务成本。

第 8 行"材料销售成本"：填报纳税人销售材料、下脚料、废料、废旧物资等发生的支出。

第 9 行"代购代销费用"：填报纳税人从事代购代销、受托代销商品发生的支出。

第 10 行"包装物出租成本"：填报纳税人出租、出借包装物发生的租金支出和逾期未退包装物发生的支出。

第 11 行"其他"：填报纳税人按照国家统一会计制度核算，上述项目未列举的其他业务成本。

第 12 行至第 15 行"视同销售成本"：填报纳税人会计上不作为销售核算，但按照税收规定视同销售确认的应税成本。本行数据填入附表三第 21 行第 4 列。

第 16 行至第 24 行"营业外支出"：填报纳税人与生产、经营无直接关系的各项支出。本行数据填入主表第 12 行。

第 17 行"固定资产盘亏"：填报纳税人在资产清查中发生的固定资产盘亏。

第 18 行"处置固定资产净损失"：填报纳税人因处置固定资产发生的净损失。

第 19 行"出售无形资产损失"：填报纳税人因处置无形资产而发生的净损失。

第 20 行"债务重组损失"：填报纳税人发生的债务重组行为按照国家统一会计制度确认的债务重组损失。

第 21 行"罚款支出"：填报纳税人在日常经营管理活动中发生的罚款支出。

第 22 行"非常损失"：填报纳税人按照国家统一会计制度规定在营业外支出中核算的各项非正常的财产损失。

第 23 行"捐赠支出"：填报纳税人实际发生的货币性资产、非货币性资产捐赠支出。

第 24 行"其他"：填报纳税人按照国家统一会计制度核算，上述项目未列举的其他营业外支出。

第 25 行至第 28 行"期间费用"：填报纳税人按照国家统一会计制度核算的销售（营业）费用、管理费用和财务费用的数额。

第 26 行"销售（营业费用）"：填报纳税人在销售商品和材料、提供劳务的过程中发生的各种费用。本行根据"销售费用"科目的数额计算填报。本行数据填入主表第 4 行。

第 27 行"管理费用"：填报纳税人为组织和管理企业经营发生的管理费用。本行根据"管理费用"科目的数额计算填报。本行数据填入主表第 5 行。

第 28 行"财务费用"：填报纳税人为筹集生产、经营所需资金等发生的筹资费用。本行根据"财务费用"科目的数额计算填报。本行数据填入主表第 6 行。

（三）《纳税调整明细表》构成及填报

1.《纳税调整明细表》基本构成

《纳税调整明细表》见附表三基本构成如表 6-7 所示。

表 6-7　纳税调整明细表（附表三）

填报时间：　年　月　日　　　　　　　　　　　　金额单位：元（列至角分）

行次	项　目	账载金额 1	税收金额 1	调增金额 1	调减金额 1
1	一、收入类调整项目	＊	＊		
2	1.视同销售收入（填附表一）	＊	＊		＊
3	2.接受捐赠收入	＊			＊
4	3.不符合税收规定的销售折扣和折让				＊
5	4.未按权责发生制原则确认的收入				
6	5.按权益法核算长期股权投资对初始投资成本调整确认收益	＊	＊	＊	
7	6.按权益法核算长期股权投资持有期间的投资损益	＊		＊	
8	7.特殊重组				
9	8.一般重组				
10	9.公允价值变动净收益（填附表七）	＊		＊	
11	10.确认为递延收益的政府补助				

续　表

行次	项　目	账载金额 1	税收金额 1	调增金额 1	调减金额 1
12	11.境外应税所得(填附表六)	＊	＊	＊	
13	12.不允许扣除的境外投资损失	＊	＊		＊
14	13.不征税收入(填附表一[3])	＊	＊	＊	
15	14.免税收入(填附表五)	＊	＊	＊	
16	15.减计收入(填附表五)	＊	＊	＊	
17	16.减、免税项目所得(填附表五)	＊	＊	＊	
18	17.抵扣应纳税所得额(填附表五)	＊	＊	＊	
19	18.其他				
20	二、扣除类调整项目	＊	＊		
21	1.视同销售成本(填附表二)	＊	＊		＊
22	2.工资薪金支出				
23	3.职工福利费支出				
24	4.职工教育经费支出				
25	5.工会经费支出				
26	6.业务招待费支出				＊
27	7.广告费和业务宣传费支出(填附表八)	＊	＊		
28	8.捐赠支出				＊
29	9.利息支出				
30	10.住房公积金				＊
31	11.罚金、罚款和被没收财物的损失		＊		＊
32	12.税收滞纳金		＊		＊
33	13.赞助支出		＊		＊
34	14.各类基本社会保障性缴款				
35	15.补充养老保险、补充医疗保险				
36	16.与未实现融资收益相关在当期确认的财务费用				
37	17.与取得收入无关的支出		＊		＊
38	18.不征税收入用于支出所形成的费用				＊
39	19.加计扣除(填附表五)	＊	＊	＊	
40	20.其他				
41	三、资产类调整项目	＊	＊		
42	1.财产损失				
43	2.固定资产折旧(填附表九)	＊	＊		
44	3.生产性生物资产折旧(填附表九)	＊	＊		
45	4.长期待摊费用的摊销(填附表九)	＊	＊		

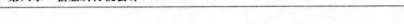

行次	项 目	账载金额 1	税收金额 1	调增金额 1	调减金额 1
46	5.无形资产摊销(填附表九)	*	*		
47	6.投资转让、处置处得(填附表十一)	*	*		
48	7.油气勘探投资(填附表九)				
49	8.油气开发投资(填附表九)				
50	9.其他				
51	四、准备金调整项目(填附表十)	*	*		
52	五、房地产企业预售收入计算的预计利润	*	*		
53	六、特别纳税调整应税所得	*	*		*
54	七、其他	*	*		
55	合 计	*	*		

注:1.标有 * 的行次为执行新会计准则的企业填列,标有♯的行次为除执行新会计准则以外的企业填列。

　　2.没有标注的行次,无论执行何种会计核算办法,有差异就填报相应行次,填 * 号不可填列。

　　3.有二级附表的项目只填调增、调减金额,账载金额,税收金额不再填写。

2.《纳税调整明细表》填报依据及内容

《纳税调整明细表》填报依据《企业所得税法》第21条规定:"在计算应纳税所得额时,企业财务、会计处理办法与税收法律、行政法规的规定不一致,应当税收法律、行政法规的规定计算。"本表填报纳税人按照会计制度核算与税收规定不一致的,应进行纳税调整增加、减少项目的金额。

3.《纳税调整明细表》填报的项目

本表纳税调整项目按照"收入类项目"、"扣除类项目"、"资产类调整项目"、"准备金调整项目"、"房地产企业预售收入计算的预计利润"、"特别纳税调整应税所得"和"其他"七个大项分类填报汇总,并计算出纳税"调增金额"和"调减金额"的合计数。

4.《纳税调整明细表》数据栏设置及数据计算

(1)《纳税调整明细表》数据栏设置及数据来源。本表数据栏分别设置"账载金额"、"税收金额"、"调增金额"、"调减金额"四个栏次。"账载金额"是指纳税人在计算主表"利润总额"时,按照会计核算计入利润总额的项目金额。"税收金额"是指纳税人在计算主表"应纳税所得额"时,按照税收规定计入应纳税所得额的项目金额。

（2）《纳税调整明细表》有关数据计算。

①"收入类调整项目"："税收金额"扣减"账载金额"后的余额为正数，填报在"调增金额"；余额如为负数，填报在"调减金额"。其中，第4行"3.不符合税收规定的销售折扣和折让"除外，其按"扣除类调整项目"的规则处理。

②"扣除类调整项目"、"资产类调整项目"："账载金额"扣减"税收金额"后的余额为正数，填报在"调增金额"；余额如为负数，将其绝对值填报在"调减金额"。

③"其他"：填报其他项目的"调增金额"、"调减金额"。

采用按分摊比例计算支出项目方式的事业单位、社会团体、民办非企业单位纳税人，"调增金额"、"调减金额"须按分摊比例后的金额填报。

本表打＊号的栏次均不填报。

(四)《弥补亏损明细表》构成及填报

1.弥补亏损明细表基本构成

《弥补亏损明细表》基本构成如表6-8所示。

表6-8 弥补亏损明细表（附表四）

填报时间： 年 月 日 金额单位:元（列至角分）

行次	项目	年度	盈利额或亏损额	合并分立企业转入可弥补亏损额	当年可弥补的所得额	以前年度亏损弥补额					本年度实际弥补的以前年度亏损额	可结转以后年度弥补的亏损额
						前四年度	前三年度	前二年度	前一年度	合计		
		1	2	3	4	5	6	7	8	9	10	11
1	第一年											＊
2	第二年					＊						
3	第三年					＊	＊					
4	第四年					＊	＊	＊				
5	第五年					＊	＊	＊	＊			
6	本 年					＊	＊	＊	＊	＊		
7		可结转以后年度弥补的亏损额合计										

经办人（签章）： 法定代表人（签章）：

2.《纳税调整明细表》填报依据及内容

(1)税收亏损及亏损弥补的税法规定。《企业所得税法》第 18 条规定:企业纳税年度发生的亏损,准予向以后年度结转,用以后年度的所得弥补,但结转年限最长不得超过 5 年。

《企业所得税法实施条例》第 10 条规定:"企业所得税法第五条所称亏损,是指企业依照企业所得税法和本条例的规定将每一纳税年度的收入总额减除不征税收入、免税收入和各项扣除后小于零的数额。"

根据上述《企业所得税法》规定,企业税收亏损确定的基本公式如下:

$$\text{税收亏损} = \text{每一纳税年度的收入总额} - \text{不征税收入} - \text{免税收入} - \text{各项扣除} < 0$$

企业税收亏损确定时需要注意的一个基本问题是:会计盈利亏损和企业所得税的亏损没有必然联系。

(2)企业本年度税收亏损的确定。《企业所得税年度纳税申报表》第 23 行"纳税调整后所得"是确定是否出现税收亏损的关键数据。"纳税调整后所得",填报纳税人当期经过调整后的应纳税所得额。当本行为负数时,其结果与税收亏损的税法计算相符,小于零的数额为可结转以后年度弥补的亏损额。

(3)《弥补亏损明细表》填报内容。根据《企业所得税法》及其实施条例相关规定,填报本纳税年度及本纳税年度前 5 年度发生的税前尚未弥补的亏损额。

《弥补亏损明细表》形成的数据填入《企业所得税年度纳税申报表》、《弥补亏损明细表》,可作纳税调整台账使用。

3.《纳税调整明细表》有关项目填报说明

第 1 列"年度":填报公历年度。第 1 行至第 5 行依次从 6 行往前倒推 5 年,第 6 行为申报年度。

第 2 列"盈利额或亏损额":填报主表的第 23 行"纳税调整后所得"的金额(亏损额以"—"表示)。

第 3 列"合并分立企业转入可弥补亏损额":填报按照税收规定企业合并、分立允许税前扣除的亏损额,以及按税收规定汇总纳税后分支机构在 2008 年以前按独立纳税人计算缴纳企业所得税尚未弥补完的亏损额(以"—"表示)。

第 4 列"当年可弥补的所得额":金额等于第 2+3 列合计。

第 9 列"以前年度亏损弥补额":金额等于第 5 列、第 6 列、第 7 列、第 8 列合计(第 4 列为正数的不填)。

第 10 列第 1 行至第 5 行"本年度实际弥补的以前年度亏损额":填报主表第 24 行金额,用于依次弥补前 5 年度的尚未弥补的亏损额。

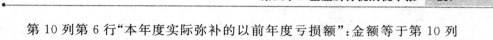

第 10 列第 6 行"本年度实际弥补的以前年度亏损额":金额等于第 10 列第 1 行至第 5 行的合计数(6 行 10 列的合计数≤6 行 4 列的合计数)。

第 11 列第 2 行至第 6 行"可结转以后年度弥补的亏损额":填报前 5 年度的亏损额被本年主表中第 24 行数据依次弥补后,各年度仍未弥补完的亏损额,以及本年度尚未弥补的亏损额。第 11 列为 4 列绝对值与第 9 列、第 10 列的差额(第 4 列大于零的行次不填报)。

第 11 列第 7 行"可结转以后年度弥补的亏损额合计":填报第 11 列第 2 行至第 6 行的合计数。

(五)《税收优惠明细表》构成及填报

1.《税收优惠明细表》见附表五基本构成

《税收优惠明细表》基本构成如表 6-9 所示。《税收优惠明细表》根据企业所得税税收优惠的形式不同,划分为两类七个项目:

(1)税基式减免的项目。属于税基式减免的项目包括:第一项免税收入、第二项减计收入、第三项加计扣除额、第六项创业投资企业抵扣。

(2)税额式减免的项目。属于税额式减免的项目包括:第四项减免所得额、第五项减免税、第七项抵免所得税额。

表 6-9　税收优惠明细表(附表五)

填报时间:　　年　月　日　　　　　　　　　　金额单位:元(列至角分)

行 次	项 目	金 额
1	一、免税收入(2＋3＋4＋5)	
2	1.国债利息收入	
3	2.符合条件的居民企业之间的股息、红利等权益性投资收益	
4	3.符合条件的非营利组织的收入	
5	4.其他	
6	二、减计收入(7＋8)	
7	1.企业综合利用资源,生产符合国家产业政策规定的产品所取得的收入	
8	2.其他	
9	三、加计扣除额合计(10＋11＋12＋13)	
10	1.开发新技术、新产品、新工艺发生的研究开发费用	
11	2.安置残疾人员所支付的工资	
12	3.国家鼓励安置的其他就业人员支付的工资	
13	4.其他	
14	四、减免所得额合计(15＋25＋29＋30＋31＋32)	
15	(一)免税所得(16＋17＋…＋24)	

续　表

行　次	项　目	金　额
16	1.蔬菜、谷物、薯类、油料、豆类、棉花、麻类、糖料、水果、坚果的种植	
17	2.农作物新品种的选育	
18	3.中药材的种植	
19	4.林木的培育和种植	
20	5.牲畜、家禽的饲养	
21	6.林产品的采集	
22	7.灌溉、农产品初加工、兽医、农技推广、农机作业和维修等农、林、牧、渔服务业项目	
23	3.远洋捕捞	
24	9.其他	
25	(二)减税所得(26＋27＋28)	
26	1.花卉茶及其他饮料作物和香料作物的种植	
27	2.海水养殖、内陆养殖	
28	3.其他	
29	(三)从事国家重点扶持的公共基础设施项目投资经营的所得	
30	(四)从事符合条件的环境保护、节能节水项目的所得	
31	(五)符合条件的技术转让所得	
32	(六)其他	
33	五、减免税合计(34＋35＋36＋37＋38)	
34	(一)符合规定条件的小型微利企业	
35	(二)国家需要重点扶持的高新技术企业	
36	(三)民族自治地方的企业应交纳的企业所得税中属于地方分享的部分	
37	(四)过渡期税收优惠	
38	(五)其他	
39	六、创业投资企业抵扣的应纳税所得额	
40	七、抵免所得税额合计(41＋42＋43＋44)	
41	(一)企业购置用于环境保护专用设备的投资额抵免的税额	
42	(二)企业购置用于节能节水专用设备的投资额抵免的税额	
43	(三)企业购置用于安全生产专用设备的投资额抵免的税额	
44	(四)其他	
45	企业从业人数(全年平均人数)	
46	资产总额(全年平均数)	
47	所属行业(工业企业其他企业)	

经办人(签章)：　　　　　　　　　　　　　　法定代表人(签章)：

2.《税收优惠明细表》填报依据及内容

《税收优惠明细表》根据《企业所得税法》及其实施条例相关规定,填报纳税人本纳税年度发生的免税收入、减计收入、加计扣除、减免所得、减免税、抵扣的应纳税所得额和抵免税额。

企业日常应设置纳税调整辅助账(税收优惠明细),序时记录企业符合企业所得税优惠条件,构成减免收入,加计扣除,减免应纳税所得额和抵免税额的业务内容。

3.《税收优惠明细表》有关项目填报说明

(1)免税收入。

第2行"国债利息收入":填报纳税人持有国务院财政部门发行的国债取得的利息收入。

第3行"符合条件的居民企业之间的股息、红利等权益性投资收益":填报居民企业直接投资于其他居民企业所取得的投资收益,不包括连续持有居民企业公开发行并上市流通的股票不足12个月取得的投资收益。

第4行"符合条件的非营利组织的收入":填报符合条件的非营利组织的收入,不包括除国务院财政、税务主管部门另有规定外的从事营利性活动所取得的收入。

第5行"其他":填报国务院根据税法授权制定的其他免税收入。

(2)减计收入。

第7行"企业综合利用资源,生产符合国家产业政策规定的产品所取得的收入":填报纳税人以《资源综合利用企业所得税优惠目录》内的资源作为主要原材料、生产非国家限制和禁止并符合国家和行业相关标准的产品所取得的收入减计10%部分的数额。

第8行"其他":填报国务院根据税法授权制定的其他减计收入的数额。

(3)加计扣除额合计。

第10行"开发新技术、新产品、新工艺发生的研究开发费用":填报纳税人为开发新技术、新产品、新工艺发生的研究开发费用,未形成无形资产计入当期损益的,按研究开发费用的150%加计扣除的金额。

第11行"安置残疾人员所支付的工资":填报纳税人按照有关规定条件安置残疾人员,支付给残疾职工工资的100%加计扣除额。

第12行"国家鼓励安置的其他就业人员支付的工资":填报国务院根据税法授权制定的其他就业人员支付工资的加计扣除额。

第13行"其他":填报国务院根据税法授权制定的其他加计扣除额。

(4)减免所得额合计。

第 16 行"蔬菜、谷物、薯类、油料、豆类、棉花、麻类、糖料、水果、坚果的种植"：填报纳税人种植蔬菜、谷物、薯类、油料、豆类、棉花、麻类、糖料、水果、坚果免征的所得额。

第 17 行"农作物新品种的选育"：填报纳税人从事农作物新品种的选育免征的所得额。

第 18 行"中药材的种植"：填报纳税人从事中药材的种植免征的所得额。

第 19 行"林木的培育和种植"：填报纳税人从事林木的培育和种植免征的所得额。

第 20 行"牲畜、家禽的饲养"：填报纳税人从事牲畜、家禽的饲养免征的所得额。

第 21 行"林产品的采集"：填报纳税人从事采集林产品免征的所得额。

第 22 行"灌溉、农产品初加工、兽医、农技推广、农机作业和维修等农、林、牧、渔服务业项目"：填报纳税人从事灌溉、农产品初加工、兽医、农技推广、农机作业和维修等农、林、牧、渔服务业免征的所得额。

第 23 行"远洋捕捞"：填报纳税人从事远洋捕捞免征的所得额。

第 24 行"其他"：填报国务院根据税法授权制定的其他免税所得额。

第 26 行"花卉、茶及其他饮料作物和香料作物的种植"：填报纳税人从事花卉、茶及其他饮料作物和香料作物种植取得的所得减半征收的部分。

第 27 行"海水养殖、内陆养殖"：填报纳税人从事海水养殖、内陆养殖取得的所得减半征收的部分。

第 28 行"其他"：填报国务院根据税法授权制定的其他减税所得额。

第 29 行"从事国家重点扶持的公共基础设施项目投资经营的所得"：填报纳税人从事《公共基础设施项目企业所得税优惠目录》规定的港口码头、机场、铁路、公路、城市公共交通、电力、水利等项目的投资经营的所得额，不包括企业承包经营、承包建设和内部自建自用该项目的所得。

第 30 行"从事符合条件的环境保护、节能节水项目的所得"：填报纳税人从事公共污水处理、公共垃圾处理、沼气综合开发利用、节能减排技术改造、海水淡化等项目减征、免征的所得额。

第 31 行"符合条件的技术转让所得"：填报居民企业技术转让所得免征、减征的部分(技术转让所得不超过 500 万元的部分,免征企业所得税;超过 500 万元的部分,减半征收企业所得税)。

第 32 行"其他"：填报国务院根据税法授权制定的其他减免所得。

(5)减免税合计。

第 34 行"符合规定条件的小型微利企业"：填报纳税人从事国家非限制和禁止行业并符合规定条件的小型微利企业享受优惠税率减征的企业所得税税额。

第 35 行"国家需要重点扶持的高新技术企业"：填报纳税人从事国家需要重点扶持、拥有核心自主知识产权等条件的高新技术企业享受减征企业所得税税额。

第 36 行"民族自治地方的企业应交纳的企业所得税中属于地方分享的部分"：填报纳税人经民族自治地方所在省、自治区、直辖市人民政府批准，减征或者免征民族自治地方的企业缴纳的企业所得税中属于地方分享的企业所得税税额。

第 37 行"过渡期税收优惠"：填报纳税人符合国务院规定及经国务院批准给予过渡期税收优惠政策。

第 38 行"其他"：填报国务院根据税法授权制定的其他减免税额。

（6）创业投资企业抵扣的应纳所得额。

第 39 行"创业投资企业抵扣的应纳税所得额"：填报创业投资企业采取股权投资方式投资于未上市的中小高新技术企业 2 年以上的。可以按照其投资额的 70％在股权持有满 2 年的当年抵扣该创业投资企业的应纳税所得额；当年不足抵扣的，可以在以后纳税年度结转抵扣。

（7）抵免所得税额合计。

第 41 行至第 43 行，填报纳税人购置并实际使用《环境保护专用设备企业所得税优惠目录》、《节能节水专用设备企业所得税优惠目录》和《安全生产专用设备企业所得税优惠目录》规定的环境保护、节能节水、安全生产等专用设备的，允许从企业当年的应纳税额中抵免的投资额 10％的部分。当年不足抵免的，可以在以后 5 个纳税年度结转抵免。

第 44 行"其他"：填报国务院根据税法授权制定的其他抵免所得税额部分。

（8）减免税附列资料。

第 45 行"企业从业人数"：填报纳税人全年平均从业人员，按照纳税人年初和年末的从业人员平均计算，用于判断是否为税收规定的小型微利企业。

第 46 行"资产总额（全年平均数）"：填报纳税人全年资产总额平均数，按照纳税人年初和年末的资产总额平均计算，用于判断是否为税收规定的小型微利企业。

第 47 行"所属行业（工业企业其他企业）"：填报纳税人所属的行业，用于判断是否为税收规定的小型微利企业。

五、企业所得税月(季)度预缴纳税申报表填报方法

企业所得税月(季)度预缴纳税申报表分 A、B 两类,A 类适用查账征收的企业所得税纳税人预缴企业所得税填报,B 类适用核定征收的企业所得税纳税人预缴企业所得税填报。

(一)企业所得税月(季)度预缴纳税申报表(A 类)构成及填报

1.企业所得税月(季)度预缴纳税申报表(A 类)基本构成

企业所得税月(季)度预缴纳税申报表(A 类)如表 6-10 所示,适用于实行查账征收方式申报企业所得税的居民纳税人,以及在我国境内设立机构的非居民纳税人在月(季)度预缴企业所得税时使用。

表 6-10 企业所得税月(季)度预缴纳税申报表(A 类)

税款所属期间: 年 月 日至 年 月 日

纳税人识别号:□□□□□□□□□□□□□□□

纳税人名称: 金额单位:元(列至角分)

行 次	项 目	本期金额	累计金额
1	一、据实预缴		
2	营业收入		
3	营业成本		
4	利润总额		
5	税率(25%)		
6	应纳所得税额(4 行×5 行)		
7	减免所得税额		
8	实际已缴所得税额	—	
9	应补(退)的所得税额(6 行－7 行－8 行)	—	
10	二、按照上一纳税年度应纳税所得额的平均额预缴		
11	上一纳税年度应纳税所得额	—	
12	本月(季)应纳税所得额(11 行÷12 行÷4)		
13	税率(25%)	—	—
14	本月(季)应纳所得税额(12 行×13 行)		
15	三、按照税务机关确定的其他方法预缴		
16	本月(季)确定预缴的所得税额		
17	总分机构纳税人		

续　表

行　次		项　目	本期金额	累计金额
18	总机构	总机构应分摊的所得税额（9行或14行或16行×25％）		
19		中央财政集中分配的所得税额（9行或14行或16行×25％）		
20		分支机构分摊的所得税额（9行或14行或16行×50％）		
21	分支机构	分配比例		
22		分配的所得税额（20行×21行）		

谨声明:此纳税申报表是根据《中华人民共和国企业所得税法》、《中华人民共和国企业所得税法实施条例》和国家有关税收规定填报的,是真实的、可靠的、完整的。

法定代理人(签字):　年　月　日

纳税人公章: 会计主管: 填报日期:　年　月　日	代理申报中介机构公章: 经办人: 经办人执行证件号码: 代理申报日期:　年　月　日	主管税务机关受理专用章: 受理人: 受理日期:　年　月　日

2.有关项目填报说明

第2行"营业收入":填报会计制度核算的营业收入,事业单位、社会团体、民办非企业单位按其会计制度核算的收入填报。

第3行"营业成本":填报会计制度核算的营业成本,事业单位、社会团体、民办非企业单位按其会计制度核算的成本(费用)填报。

第4行"利润总额":填报会计制度核算的利润总额,其中包括从事房地产开发的企业,可以在本行填写按本期取得预售收入计算出的预计利润等。事业单位、社会团体、民办非企业单位比照填报。

第5行"税率(25％)":按照《企业所得税法》第4条规定的25％税率计算应纳所得税额。

第6行"应纳所得税额":填报计算出的当期应纳所得税额。第6行＝第4行×第5行,且第6行≥0。

第7行"减免所得税额":填报当期实际享受的减免所得税额,包括享受减免税优惠过渡期的税收优惠、小型微利企业优惠、高新技术企业优惠及经税务机关审批或备案的其他减免税优惠。第7行≤第6行。

第8行"实际已缴所得税额":填报累计已预缴的企业所得税税额。"本期金额"列不填。

第 9 行"应补(退)的所得税额":填报按照税法规定计算的本次应补(退)预缴所得税额。第 9 行＝第 6 行－第 7 行－第 8 行,且第 9 行＜0 时,填 0。"本期金额"列不填。

第 11 行"上一纳税年度应纳税所得额":填报上一纳税年度申报的应纳税所得额。本行不包括纳税人的境外所得。

第 12 行"本月(季)应纳税所得额":填报纳税人依据上一纳税年度申报的应纳税所得额计算的当期应纳税所得额。按季预缴企业:第 12 行＝第 11 行× 1/4;按月预缴企业:第 12 行＝第 11 行×1/12。

第 13 行"税率(25％)":按照《企业所得税法》第 4 条规定的 25％税率计算应纳所得税额。

第 14 行"本月(季)应纳所得税额":填报计算的本月(季)应纳所得税额。第 14 行＝第 12 行×第 13 行。

第 16 行"本月(季)确定预缴的所得税额":填报依据税务机关认定的应纳税所得额计算出的本月(季)应交纳所得税额。

第 18 行"总机构应分摊的所得税额":填报汇总纳税总机构以本表第一部分(第 1 行至第 16 行)本月或本季预缴所得税额为基数,按总机构应分摊的预缴比例计算出的本期预缴所得税额。(1)据实预缴的汇总纳税企业总机构:第 9 行×总机构应分摊的预缴比例 25％;(2)按上一纳税年度应纳税所得额的月度或季度平均额预缴的汇总纳税企业总机构:第 14 行×总机构应分摊的预缴比例 25％;(3)经税务机关认可的其他方法预缴的汇总纳税企业总机构:第 16 行×总机构应分摊的预缴比例 25％。

第 19 行"中央财政集中分配的所得税额":填报汇总纳税总机构以本表第一部分(第 1 行至第 16 行)本月或本季预缴所得税额为基数,按中央财政集中分配税款的预缴比例计算出的本期预缴所得税额。(1)据实预缴的汇总纳税企业总机构:第 9 行×中央财政集中分配税款的预缴比例 25％;(2)按上一纳税年度应纳税所得额的月度或季度平均额预缴的汇总纳税企业总机构:第 14 行×中央财政集中分配税款的预缴比例 25％;(3)经税务机关认可的其他方法预缴的汇总纳税企业总机构:第 16 行×中央财政集中分配税款的预缴比例 25％。

第 20 行"分支机构分摊的所得税额":填报汇总纳税总机构以本表第一部分(第 1 行至第 16 行)本月或本季预缴所得税额为基数,按分支机构分摊的预缴比例计算出的本期预缴所得税额。(1)据实预缴的汇总纳税企业总机构:第 9 行×分支机构分摊的预缴比例 50％;(2)按上一纳税年度应纳税所得额的月度或季度平均额预缴的汇总纳税企业总机构:第 14 行×分支机构分摊的预缴比例50%；(3)经税务机关认可的其他方法预缴的汇总纳税企业总机构：第16行×分支机构分摊的预缴比例50%（分支机构本行填报总机构申报的第20行"分支机构分摊的所得税额"）。

第21行"分配比例"：填报汇总纳税分支机构依据《汇总纳税企业所得税分配表》中确定的分配比例。

第22行"分配的所得税额"：填报汇总纳税分支机构依据当期总机构申报表中第20行"分支机构分摊的所得税额"×本表第21行"分配比例"的数额。

(二)企业所得税月(季)度预缴纳税申报表(B类)构成及填报

1.企业所得税月(季)度预缴纳税申报表(B类)基本构成

企业所得税月(季)度预缴纳税申报表(B类)（见表6-11），为按照核定征收管理办法（包括核定应税所得率和核定税额征收方式）缴纳企业所得税的纳税人在月(季)度申报缴纳企业所得税时使用，包括依法被税务机关指定的扣缴义务人。其中，核定应税所得率的纳税人按收入总额核定、按成本费用核定、按经费支出换算分别填写。

表6-11 企业所得税月(季)度预缴纳税申报表(B类)

项 目		行 次	累计金额
应纳税所得额的计算	按收入总额核定应纳税所得额	收入总额	1	
		税务机关核定的应税所得率(%)	2	
		应纳税所得额(1行×2行)	3	
	按成本费用核定应纳税所得额	成本费用总额	4	
		税务机关核定的应税所得率(%)	5	
		应纳税所得额[4行÷(1—5行)×5行]	6	
	按经费支出换算应纳税所得额	经费支出总额	7	
		经税务机关核定的应税所得率(%)	8	
		换算的收入额[7行÷(1—8行)]	9	
		应纳税所得额(8行×9行)	10	
应纳所得税额的计算		税率(25%)	11	
		应纳所得税额(3行×11行或6行×11行或10行×11行)	12	
		减免所得税额	13	
应补(退)所得税额的计算		已预缴所得税额	14	
		应补(退)所得税额(12行—13行—14行)	15	

谨声明：此纳税申报表是根据《中华人民共和国企业所得税法》、《中华人民共和国企业所得税法实施条例》和国家有关税收规定填报的，是真实的、可靠的、完整的。

法定代表人(签字)： 年 月 日

续　表

纳税人公章： 会计主管： 填报日期：　年　月　日	代理申报中介机构公章： 经办人： 经办人执行证件号码： 代理申报日期：　年　月　日	主管税务机关受理专用章： 受理人： 受理日期：　年　月　日

2.有关项目填报说明

第 1 行"收入总额"：按照收入总额核定应税所得率的纳税人填报此行。填写本年度累计取得的各项收入金额。

第 2 行"税务机关核定的应税所得率"：填报主管税务机关核定的应税所得率。

第 3 行"应纳税所得额"：填报计算结果。其计算公式为：应纳税所得额＝第 1 行×第 2 行。

第 4 行"成本费用总额"：按照成本费用核定应税所得率的纳税人填报此行。填写本年度累计发生的各项成本费用金额。

第 5 行"税务机关核定的应税所得率"：填报主管税务机关核定的应税所得率。

第 6 行"应纳税所得额"：填报计算结果。其计算公式为：应纳税所得额＝第 4 行÷（1－第 5 行）×第 5 行。

第 7 行"经费支出总额"：按照经费支出换算收入方式缴纳所得税的纳税人填报此行。填报累计发生的各项经费支出金额。

第 8 行"经税务机关核定的应税所得率"：填报主管税务机关核定的应税所得率。

第 9 行"换算的收入额"：填报计算结果。其计算公式为：换算的收入额＝第 7 行÷（1－第 8 行）。

第 10 行"应纳税所得额"：填报计算结果。其计算公式为：应纳税所得额＝第 8 行×第 9 行。

第 11 行"税率"：填写《企业所得税法》第 4 条规定的 25％税率。

第 12 行"应纳所得额"：（1）核定应税所得率的纳税人填报计算结果：按照收入总额核定应税所得率的纳税人，应纳所得税额＝第 3 行×第 11 行；按照成本费用核定应税所得率的纳税人，应纳所得税额＝第 6 行×第 11 行；按照经费支出换算应纳税所得额的纳税人，应纳所得税额＝第 10 行×第 11 行。（2）实行核定税额征收的纳税人，填报税务机关核定的应纳所得税额。

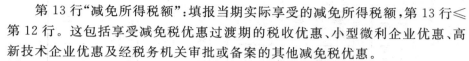

第13行"减免所得税额"：填报当期实际享受的减免所得税额，第13行≤第12行。这包括享受减免税优惠过渡期的税收优惠、小型微利企业优惠、高新技术企业优惠及经税务机关审批或备案的其他减免税优惠。

第14行"已预缴所得税额"：填报当年累计已预缴的企业所得税额。

第15行"应补(退)所得税额"：填报计算结果。其计算公式为：应补(退)所得税额＝第12行－第13行－第14行；当第15行≤0时，本行填0。

六、企业所得税扣缴报告表填报方法

(一)企业所得税扣缴报告表基本构成

企业所得税扣缴报告表(见表6-12)，适用于扣缴义务人按照《企业所得税法》及其实施条例的规定，对下列所得，按次或按期扣缴所得税税款的报告：

(1)非居民企业在我国境内未设立机构、场所的，应当就其来源于我国境内的所得缴纳企业所得税。

(2)非居民企业虽设立机构、场所但取得的所得与其所设机构、场所没有实际联系的，应当就其来源于我国境内的所得缴纳企业所得税。

扣缴义务人应当于签订合同或协议后20日内将合同或协议副本，报送主管税务机关备案，并办理有关扣缴手续。签订合同或协议后，合同或协议规定的支付款额如有变动，应于变动后10日内，将变动情况书面报告税务机构。

扣缴义务人不能按规定期限报送本表时，应当在规定的报送期限内提出申请，经当地税务机构批准，可以适当延长期。

扣缴人义务人不按规定期限将已扣税款缴入国库及不履行税法规定的扣缴义务，将分别按《税收征管法》第68条、第69条的规定，予以处罚。

本表填写要用中、外两种文字填写。

(二)各栏填写说明

(1)"扣缴义务人识别号"：填写办理税务登记时，由主管税务机构所确定的扣缴义务人的税务编码。

(2)"扣缴义务人名称"：填写实际支付外国企业款项的单位和个人名称。

(3)"纳税人识别号"：填写非居民企业在其居民国的纳税识别代码。

(4)"所得项目"：填写转让财产所得、股息红利等权益性投资所得、利息所得、租金所得、特许权使用费所得、其他所得。

表 6-12 企业所得税扣缴报告表

税款所属期间: 年 月 日 至 年 月 日

扣缴义务人识别号: □□□□□□□□□□□□□□□

金额单位: 元(列至角分)

扣缴义务人名称

纳税人识别号	纳税人名称	国家(地区)	所得项目	合同号	合同名称	取得所得日期	收入额					扣除额	应纳税所得额	税率	扣缴所得税额
							人民币金额	外币额			人民币金额合计				
								外币名称	外币金额	汇率	折人民币				

谨声明: 此扣缴所得税报告表是根据《中华人民共和国企业所得税法》、《中华人民共和国企业所得税法实施条例》和国家有关税收规定填报的, 是真实的、可靠的、完整的。

法定代表人(签字): 年 月 日

扣缴义务人公章:

会计主管:

填表日期: 年 月 日

代理申报中介机构公章:

经办人:

经办人执业证件号码:

代理申报日期: 年 月 日

主管税务机关受理专用章:

受理人:

受理日期: 年 月 日

本章小结

通过本章学习，掌握应纳税所得额的确定及永久性差异和暂时性差异的划分；重点掌握《企业会计制度》规定的应付税款法、纳税影响会计法、资产负债表债务法的会计处理，以及纳税调整项目的调整方法、所得税纳税申报表的填制方法等。

复习思考题

一、思考题

1. 企业所得税会计科目和账户应如何设置？

2. 简述永久性差异与暂时性差异的主要区别。

3. 简述应付税款法、纳税影响会计法、资产负债表债务法三种会计处理的不同之处。

4. 简述资产的计税基础与账面价值比较。

5. 简述负债的计税基础与账面价值比较。

二、业务题

某股份公司于 2008 年 4 月注册成立进行生产经营，系增值税一般纳税人，从事橄榄油、调和油、花生油生产销售，该公司执行《企业会计准则》。2008年应纳税所得额为－70 万元。2010 年度有关资料如下：

（1）销售应税产品（橄榄油、调和油）取得不含税收入 12 000 万元；销售免税产品（花生油）取得不含税收入 3 000 万元。

（2）应税产品销售成本为 4 000 万元，免税产品成本为 1 000 万元。

（3）应税产品营业税金及附加为 200 万元，免税产品营业税金及附加为50 万元。

（4）销售费用为 2 000 万元（其中，广告及宣传费用为 1 600 万元）。

（5）财务费用为 200 万元。

（6）管理费用为 1 200 万元（其中，业务招待费为 100 万元，新产品研究开发费为 30 万元）。

(7)投资收益 40 万元(投资非上市公司的股权投资按权益法确认的投资收益为 30 万元,国债持有期间的利息收入为 10 万元)。

(8)营业外支出 800 万元(其中,公益性捐赠支出为 100 万元、非公益性捐赠支出 50 万元、违约金支出为 20 万元)。

(9)资产减值损失 200 万元(本年度计提存货跌价准备)。

(10)全年提取雇员工资 1 000 万元,实际支付 800 万元,职工工会经费、职工教育经费分别按工资总额的 2%、2.5% 的比例提取。全年列支职工福利性支出 120 万元,职工教育费提取 25 万元,实际支出 20 万元,工会经费计提并拨缴 20 万元。

期间费用按照销售收入的比例在应税项目和免税项目之间分摊。假设除上述资料所给内容外,无其他纳税调整事项。企业所得税税率为 25%,递延所得税科目期初余额为 175 000 元。

要求:计算该公司 2010 年应纳企业所得税,并作出相关会计处理。

第七章　其他税种会计

学习导航

1.重点掌握区分其他税种的会计核算方法。

2.一般掌握账户设置、其他税种应纳税额的计算。

　　其他税种部分主要介绍除增值税、消费税、营业税、企业所得税以外的10个税种的会计核算,这些税种的税法规定差异较大,但是会计核算相对简单,概括来说,分为三类:一是实行代扣代缴,如个人所得税;二是计入"营业税金及附加",包括土地增值税、资源税;三是计入"成本"或"费用",主要包括印花税、土地使用税、耕地占用税、房产税、契税、车辆购置税和车船使用税。

第一节　个人所得税会计核算

　　个人所得税是以个人(自然人)取得的各项应税所得为征税对象所征收的一种税。现行个人所得税的基本规范是在1980年9月10日第五届全国人民代表大会第三次会议上,根据1993年10月31日第八届全国人民代表大会常务委员会第四次会议决定修改的《中华人民共和国个人所得税法》,以及2008年2月18日修改的《中华人民共和国个人所得税法实施条例》制定。

背景资料

　　个人所得税最早诞生于英国。18世纪末,英国由于与法国交战致使财政吃紧,于是有人提议向高收入者征收所得税。1799年,英国开始开征个人所得税。然而战争一结束,认为个人所得税侵犯隐私和个人权利的言论就占据了上风,个人所得税被停征。直到1842年,英国财政部门才又一次让议会和民众信服个人所得税的必要性,重新恢复征收个人所得税。个人所得税在 20 世纪被世界上大多数国家所采纳,已经成为许多发达国家财政收入的最主要来源。

一、个人所得税会计账户设置

个人所得税会计核算账户为"应交税费——应交个人所得税"明细账户,该账户采用三栏式结构。计提或代扣个人所得税时,记入该账户的贷方;缴纳个人所得税时,记入该账户的借方。纳税期满后,该账户贷方余额反映欠缴的个人所得税。

二、扣缴义务人代扣代缴个人所得税会计核算

代扣代缴是指按照税法规定负有扣缴税款义务的单位或者个人,在向个人支付应纳税所得时,计算应纳税额,从其所得中扣除并缴入国库,同时向税务机关报送扣缴个人所得税报告表。这种方法有利于控制税源、防止逃税。

凡支付个人应纳税所得的企业、银行、事业单位、机关、社团组织、军队、驻华机构、个体户等单位或者个人,都为个人所得税的扣缴义务人。除个体工商户生产、经营所得外,其余项目均应代扣代缴所得税。扣缴义务人向个人支付应纳税所得(包括现金、实物和有价证券)时,不论纳税人是否属于本单位人员,均应代扣代缴其应纳的个人所得税。

单位或个体工商户实际向个人支付所得时,应依《个人所得税法》相关规定计算代扣代缴的个人所得税;按代扣税款,贷记"应交税费——应交个人所得税"科目,根据支付业务的不同属性,其对应借方科目为"应付职工薪酬"、"管理费用"、"营业费用"、"财务费用"、"生产成本——稿酬等"、"固定资产"、"无形资产"、"应付利润"、"应付股利"、"营业外支出"等。解缴税款时,借记"应交税费——应交个人所得税"科目,贷记"银行存款"科目。

【例 7-1】 李某 2012 年当月取得工资收入 9 000 元,当月个人承担住房公积金、基本养老保险金、医疗保险金、失业保险金共计 1 000 元。

①税法解析:

李某当月应纳税个人所得＝9 000－1 000－3 500＝4 500(元)

应纳个人所得税＝4 500×10%－105＝345(元)

个人取得工资、薪金所得应缴纳的个人所得税,统一由支付人负责代扣代缴,支付人是税法规定的扣缴义务人。

②会计处理:

借:应付职工薪酬——应付工资　　　　　　　　　9 000
　　贷:应交税费——应交代扣个人所得税　　　　　　　345
　　　　其他应付款　　　　　　　　　　　　　　　　1 000
　　　　库存现金　　　　　　　　　　　　　　　　　7 655
公司上缴税金时:
借:应交税费——应交代扣个人所得税　　　　　　　345
　　贷:银行存款　　　　　　　　　　　　　　　　　345

三、自行申报缴纳个人所得税会计核算

个体工商户、个人独资企业及合伙企业,应依法自行申报缴纳个人所得税。按照依法计算的税款,贷记"应交税款——应交个人所得税"科目,其对应借方科目为"留存收益",直接影响个体工商户业主和企业投资者所享有的权益。缴纳税款时,借记"应交税费——应交个人所得税"科目,贷记"银行存款"科目。

第二节　土地增值税会计核算

土地增值税是对有偿转让国有土地使用权、地上建筑物和其他附着物产权取得增值收入的单位和个人征收的一种税。现行土地增值税的基本规范是1993 年 12 月 13 日国务院颁布的《中华人民共和国土地增值税暂行条例》。

一、土地增值税会计账户设置

土地增值税会计账户为"应交税费——应交土地增值税"明细账户。该账户采用三栏式结构。纳税人计提土地增值税时,记入该账户的贷方;缴纳土地增值税时,记入该账户的借方。纳税期满后,该账户贷方余额反映欠缴的土地增值税。

二、土地增值税会计核算

纳税人发生土地增值税征收范围的业务时,应根据原始凭证[包括所开具的不动产(或土地使用权)销售(或转让)发票、银行转账单等收款凭证,商品房(或土地使用权)销售(转让)合同,开发成本、购进土地支付价款、利息支付、合理转让税费及旧房评估价格等扣除项目的有效扣除凭证]和土地增值税纳税义务实现时间的税法规定,计算税款;同时依据国家统一会计制度的规定,将形成的税款记入"应交税费——应交土地增值税"的贷方。纳税人土地增值税会计核算的基本内容如下:

(1)房地产开发企业出售其开发产品(包括商品性土地,即房地产开发企

业为转让、出租而开发的土地)时,按应计提的土地增值税,借记"营业税金及附加"科目,贷记"应交税费——应交土地增值税"科目。

依据我国税法相关规定,纳税人在项目全部竣工前转让房地产取得的收入,由于涉及成本计算及其他原因而无法据以计算土地增值税的,可以预缴土地增值税。企业预缴土地增值税时,借记"应交税费——应交土地增值税"科目,贷记"银行存款"科目。待房地产转让收入实现时,按应交纳的土地增值税,借记"营业税金及附加"科目,贷记"应交税费——应交土地增值税"科目。补缴土地增值税时,借记"应交税费——应交土地增值税"科目,贷记"银行存款"科目;退回多缴的土地增值税时,作相反的会计分录。

(2)纳税人转让旧房及建筑物,转让国有土地使用权连同地上已完工交付使用的建筑物及附着物时,应计提的土地增值税通过"固定资产清理"账户核算。计提土地增值税时,借记"固定资产清理"科目,贷记"应交税费——应交土地增值税"科目。

(3)纳税人转让在建房地产应计提的土地增值税,借记"在建工程"等科目,贷记"应交税费——应交土地增值税"科目。

此外,非房地产开发企业出售国有土地使用权应计提的土地增值税,借记"营业外支出"科目,贷记"应交税费——应交土地增值税"科目。

纳税人缴纳土地增值税时,借记"应交税费——应交土地增值税"科目,贷记"银行存款"科目。

【例 7-2】 某房地产开发公司在商品房竣工前,预售商品房取得收入 50 000 000 元,根据当地主管税务机关规定,预缴土地增值税 500 000 元;商品房竣工后·实现销售收入 80 000 000 元。按我国税法规定应纳土地增值税 750 000 元。

①税法解析:

根据《土地增值税法》规定,该房地产开发公司商品房预售收入按当地主管税务机关规定预缴的土地增值税为 500 000 元,在商品房竣工实现销售计税时予以抵缴。

应补缴土地增值税=750 000-500 000=250 000(元)

②会计处理:

取得预售收入时:

借:银行存款　　　　　　　　　　　　　　　　　50 000 000

　　贷:预收账款　　　　　　　　　　　　　　　　　50 000 000

借:应交税费——应交土地增值税　　　　　　　　500 000

　　贷:银行存款　　　　　　　　　　　　　　　　　500 000

实现销售时：

借：银行存款　　　　　　　　　　　　　　　　30 000 000
　　预收账款　　　　　　　　　　　　　　　　50 000 000
　　　贷：主营业务收入　　　　　　　　　　　　　　80 000 000
借：营业税金及附加　　　　　　　　　　　　　　750 000
　　　贷：应交税费——应交土地增值税　　　　　　　750 000
补缴土地增值税时：
借：应交税费——应交土地增值税　　　　　　　250 000
　　贷：银行存款　　　　　　　　　　　　　　　　250 000

第三节　资源税会计核算

　　资源税是对在我国境内从事应税矿产品开采和生产盐的单位和个人课征的一种税，属于对自然资源占用课税的范畴。现行资源税法的基本规范是1993年12月25日国务院颁布的《中华人民共和国资源税暂行条例》。

一、资源税会计账户设置

　　资源税核算的会计账户为"应交税费——应交资源税"明细账户。该账户采用三栏式结构。纳税人计提或者代扣资源税时，记入该账户的贷方；缴纳资源税时，记入该账户的借方。纳税期满后，该账户贷方余额反映欠缴的资源税。对于以外购液体盐加工成固体盐的纳税人，由于其加工固体盐所耗用液体盐的已纳税额准予抵扣，因此，用于生产固体盐所外购液体盐价款中包含的资源税可作为待抵扣税款记入"应交税费——应交资源税"账户的借方，"应交税费——应交资源税"账户月末结转后，该账户借方余额反映纳税人留待抵扣的液体盐资源税。

二、资源税会计核算

　　纳税人发生资源税征收范围的业务时，应根据原始凭证（包括所开具的应税资源品销售发票、银行转账单等收款凭证、出库单等自制凭证、外购液体盐取得的货物销售发票及合同等）和资源税纳税义务实现时间的税法规定，计算税款；同时依据国家统一会计制度的规定，将形成的税款记入"应交税费——应交资源税"的贷方。

　　纳税人出厂销售应税产品，配比收入的确认，按我国税法规定计提资源税时，借记"营业税金及附加"科目，贷记"应交税费——应交资源税"科目；纳人将自产的应税产品自用,如果在会计上是收入确认的业务,如用于职工福利等,计提资源税时,借记"营业税金及附加"科目,贷记"应交税费——应交资源税"科目;如果用于生产、对外赠送等,计提资源税时,借记"生产成本"、"营业外支出"等科目,贷记"应交税费——应交资源税"科目;企业收购未税矿产品,按应代扣代缴的资源税,借记"物资采购"、"原材料"等科目,贷记"应交税费——应交资源税"科目。缴纳资源税时,借记"应交税费——应交资源税"科目,贷记"银行存款"科目。

【例 7-3】　某油田是增值税一般纳税人,2012 年 5 月销售原油 100 000吨,每吨价格(不含增值税)4 000 元,已向购买方开具了增值税专用发票,款项已收讫。另外,在开采原油过程中,加热和修井用油 10 吨。该油田原油适用的资源税税率为 7%,原油生产成本为每吨 1 000 元。

①税法解析:

根据资源税法规相关规定,该油田在开采原油过程中用于加热和修井用油 10 吨免征资源税,资源税应税数量为 100 000 吨。

应纳资源税＝100 000×4 000×7%＝28 000 000(元)

②会计处理:

实现销售时:

借:银行存款	468 000 000	
贷:主营业务收入		400 000 000
应交税费——应交增值税(销项税额)		68 000 000
借:营业税金及附加	28 000 000	
贷:应交税费——应交资源税		28 000 000
借:主营业务成本	100 000 000	
贷:库存商品		100 000 000

加热和修井用油:

借:制造费用	10 000	
贷:库存商品		10 000

第四节　印花税会计核算

印花税是以经济活动和经济交往中书立、领受应税凭证的行为为征税对象而征收的一种税。印花税因其采用在应税凭证上粘贴印花税票的方法缴纳税款而得名。

印花税最早产生于 1624 年的荷兰,现在世界各国已普遍开征。现行印花税法的基本规范是 1988 年 8 月 6 日国务院发布并于同年 10 月 1 日实施的《中华人民共和国印花税暂行条例》。

一、印花税会计账户设置

由于印花税采用"三自纳税"方式完成纳税义务,纳税人一般不需要计提印花税,因此不需要通过"应交税费"科目核算应纳印花税税额,而是在缴纳时将相应印花税直接汇入"管理费用"。

二、印花税会计核算

纳税人发生征税范围内的行为时,应根据应税凭证的金额或件数和纳税义务发生时间的税法规定,计算并购买印花税票;根据国家统一会计制度规定,对于一次性购买印花税票数额较小的,可直接记入"管理费用",在购买印花税票时,借记"管理费用"科目,贷记"银行存款"科目。

【例 7-4】　国外某金融机构向 A 公司提供某项优惠贷款,书立合同注明贷款金额 1 000 万元。

①税法解析:

A 公司签订的借款合同,应纳印花税税额＝10 000 000×0.05‰＝500(元)

②会计处理:

借:管理费用　　　　　　　　　　　　　　　　　　500
　贷:银行存款　　　　　　　　　　　　　　　　　　　500

第五节　城镇土地使用税和耕地占用税会计核算

城镇土地使用税是以国有土地为征税对象,对拥有土地使用权的单位和个人征收的一种税。现行城镇土地使用税法的基本规范是 2006 年 12 月 31 日国务院修改并颁布的《中华人民共和国城镇土地使用税暂行条例》。

耕地占用税是对占用耕地建房或从事其他非农业建设的单位或个人,就其实际占用的耕地面积征收的一种税,属于对特定土地资源占用课税。现行耕地占用税法的基本规范是 2007 年 12 月 1 日国务院重新颁布的《中华人民共和国耕地占用税暂行条例》。

一、城镇土地使用税和耕地占用税会计账户设置

城镇土地使用税会计核算账户为"应交税费——应交土地使用税"明细账户。该账户采用三栏式结构。纳税人计提土地使用税时,记入该账户的贷方;

缴纳土地使用税时,记入该账户的借方。纳税期满后,该账户贷方余额反映欠缴的土地使用税。

耕地占用税会计核算账户为"应交税费——应交耕地占用税"明细账户。该账户采用三栏式结构。纳税人计提耕地占用税时,记入该账户的贷方;缴纳耕地占用税时,记入该账户的借方。纳税期满后,该账贷方余额反映欠缴的耕地占用税。

二、城镇土地使用税和耕地占用税会计核算

(一)城镇土地使用税会计核算

纳税人对征税范围内的城镇土地,应根据其实际占用的土地面积和纳税义务发生时间的税法规定计算土地使用税;同时依据国家统一会计制度的规定,将形成的税款记入"应交税费——应交土地使用税"的贷方,其对应借方科目一般为"管理费用",但对于作为投资性房地产核算的城镇土地,其对应借方科目为"营业税金及附加"。

纳税人缴纳城镇土地使用税时,借记"应交税费——应交土地使用税"科目,贷记"银行存款"科目。如果纳税人缴纳的土地使用税数额较大,经过主管税务机关批准同意,也可通过"待摊费用"账户核算,借记"待摊费用"科目,贷记"应交税费——应交土地使用税"科目;分摊时,借记"管理费用"科目,贷记"待摊费用"科目。

【例 7-5】　某国有企业生产、经营用地分布于 A、B 两个地域。其中,A 处土地属于其自有土地,实际土地面积为 21 000 平方米(包括幼儿园占地 1 000 平方米,厂区绿化占地 2 000 平方米);B 处土地使用权属与乙企业共同拥有,实际土地面积为 10 000 平方米,使用面积各半。A、B 两地城镇土地使用税的单位税额均为每平方米 12 元。

①税法解析:

根据《城镇土地使用税法》相关规定,该企业实际占用土地面积包括 A 处土地 21 000 平方米和 B 处土地 5 000 平方米。其中,A 处土地中幼儿园占地 1 000 平方米免税。

年应纳税额＝[(21 000－1 000)＋10 000÷2]×12＝300 000(元)

月应纳税额＝300 000÷12＝25 000(元)

②会计处理:

按月计提城镇土地使用税时,作会计处理如下:

借:管理费用　　　　　　　　　　　　　　　　　　25 000

　　贷:应交税费——应交土地使用税　　　　　　　　　　25 000

（二）耕地占用税会计核算

纳税人占用耕地，应根据其实际占用的耕地面积和纳税义务发生时间的税法规定，计算税款；同时依据国家统一会计制度的规定，将形成的税款记入"应交税费——应交耕地占用税"的贷方，其对应借方科目一般为"无形资产"。如果纳税人所占用耕地用于在建工程或者记入房地产成本中作为固定资产管理的，其对应借方科目为"在建工程"或者"固定资产"。

按规定期限缴纳耕地占用税时，借记"应交税费——应交耕地占用税"科目，贷记"银行存款"科目。

【例 7-6】 某市一家企业新占用 20 000 平方米耕地用于厂房建设，所占耕地适用的定额税率为 15 元/平方米。

①税法解析：

该企业应交耕地占用税税额＝20 000×15＝300 000（元）

②会计处理：

借：在建工程		300 000
贷：应交税费——应交耕地占用税		300 000

第六节　房产税和契税会计核算

房产税是以房屋为征税对象，按照房屋的计税余值或租金收入，向产权所有人征收的一种财产税。房产税在我国是一个古老的税种，最早始于周代。现行房产税法的基本规范是 1986 年 9 月 15 日国务院颁布的《中华人民共和国房产税暂行条例》。

契税是以在我国境内转移土地、房屋权属为征税对象，向产权承受人征收的一种财产税。契税在我国有着悠久的历史，起源于东晋的"估税"，至今已有 1600 多年。现行契税法的基本规范是 1997 年 7 月 7 日国务院发布并于同年 10 月 1 日开始施行的《中华人民共和国契税暂行条例》。

一、房产税和契税会计账户设置

房产税会计核算账户是"应交税费——应交房产税"明细账户。该账户采用三栏式结构。纳税人计提房产税时，记入该账户的贷方；缴纳房产税时，记入该账户的借方。纳税期满后，该账户贷方余额反映欠缴的房产税。

契税会计核算账户为"应交税费——应交契税"明细账户。该账户采用三栏式结构。纳税人计提契税时，记入该账户的贷方；缴纳契税时，记入该账户的借方。纳税期满后,该账户贷方余额反映欠缴的契税。

二、房产税和契税会计核算

(一)房产税会计核算

纳税人对征税范围内的房产,应根据国家有关会计制度规定核算的房屋原价或租金收入和房产税纳税义务实现时间的税法规定,计算房产税;同时依据国家统一会计制度的规定,将形成的税款记入"应交税费——应交房产税"的贷方,其对应借方科目一般为"管理费用",但对于作为投资性房地产核算的房产,其对应借方科目为"营业税金及附加"。

纳税人缴纳房产税时,借记"应交税费——应交房产税"科目,贷记"银行存款"科目。如果纳税人缴纳的房产税数额较大,经主管税务机关批准同意,也可通过"待摊费用"账户核算,借记"待摊费用"科目,贷记"应交税费——应交房产税"科目;分摊时,借记"管理费用"科目,贷记"待摊费用"科目。

【例 7-7】 某企业位于县区,本月将一个仓库出租给某物流公司,合同约定月租金收入为 100 000 元。

①税法解析:

根据房产税法规定,该企业对外出租的仓库应按租金收入从租计算房产税。

月应纳房产税＝10 000×12％＝12 000(元)

②会计处理:

按月计提房产税时:

借:管理费用　　　　　　　　　　　　　　　　　　　12 000
　　贷:应交税费——应交房产税　　　　　　　　　　　　　12 000

(二)契税会计核算

纳税人发生征税范围内的应税行为时,应根据其取得的房地产和纳税义务发生时间的税法规定,计算缴纳契税;同时依据国家统一会计制度的规定,将形成的税款记入"应交税费——应交契税"的贷方,其对应借方科目为"无形资产"、"固定资产"、"在建工程"等;纳税人缴纳契税时,借记"应交税费——应交契税"科目,贷记"银行存款"科目。

【例 7-8】 某房地产开发公司支付 80 000 000 元购得一块土地,用于建造商品房。当地政府规定的契税税率为 3％。

①税法解析:

根据契税法规定,该房地产开发公司应纳契税＝80 000 000×3％
　　　　　　　　　　　　　　　　　　　　　　　　＝2 400 000(元)

②会计处理：

计提契税时：

借：无形资产——土地使用权 　　　　　　　　　　2 400 000

　　贷：应交税费——应交契税 　　　　　　　　　　　　2 400 000

缴纳契税时：

借：应交税费——应交契税 　　　　　　　　　　　　2 400 000

　　贷：银行存款 　　　　　　　　　　　　　　　　　　2 400 000

第七节　车辆购置税和车船使用税会计核算

　　车辆购置税是以在我国境内购置规定车辆为课税对象、在特定环节向车辆购置者征收的一种税。就其性质而言，属于直接税的范畴。车辆购置税是2001年1月1日在我国开征的新税种，是在原交通部门收取的车辆购置附加费的基础上，通过"费改税"方式改革而来的。车辆购置税基本保留了原车辆附加费的特点。现行车辆购置税法的基本规范是2000年10月22日国务院颁布并于2001年1月1日起施行的《中华人民共和国车辆购置税暂行条例》。

　　车船使用税是以车船为征税对象，向拥有并使用车船的单位或个人征收的一种税。我国对车船课税历史悠久，早在汉武帝元光六年（前129年），我国就开征了算商车。现行车船税法的基本规范是2006年12月29日国务院颁布并于2007年1月1日施行的《中华人民共和国车船税暂行条例》。

一、车辆购置税和车船使用税会计账户设置

　　车辆购置税会计核算账户为"应交税费——应交车辆购置税"明细账户。该账户采用三栏式结构。纳税人计提车辆购置税时，记入该账户的贷方；缴纳车辆购置税时，记入该账户的借方。纳税期满后，该账户贷方余额反映欠缴的车辆购置税。

　　车船税会计核算账户为"应交税费——应交车船税"明细账户。该账户采用三栏式结构。该账户借方发生额反映企业已缴纳的车船税，贷方发生额反映企业应交纳的车船税。纳税人计提车船税时，记入该账户的贷方；缴纳车船税时，记入该账户的借方。纳税期满后，该账户贷方余额反映欠缴的车船税。

二、车辆购置税和车船使用税会计核算

(一)车辆购置税会计核算

　　纳税人发生征税范围内的应税行为时，应根据其取得的车辆和纳税义务

发生时间的税法规定,计算缴纳车辆购置税;同时依据国家统一会计制度的规定,将形成的税款记入"应交税费——应交车辆购置税"的贷方,其对应借方科目为"固定资产"。

缴纳车辆购置税时,借记"应交税费——应交车辆购置税"科目,贷记"银行存款"科目。

【例 7-9】 甲企业向某汽车贸易公司购买一辆小轿车自用,支付的含税价款为 175 500 元,另又支付手续费为 100 元、运输费为 500 元及其他费用为 300 元。

①税法解析:

根据车辆购置税法相关规定,甲企业应交车辆购置税 = (175 500 + 100 + 500 + 300) ÷ 1.17 × 10% = 15 076.92(元)。

②会计处理:

借:固定资产   15 076.92

　　贷 应交税费——应交车辆购置税   15 076.92

(二)车船使用税会计核算

纳税人对其征税范围内的车船,应按其拥有的车船和纳税义务发生时间的税法规定,计算车船税;同时依据国家统一会计制度的规定,将形成的税款记入"应交税费——应交车船税"科目,贷记"银行存款"科目。

【例 7-10】 某远洋海运公司拥有货船 2 艘,净吨位分别为 3 000 吨。

①税法解析:

根据车船税法规定,该远洋海运公司年应纳税额 = 3 000 × 2 × 5 = 30 000(元)。

月应纳税额 = 30 000 ÷ 12 = 2 500(元)

②会计处理:

按月计提车船税时:

借:管理费用   2 500

　　贷:应交税费——应交车船税   2 500

本章小结

通过本章学习,掌握个人所得税、土地增值税、资源税、印花税、土地使用税、耕地占用税、房产税、契税、车辆购置税和车船税的会计核算。土地增值税和资源税会计上通常记入"营业税金及附加"科目中核算,而个人所得税、印花税、土地使用税、耕地占用税、房产税、契税、车辆购置税和车船税会计上通常记入相关"成本"或"费用"科目中核算。

复习思考题

一、思考题

1.个人所得税会计科目和账户应如何设置？

2.土地增值税的会计账户和会计科目如何设置？

3.土地使用税的会计账户和会计科目如何设置？

4.资源税的会计账户和会计科目如何设置？

5.印花税的会计账户和会计科目如何设置？

二、业务题

1.某企业 2010 年度拥有经营性房产 5 000 平方米,其固定资产账上记载"固定资产——房屋"账面价值 26 000 000 元(账面原值 30 000 000 元,累计折旧 4 000 000 元),税务机关核定的计税余值扣除比例为 20%,分季缴纳房产税。该企业执行新会计准则。

要求:作出该企业的相关会计处理。

2.某商场 12 月举办为期 3 天的有奖销售活动(现金兑付),向消费者个人支付中奖所得总计 10 000 元。

要求:作出该商场的相关会计处理。

3.某企业 10 月 2 日与甲公司签订转让技术合同,转让收入由甲公司按 2005—2010 年实现利润的 30%支付;5 日,与银行签订一年期借款合同,借款 200 万元,年利率 5%;12 日,根据客户订货向乙公司销售货物一批,货款 40 万元,已收存银行。

要求:请作出该公司 10 月份印花税的相关会计处理。

附 录

附表　暂时性差异确认一览表

序　号	暂时性差异项目	产生暂时性差异的原因
1	应收账款、其他应收款、预付账款等	(1)坏账准备不得在税前扣除。(2)利息、租金、特许权使用费收入会计上要求按权责发生制确认收入，而税法上要求按照合同约定的应付利息、租金、特许权使用费的日期确认
2	应收利润、应收股利	坏账准备不得在税前扣除
3	应收利息	坏账准备不得在税前扣除
4	交易性金融资产	按公允价值计量
5	可供出售金融资产	按公允价值计量
6	长期股权投资	在成本核算，被投资方宣告分配，投资方确认投资收益时首先《企业会计准则》规定的办法计算本期应当冲减的投资成本；计提减值准备相应减少长期股权投资账面价值；被投资方用留存收益转增股本，投资方不做账务处理。我国税法规定，计税基础按照历史成本确定，被投资方用留存收益转增股本，投资方相应追加投资计税基础。在权益法下，长期股权投资的账面价值随着被投资方所有者权益的变动作相应调整；计提减值准备相应减少长期股权投资账面价值；被投资方用留存收益转增股本，投资方不做账务处理。我国税法规定，计税基础按照历史成本确定，被投资方用留存收益转增股本，投资方相应追加投资计税基础
7	贷　款	呆账准备计提比例若与我国税法规定扣除的比例不同，易产生暂时性差异
8	存　货	(1)存货减值准备(含建造合同预计损失准备)不得在税前扣除。 (2)建造合同资产(建造时间超过 12 个月的飞机、船舶、大型设备、开发产品等)，因会计资本化利息大于税法资本化利息，导致会计基础大于税法基础。 但考虑到影响历史成本的准确性，实际操作中不确认递延所得税资产
9	持有至到期投资	持有至到期投资减值准备不得在税前扣除

序　号	暂时性差异项目	产生暂时性差异的原因
10	商　誉	在非同一控制下的企业合并时产生。商誉不得摊销，但可计提减值准备。我国税法规定，外购的商誉在整体转让或公司清算时一次性扣除： （1）与商誉有关的递延所得税资产，应当直接调整商誉的账面价值和权益，不涉及损益。 （2）与商誉有关的递延所得税负债，由于影响到会计信息的可靠性及因计提商誉减值准备使得递延所得税负债和商誉价值量的变化不断循环，会计上不予确认
11	固定资产	（1）弃置费、残值、折旧、减值准备等因素导致不同年度的会计折旧与税法折旧不同，从而导致固定资产账面价值与计税基础不同。 （2）《租赁准则》中规定承租人应当将租赁开始日租赁资产的公允价值与最低租赁付款额现值两者中较低者作为租入资产的入账价值。我国税法规定，融资租入资产应当按照租赁合同或协议约定的付款额及在取得租赁资产过程中支付的有关费用作为计税基础。由于融资租赁固定资产的初始计量与计税基础不同，导致折旧期间的计税基础与会计基础也不同。 （3）除房屋、建筑物外未使用的固定资产计提的折旧，不得在税前扣除。 （4）应当资本化的借款，如果是向非金融部门取得，并且超过了同期同类银行贷款利率，则固定资产的原价大于计税基础。由于该项暂时性差异的确认会导致固定资产初始计量违背历史成本原则，故实务中不确认递延所得税负债。 （5）2007年12月31日前内资的房地产企业将开发产品转作固定资产应视同销售处理，固定资产的计税基础按照公允价值确定，会计基础按开发产品账面价值结转。2008年1月1日以后发生的类似业务不再视同销售处理
12	投资性房地产	（1）公允价值计量模式下，账面价值与计税基础产生差异。 （2）成本计量模式不同年度会计折旧与税法折旧的差异，导致账面价值与计税基础不同
13	在建工程	在建工程减值准备不得扣除

序　号	暂时性差异项目	产生暂时性差异的原因
14	无形资产	(1)无形资产减值准备不得在税前扣除。 (2)使用寿命不确定的无形资产不得摊销，但我国税法规定可在不少于 10 年的期限分期扣除。 (3)自行开发无形资产的计税基础按照会计基础的150％确认。 (4)《财政部、国家税务总局关于企业所得税若干优惠政策的通知》(财税〔2008〕001 号)规定，企业购买的软件最短可按 2 年期限扣除
15	开办费	2007 年 12 月 31 日前仍未扣除的开办费，在剩余的年限内继续扣除，应确认递延所得税资产，并在剩余年限内结转。2008 年 1 月 1 日后发生的开办费，在实际发生时借记"管理费用(开办费)"、贷记"银行存款"等科目。计算所得税时，在开始生产、经营的当期一次性扣除
16	非货币性资产交换取得的非现金资产	成本模式核算下，换入资产的初始计量，按照换出资产的账面价值加上相关税费为基础确定，而我国税法规定按公允价值作为计税基础
17	以改组方式取得的非现金资产	免税改组方式取得的非现金资产按照公允价值计量时，计税基础仍按原计税基础(历史成本)结转
18	企业的存货、固定资产、无形资产和投资发生永久或实质性损害	企业的存货、固定资产、无形资产和投资当有确凿证据表明已形成财产损失或者已发生永久或实质性损害时，应扣除变价收入、可扣除变价收入、可收回金额及责任和保险赔款后，再确认发生的财产损失。可收回金额可以由中介机构评估确定。未经中介机构评估的，固定资产和长期投资的可收回金额一律暂定为账面余额的 5％，存货为账面价值的 1％。已按永久或实质性损害确认财产损失的各项资产，必须保留会计记录。各项资产实际清理报废时，应根据实际清理报废情况和已预计的可收回金额确认损益
19	递延收益	政府补助，一次或分次确认损益。我国税法规定在实际收到时一次性确认
20	应付账款、其他应付款、预收账款	(1)由于债权人原因导致债务不能清偿或不需清偿的部分，应并入所得征税，实际支付时纳税调减。 (2)逾期包装物押金或超过 12 个月未退还的包装物押金，应并入所得征税，实际支付时纳税调减
21	预计负债	预计负债在实际发生时扣除

续　表

序　号	暂时性差异项目	产生暂时性差异的原因
22	应付职工薪酬	(1)工资奖金、补贴、津贴、非货币福利、股份支付之和，据实扣除。 (2)社会保险费和住房公积金据实扣除
23	预收账款	房地产企业取得的预收账款作为负债处理，但按我国税法规定，应按照预计利润率计算预计利润并入当期利润总额预缴企业所得税
24	广告与宣传费	(1)《国家税务总局关于房地产开发业务征收企业所得税问题的通知》(国税发〔2006〕31号)规定，2007年年底前新办开发企业取得第一笔收入之前发生的广告与宣传费，可结转以后3年在我国税法规定的标准范围内扣除。 (2)从2008年起，生产、经营过程中发生的广告与宣传费不得超过销售(营业)收入的15%；超过部分，无期限结转扣除
25	业务招待费	《国家税务总局关于房地产开发业务征收企业所得税问题的通知》(国税发〔2006〕31号)规定，2007年年底前新办内资房地产开发企业取得第一笔收入之前发生的业务招待费，可结转以后3年在我国税法规定的标准范围内扣除
26	职工福利费	《财政部关于实施修订后的〈企业财务通则〉有关问题的通知》(财企〔2007〕48号)规定，非上市公司2007年不再计提职工福利费，余额用完后，据实列支。《国家税务总局关于做好2007年度企业所得税汇算清缴工作的补充通知》(国税函〔2008〕264号)规定，2007年度继续执行《企业所得税暂行条例》的规定，按照计税工资的14%计算扣除。2007年度应予扣除的金额与实际列入损益的差额调减应纳税所得额。这部分金额在以后年度实际使用时，会计上据实列支，但不得重复扣除，应予调增所得
27	职工教育经费	(1)从2008年起，企业每一年度计提并使用的职工教育经费，不得超过工资总额的2.5%。超过部分无期限结转以后年度扣除。 (2)《财政部、国家税务总局关于企业所得税若干优惠政策的通知》(财税〔2008〕001号)规定，软件生产企业发生的培训费，据实扣除
28	股份支付	权益结算的股份支付，资产负债日计提额计入所有者权益(资本公积——其他资本公积)，我国税法将其作为负债处理，在实际行权时扣除

序　号	暂时性差异项目	产生暂时性差异的原因
29	股权转让或清算损失	股权转让或清算损失，会计上列入当期损益。我国税法将其作为一项负债（递延收益）处理。《国家税务总局关于做好 2007 年度企业所得税汇算清缴工作的补充通知》（国税函〔2008〕264 号）规定，企业因收回、转让或清算处置股权投资而发生的权益性投资转让损失，可以在税前扣除，但每一纳税年度扣除的股权投资损失，不得超过当年实现的股权投资收益和股权投资转让所得，超过部分可向以后纳税年度结转扣除。企业股权投资转让损失连续向后结转 5 年仍不能从股权投资收益和股权投资转让所得中扣除的，准予在该股权转让年度后第 6 年一次性扣除
30	股权转让所得	《国家税务总局关于做好 2007 年度企业所得税汇算清缴工作的补充通知》（国税函〔2008〕264 号）规定，企业在一个纳税年度发生的转让、处置持有 5 年以上的股权投资所得、非货币性资产投资转让所得、债务重组所得和捐赠所得，占当年应纳税所得 50% 及以上，可在不超过 5 年的期间均匀计入各年度的应纳税所得额
31	非现金资产投资所得	同上
32	债务重组所得	同上
33	接受捐赠所得	同上
34	弥补亏损	企业纳税年度发生的亏损，准予向以后年度结转，用以后年度的所得弥补，但结转年限最长不得超过 5 年
35	税额抵免	企业购置并实际使用《环境保护专用设备企业所得税优惠目录》、《节能节水专用设备企业所得税优惠目录》和《安全生产专用设备企业所得税优惠目录》规定的环境保护、节能节水、安全生产等专用设备的，该专用设备的投资额的 10% 可以从企业当年的应纳税额中抵免；当年不足抵免的，可以在以后 5 个纳税年度结转抵免

参考文献

[1]盖地.税务会计.第7版.上海:立信会计出版社,2009.

[2]张炜.纳税会计.北京:中国财政经济出版社,2009.

[3]肖光红,仝自力.税务会计学.第2版.北京:中国金融出版社,2009.

[4]蔡昌.税务会计.上海:立信会计出版社,2009.

[5]姚爱群.税务会计.北京:清华大学出版社,2009.

[6]王素荣.税务会计与税收筹划.第2版.北京:机械工业出版社,2009.

[7]艾华.税务会计.大连:东北财经大学出版社,2009.

[8]中华会计网校.2009年全国注册税务师执业资格考试应试指南:税务
   代理实务.北京:人民出版社,2009.

[9]中华会计网校.2009年全国注册税务师执业资格考试应试指南:税收
   相关法律.北京:人民出版社,2009.

[10]国家税务总局教材编写组.小企业会计实务(税务版).北京:人民出
    版社,2009.

[11]财政部会计编写组.企业会计准则讲解2008.北京:人民出版社,2008.

[12]北京国家会计学院会计准则与税法研究所.新企业所得税法与会计
    准则差异及分析.北京:中国财政经济出版社,2009.

[13]国瑞会计研究中心.建筑施工企业会计核算实务.北京:中华工商联
    合出版社,2008.

[14]中国金融会计学会.新企业会计准则下的金融会计理论与实务.北
    京:中国经济出版社,2010.

[15]孟艳琼.金融企业会计(修订本).武汉理工大学出版社,2009.

[16]中国注册会计师协会.2010年度CPA税法.北京:经济科学出版
    社,2010.